ZHONGGUANCUN'S ART OF WAR

中关村兵法

北京市海淀区中关村地区企业联合会
·编著·

清华大学出版社
北京

图书在版编目(CIP)数据

中关村兵法 / 北京市海淀区中关村地区企业联合会编著 . — 北京：清华大学出版社，2019
ISBN 978-7-302-52267-6

Ⅰ . ①中…　Ⅱ . ①北…　Ⅲ . ①企业家－生平事迹－北京－现代　Ⅳ . ① K825.38

中国版本图书馆 CIP 数据核字（2019）第 004563 号

责任编辑：刘　洋　顾　强
封面设计：汉风唐韵
版式设计：方加青
责任校对：王荣静
责任印制：杨　艳

出版发行：清华大学出版社
网　　址：http://www.tup.com.cn，http://www.wqbook.com
地　　址：北京清华大学学研大厦 A 座　　邮　　编：100084
社 总 机：010-62770175　　邮　　购：010-62786544
投稿与读者服务：010-62776969，c-service@tup.tsinghua.edu.cn
质 量 反 馈：010-62772015，zhiliang@tup.tsinghua.edu.cn
印 装 者：小森印刷（北京）有限公司
经　　销：全国新华书店
开　　本：170mm×240mm　　印　　张：17.75　　字　　数：290 千字
版　　次：2019 年 3 月第 1 版　　印　　次：2019 年 3 月第 1 次印刷
定　　价：89.00 元

产品编号：078903-01

本书编委会

目录

引　言

2018年是中国改革开放40周年，中国站在了改革开放新的起点上。回望1978年，中国共产党十一届三中全会在北京召开，大会把全党的工作重点转移到社会主义现代化建设上来，把党和国家工作中心转移到经济建设上来，开启了改革开放历史新征程。

改革开放四十年以来，中国经济社会发生了翻天覆地的变化，主要体现在国内经济总量连上新台阶，人均国内生产总值显著提高，经济呈现出持续快速增长的状态，经济结构得到重塑、优化，基础产业和基础设施实现了跨越式的发展……而在科技方面，1978年亦是中国“科学的春天”，这年3月，在北京召开的全国科学大会被称为“标志性的划时代的里程碑的会议”，是我国科学技术发展史上的一座丰碑。此后，我国科技事业取得了长足的发展，在农业科技、信息科技、航天工程和交通运输科技等领域均取得了非凡成就，并且更是在世界科技前沿领域取得了一批批具有世界影响力的重大成果。

改革开放使中国科技迈入新纪元，而中关村科技园区更是伴着改革开放的主旋律一路高歌、一路前进。如若说中国科学的春天是从1978年召开的全国科学大会开始的，那中关村的春天，便要从一位年轻的科学家——陈春先说起。

1980年10月23日，陈春先带着纪世瀛、崔文栋、曹永仙、汪诗金、吴德顺、刘春城、罗承沐、耿秀敏、潘英、李兵等同仁，在中国科学院物理所一间十几平方米的平房仓库内，占用了小半间房子，悄无声响地种下了一粒叫“北京等离子体学会先进技术发展服务部”的种子。这粒种子扎根改革开放、科技创新创业的土壤，努力挣扎破壳，几经风雨，已颇具萌芽破土之势，又伴随着一大批毕业于中科院、北京大学、清华大学等高等院校的知识分子纷纷下海创业，京海、四通、信通、科海、联想等民营科技公司如雨后春笋般破土而出，于是在1985年，闻名中外的“中关村电子一条街”已初具雏形。1988年，国务院批准在中关村电子一条街的基础上建立了北京新技术产业开发试验区，这便是中关村科技园的前身，1999年8月更名为“中关村科技园区”，中关村科技园区管理委员会作为北京市政府派出机构对园区实行统一领导和管理。就这样，1980年播下的那粒种子也终于破土而出，经过几十年的成长，千锤百炼，终于发展成为我国科教智力和人才资源最为密集的区域，是我国体制机制创新的试验田，被誉为“中国硅谷”。

从1978年到2018年，中关村从一片荒原发展成为一处科技圣地，从“北京等离子体学会先进技术发展服务部”发展成为“北京市新技术产业开发试验区”……这种跨越式的发展自然与中关村是我国科教智力和人才资源最为密集的区域息息相关，仅在中关村核心区所在地北京海淀就有数百家高等院校和科研院所。作为我国第一个国家级高新技术产业开发区，中关村源源不断地吸引着一批批高新技术人才和创业团队。在这里有陈春先、纪世瀛、王洪德、段永基、柳传志、王选、王文京、俞敏洪、刘迎建、尹卫东、雷军、俞孔坚、李彦宏、刘强东……老、中、青、新四代企业家，他们在中关村创新创业，他们一路风雨兼程，攀登一座座科技创业高峰，努力推动产业的变革。他们在书写各自人生传奇的同时，也缔造了以艰苦奋斗、改革创新、勇往直前、永不放弃为底色的中关村文化和中关村精神。而什么是中关村文化，什么是中关村精神呢？说到中关村文化，经过四代企业家的探索、发展、总结，其内涵可大致概括为：勇于突破、敢为人先，志存高远、科技报国，融合、包容，持续创新，国际开放。至于中关村精神，在一代代企业家和创业者眼中，它具有根深蒂固的奋斗与创新基因，是科技创新创业、勇于冒险奋进的代名词。它既具有包容性，又有连接性。它是不畏险峰的艰苦创业，它是为家为国的情怀，它是矢志不渝的坚守，它充满着无比神奇的色彩，它能创造奇迹……

始终站在时代前沿的中关村科技园区为每一代“中关村人”提供了创新创业的园地，而这一代代敢为人先、敢冒风险、敢闯敢试的“中关村人”在见证中关村创新发展的同时，也正促进着中关村的飞腾。今日的中关村示范区已经形成“一区十六园”的发展格局，有以联想、百度、京东、小米、中芯国际、奇虎360、美团、今日头条、商汤科技、旷视科技、寒武纪等为代表的高新技术企业2万余家。中关村创新能力不断增强，先后攻克了汉字激光照排系统、曙光超级计算机、中文搜索引擎、5G移动通信、人工智能芯片、石墨烯材料制备、液态金属增材制造、靶向免疫等一批核心关键技术。总的来说，中关村在引领国家科技创新发展以及高新技术产业创新发展中具有举足轻重的作用。

中关村是改革开放的产物，亦是改革开放的剪影。它像是一个充满无限能量的点，以朝气蓬勃的精神面貌和独一无二的神秘魅力，焕发着无限的激情和活力。改革开放的大时代成就了中关村，中关村也在影响改变着这个时代。

习近平同志在十九大报告中指出，经过长期努力，中国特色社会主义进入了新时代，这是我国发展新的历史方位。在这新的历史起点上，中关村勇于改革创新，一直走在我国科技体制改革的最前沿，积极参与“一带一路”建设，主动融入全球创新网络，助力新时代，用科技拥抱未来。

2018年，值此改革开放40周年之际，中关村街道结合区域特点，不断践行创新发展理念，提升地区营商环境，并通过开展“六个一”工程，即一个赛——中关村地区创业大赛、一本书——《中关村兵法》、一个展——中关村地区企业四十年成就展、一个家——院士之家、一条街——金融科技街、一个联盟——中关村地区科技联盟，打造“中关村智聚”特色品牌，将中关村地区打造成为创新创业新高地、转型升级新引擎、开放经济新动力、区域协同新平台，持续构建“高精尖”经济结构，为中关村科学城建设聚智、聚力、聚人才。

本书《中关村兵法》即为“六个一”工程之中的“一本书”，书中精选实录了14位中关村企业家的创业经历，有中关村科技园的开拓者、凤凰城集团董事长周明德，公共安全的推动者、辰安科技袁宏永，行业应用软件工程开拓者、中科软科技左春，IT行业的先驱者、东华软件薛向东，桃李资本创始人、跨考教育创始人张爱志，好未来创始人张邦鑫，从数学老师到跨国教育企业董事长的佳一教育董事长王晓兵，世界级数据智能公司HCR慧辰资讯CEO赵龙……并将各企业家的经营管理之道结合《孙子兵法》的经典理论进行分析阐述，以飨读者。期望读者通过阅读此书，在了解这14位中关村企业家艰苦创业历程的同时，亦能对个人的成长与发展有所启发。

本书得以成功出版，首先要特别感谢本书每篇的企业家，有他们的积极支持，才使得本书内容日臻完善，在此谨对他们的大力支持和真诚分享表示感谢！此外，还要感谢为这本书付出过辛勤劳动的每一位工作人员，正是他们的共同努力，才使这本书最终面世。

今年恰逢改革开放四十周年，为及时成书，又因条件限制，所选入的企业家难以面面俱到，书中内容也难免有疏漏和不足之处，敬请广大读者批评指正！

中关村新型科技园区的开拓者

——凤凰城集团　周明德

20世纪90年代初，中国社会发生着剧烈的变革。1992年小平同志视察南方发表重要谈话，为中华大地带来蓬勃生机，吹响了改革开放的号角，周明德在这号角中摩拳擦掌，带几名得意门生下海创业，没有任何实战经验，几经波折，初尝创业失败之艰辛，但这次经历成为他走下去的指路明灯，让他更加明确未来要脚踏实地、摸准市场脉搏，响应国家号召，顺势而为，走科技振兴的道路。《孙子兵法》有云："知彼知己，胜乃不殆，知天知地，胜乃可全。"做到了这些，就掌握了天时、地利和人和，依据这几个方面的情况制订作战计划，就有把握取得胜利。

周明德从中关村最早的"院墙经济"科技园，让很多中小型初创企业在这里萌芽，满足科研院所和高校人才一边继续在单位履职，一边经营企业的要求。到他谱出老旧工业厂区腾笼换鸟的佳作，为高新技术企业搭台，助力小微企业孵化。再到他的科技园发展的第三阶段，建设特色化的高品质科技园区。建成的"世纪经贸大厦"吸引众多知名企业和创新创业公司入驻，形成规模化的双创科技园。再到他接手保福寺桥的科技园建设项目，历经三年打造出更高端的5A级、智能、全精装科技园——"世纪科贸大厦"，成为多家事业单位设立子公司或研发中心的心仪之选。周明德在智能化高品质科技园建设领域扎下根来，不断精进，一路升级，建设科技文化双轮驱动的花园式大型科技园区：中关村翠湖科技园云中心、天津滨海中关村科技园区域的"北塘古镇"、再现繁华的"湖桥列市"的"青龙古镇"……今天，周明德致力于实现科技强国梦，在高端制造领域再次实现科技报国理想，推动"中国制造"向"中国智造"升级换代。创业25年来，公司建成、经营了十几座各具特色的科技创新创业园，为中关村的建设和发展添加了浓墨重彩的一笔。

真正优秀的商人应该是为国为民的。周明德认为，"商人"的"商"字在数学中就是"解"的意思，就是来解决问题的，有问题了，提出解决方案，然后就开始实施。做好之后，自己的公司发展了，人们的困难也解决了，生活也就越来越好。真正的"商"应该是"共赢"和"解决问题"，应该坚守的是一种正确的商业文化理念。

作为一名政协委员，周明德关心、关注社会问题，以企业家的仁爱之心、报国情怀，服务民众、爱护员工、回馈党和国家。

说到“中关村”，人们会不自觉地想到“高科技”“IT”“创新创业”这几个关键词。如今拥有大批独角兽公司的中关村，在近30年时间里，一直是中国科技创新的引擎。自改革开放以来，“中关村”因其特有的地理区位，借助周边众多国内顶级学府的知识和人才聚集能力，以惊人的速度不断涌现出重大科技创新成果，刷新着国家的科技实力，也不断改变着人们的生活方式。

1980年，中关村成立了第一家民办科技机构——等离子学会先进技术发展服务部；1983年，成立了第一个民办科技开发经济实体；1986年，中关村电子一条街初具雏形；1987年，国务院发布“双放”政策，放活科研机构，放宽科技人员，众多科研机构和高校人才走向市场，开始创业，周明德就是其中之一。

周明德是经济学博士，曾经是中国人民大学会计系教研室副主任，现任凤凰城科技集团和保福科技园集团董事长、北京市政协委员、北京市工商联副主席、海淀区政协常委、海淀区工商联副主席，2014年被评为“北京市优秀社会主义建设者”。1993年，他带领几名学生下海创办企业，在发展过程中组建了凤凰城科技集团和保福科技园集团，在科技园建设和运营管理领域深耕细作，围绕着中关村发展壮大，从多个角度培育扶植科技创新企业，形成了规模化的科技孵化体系，打造出十几个科技园区，孵化了成千上万的中小型科技创新企业。

放牛娃的书香生涯

周明德出生在安徽省当涂县，儿时家境贫寒，从小就帮着父母干农活，6岁放牛，10岁加入人民公社生产队。出于对知识的极度渴望，周明德一边干农活，一边争分夺秒地读书，那时一个中等劳动力干满一整天才能记10工分，周明德15岁初中毕业时，他已经挣了600工分。周明德打小喜欢读书，无论做什么，口袋里都装一本书，闲下来就翻开看。那个年代的农村孩子，少数人初中毕业继续读高中，更多人选择放弃学业在家务农或者进城找工作，周明德因为天资聪慧又爱学习，成绩非常突出，轻松考取了安徽财贸学院，也就是现在的安徽财经大学的中专，别看是中专，比现在考“985”院校的本科还要难上许多。

周明德 18 岁那年中专毕业，被国家分配到安徽宣城行署供销社，报到的时候，他穿了一身破旧的衣服，农民打扮，不怎么受欢迎。虽然出身贫穷，但是周明德在态度上不卑不亢，放下身上的背包就离开了。第二天，供销社的工作人员收拾办公室，嫌他的背包碍事，便要往旁边挪，挪动的时候发现背包特别重，不像一般装衣物干粮的包袱，打开一看，竟然是满满一背包的书，其他什么值钱东西都没有。这个发现让供销社的领导刮目相看，于是，党组开会决定要收下这个可爱的孩子。周明德的第一份工作就这样开始了。

然而，这样一份很多人眼中的“铁饭碗”“香饽饽”，却和周明德的理想相去甚远。沉迷于数学研究的他，很快便对眼前的工作失去兴趣，于是一边工作，一边自学考研，向往着能成为南开大学数学系陈省身教授的研究生。然而在复习过程中，他认识了几位数学教授，深入交流之后，他们建议周明德选择国家经济建设更为需要的财经类院校和专业。在他们的启发之下，周明德反复思考，决定放弃之前魂牵梦绕的南开大学，选择了中国人民大学。经过半年的潜心研习，一次便顺利考取，成为人大财政系 85 级的一名研究生。中国人民大学（后面简称“人大”）位于中关村高校群的中心地带，也是海淀区的重要枢纽，考入人大后的 7 年时间，周明德便生活在校园中，在这里结识了他最敬重的老师、最亲密的校友、同事和朋友，也从此与中关村结下不解之缘。

1987 年硕士研究生毕业后，国内正是高素质教育人才极度匮乏的时期，周明德自愿留校任教，先后在财政系、会计系教学，并担任会计系教研室副主任。任教期间，他被安排住在学校的教师宿舍，6 层的“筒子楼”，12 平方米的小房间，一家三口都挤在里面，就在这 6 层的筒子楼里，他和志趣相投的学者们每天一起下棋、谈论时事、畅想未来。在后来的工作和生活中，这些朋友成为周明德的智库和海量信息的来源，更是互相排解困扰的伙伴。

教学的同时，他还有另一个重要的责任——写书。在人大工作的 5 年中，周明德撰写了十几本有关社会、经济、会计教学等相关方面的图书。写书起初是为了增加一些收入，可是写了两本书之后，出版社就开始对他邀约不断。周明德读书多，写书也得心应手，他写的书总是能卖个好销量，哪个印刷厂接了他的书，几个月的工资就不愁发了。出版几本书后，学校的工作量不断加大，他本想停止写作，休息休息，但是已经停不下来，最重要的动力就是要养活好几个印刷厂的几千名职工。那时印刷厂的效益不怎么好，他的书印刷量大，好几个印刷厂都盯着。写作过程中，印刷厂的厂长、职工时不时就到他的住处等待手稿，不好意思总是敲门，便坐在楼下等，每到工厂发薪的前夕，更是天天蹲守，就等手稿一出赶紧拿去印刷交付，好给员工发工资。于是，周明德再忙再累，也笔耕不辍，印刷厂的职工期盼着他，他心里也装着这些和他出身相似的工人兄弟们，不能让他们断了生计。

走出校门，尝试创业

20 世纪 90 年代初，中国社会发生着剧烈的变革。1992 年小平同志视察南方发表重要谈话，为中华大地带来蓬勃生机，吹响了改革开放的号角，陈锡添一篇《东方风来满眼春》的纪实长文，点燃了无数年轻才子的创业热情。周明德的满腔热血也在此时被彻底激发，希望利用自己所学的知识，参与到改革开放的经济建设中去，为更多人谋发展、谋福利。于是他暂停教学，带几名得意门生打算一同南下，打算做一番大生意。

从大学教师到创业，周明德虽然读了不少书，但没有任何实战经验，别人说什么热就学着做什么。有人在北海倒腾地产发了大财，他看到机会也想去碰碰运气，很快赚到了在学校工作好几年也赚不到的钱，看到赚钱如此简单，又连本带利地继续投入。但是北海的地产乱象引起国家高层的注意，全面清理和管控如风暴般袭来，周明德新投的项目不是被骗就是叫停，初始投资和盈利多半打了水漂。不甘心的他借着在北海积累的一点经验，听说海南的房地产市场不错，又去了海南。由于缺乏对行业的深度了解，且不熟悉当地政策、环境，没过多久海南之行也以失败告终。

初尝创业艰辛，周明德遭受了沉重的打击，他无奈之下回到北京，打算返校继续教学或者接受其他科研院校的邀请。但是想到几名投奔他的优秀学生已经彻底离开国家公职单位，放弃了优厚的待遇无路可退，他迟疑了。第一次创业失败得一塌糊涂，但这趟海南之行改变了周明德的人生轨迹，并且南下的经历让他深知：不是只要一腔热情就可以成功，即使向往成功也不能急于求大、求成，必须脚踏实地，摸准市场的脉搏，选好方向，从小处着手，注重细节。于是一边教书，一边响应国家的号召，准备走科技振兴的道路。

刚开始，周明德也不确定自己要做什么，但是，中关村高新技术开发区对他的感召力很大，他心里非常明确的念头就是要扎根中关村。中关村是知名高校和科研机构集中的区域，也是中国科技的制高点和创新发展的领头羊。创业离不开中关村领先的科技地位、国家政策的支持和独一无二的人文环境。公司成立之初，经过市场调研发现，市场对计算机技术、软硬件设备的需求正在起步，且不断激增，而中关村有国内领先的技术和浓厚的科创氛围。因此，周明德团队打算借力中关村，开启在北京的创业之路。

那时候，周明德还在人大代课，于是他就在人大的院墙门口开办了百信新技术研究所，围绕计算机软硬件开展业务，也属于是中关村最早一批的民营企业。最初，他们帮着客户组装电脑、设计软件、配备各种办公设备，这在当时是广受欢迎且稀缺的。公司还接了几个大项目，给拥有几十万职工的国有企业开发管理软件，给山西铝业、贵州铝业等企业做管理咨询，团队合伙人还被授予“荣誉职工”的称号。但是时间久了，他们发现这些业务的盈利能力和发展规模有限，还需要寻找其他商机。也就是在那个时代，很多像周明德一样的科研人员受到小平同志的鼓舞，都想在国家经济建设、科技创新的舞台上发挥自身的价值，而当时学校和科研院所之外的办公场地极少。周明德反复思考后认为，做科技道场应该很有意义，也就是建设、经营科技办公空间——科技园区，于是他的科技园建设事业便从这里正式展开。

院墙科技园区的诞生

中关村最早出现的科技园属于院墙经济，就是打开学校的物理院墙搞科技创新，在原地盖不高的几层小楼用于办公。科技发展不是一个口号，它需要强大的内生推动力，需要科学技术、人才、便利的交通条件，中关村在这些方面都具有不可替代的综合优势，因此它的科技创新和创业动能极其强劲，很多中小型初创企业在这里萌芽。院墙边的小楼离学校近，也相对独立，正好可以满足科研院所和高校人才一边在单位履职，一边经营企业的需要。

1994 年，周明德带着他的学生们，在人大北门院墙建设了第一个小型科技园——金桥科技园，出租给周围的高知创业人士。由于定位准确、区位良好、价格合理，产品刚投入市场，客户便蜂拥而至，公司当年营业额即达到一百万元。

之后，他们又依托人大南门外的职业技术学校院墙建设了百信科技园，在立新小学旁建设了立新科技园。这些都是海淀区第一批小型科技园的典型代表，有很多高新技术企业从这些楼里诞生，产业涉及互联网、量子通信、计算机软硬件等各种类型。

独特的眼光和对市场灵敏的捕捉，让周明德轻松赚取到在北京创业的第一桶金，也积累了大量的市场经验和客户资源。

老旧工业厂区的“腾笼换鸟”

第二个阶段的科技园是以老旧工业厂房升级换代为背景，可以通俗理解为“腾笼换鸟”。院墙经济起初填补了市场的空缺，但是逐渐就显示出它的局限性，面积严重不够用。当年北京市四环以内有很多工业企业，产能落后，污染严重，陷于被首都产业定位淘汰的处境。在北京市“退二进三”政策的支持下，周明德团队不断将业已运用成熟的商业模式，嫁接到中关村周边众多濒于困境的国有企业身上，将一些二环、三环以内的工业企业承包下来，通过收购、租赁并改造、装修其现有厂房，实施科技园建设和运营，成功实现了腾笼换鸟。前后共承租 6 个厂房，分别打造出长城科技园、恒生科技园、中经科技园等具有一定规模的新型科技园。被承包的旧厂的职工，原本面临下岗的危机，没有养老保险、医疗保险，时常陷入经济困境，但因为厂区盘活，他们便可以获得稳定的收入来源。公司经营的几个园区加起来，最多的时候，每月要给 4000 多名工厂职工发工资，经营压力之大可以想象，而租金收缴一天都不敢延迟，好在园区管理得当，运营有序，收入一直十分稳定。

中经科技园是这个时期比较典型的代表，当时国防科工委（国防科学技术工业委员会）下属印刷厂濒临倒闭，厂长经朋友引荐认识了周明德，两人一拍即合，决定将厂房重新装修改造为科技园区出租运营。改造并不简单，首先要考虑职工怎么安置，衣食住行如何解决，从原有工种到科技园运营怎样人尽其才、物尽其用……一系列的问题摆在眼前，都要妥善解决。周明德首先考虑的是员工的安置问题，只有安排好员工的工作和生活，公司才能安心开展业务。他根据园区发展需要搭建了管理运营架构，把印刷厂的职工全部梳理一遍，发挥每个人的特长和潜能，尽可能让他们在园区获得新的工作机会。员工安排妥当后，装修改造迅速展开，没过多久，园区就对外招商了，市场比预期还要好，公司和印刷厂很快便有了不菲的收入，厂长和职工高兴得合不拢嘴。

而在这些科技园里，孕育了大量有梦想、有技术、有想法的小型科技创新企业，有的逐渐发展壮大，后来成为某一细分领域的领导者；有的转型升级，跟随周明德不断更新换代的科技园区逐步搬进了更高级的办公楼。无论怎样，那个自己最初创业的办公空间，永远保存了这些企业成长中的重要记忆。

周明德“腾笼换鸟”的佳作，一方面帮助企业脱离困境，养活下岗职工；一方面把园区建起来，为高新技术企业搭台，助力小微企业孵化。他以坚韧不拔的精神一步一个脚印地扩展业务，1998年，公司年营业额达到千万元。

高品质的科技园区

科技园区发展到第三阶段，是以改造旧村、安置农民为主线建设起来的，也就是现在正扮演中关村科技园主角的各个智能楼宇和特色化的高品质科技园区。

老旧厂区的“腾笼换鸟”相对于院墙科技园是一个量的提升，打破了科研院所院墙周边的局限，提供了更多的办公空间。但是这样的提升仍然赶不上中关村的高速发展，科技创新企业如雨后春笋般一批接着一批地兴起，企业量级也越做越大，不仅需要空间上的扩展，更对园区品质和配套硬件提出越来越高的要求。在科技园经营多年的经验让周明德很快发现了这一市场需求的变化，而且厂区改造的每个写字间有二三十家企业排队等着租，让他意识到园区再升级已经到了非常迫切的程度。

周明德办公司以“让利共赢”为原则，获得众多合作伙伴、厂内职工的拥护以及创业者的感激，他希望自己的事业能够延续这样多方受益的经营模式。1998年以后，凭借经营办公物业的经验、对科技园市场需求和产品的深刻理解，以及富有协作和奉献精神的专业团队，周明德计划带着工厂兄弟们将公司业务向建设高品质智能科技园方向转变。他将这个想法和之前合作过的印刷厂厂长沟通，厂长当即表示：只要是跟着你周总干，你说怎么办，就怎么办！随即召开职工代表大会通报这一决定，大会场面异常热烈，都对周明德的团队和厂区改造充满信心，开始憧憬未来的美好生活，仿佛已经看到新楼建起的样子。于是，他们很快便开始筹划拆除之前的中经大厦，重新对全部厂区用地进行整体规划布局。

经过重新设计，周明德公司将海淀区西三环总装备部印刷厂的全部地上建筑拆除，重新建设，在原址上建成了两座百米高的甲级写字楼“世纪经贸大厦”、两栋印刷厂职工安置房。2002 年，世纪经贸大厦火爆入市，获得空前成功，成为海淀区西三环的地标建筑。中国进口汽车贸易有限公司、华泰证券等知名企业将总部设立于大厦中，中国银行、广发银行也在大厦内设有分行或支行，还有三百多家创新创业公司入驻，形成规模化的双创科技园。

公司营业额首次破亿元，印刷厂也获得几万平方米的物业产权，做长期经营性物业，为职工锁定了长期稳定的经济收入，并且每人至少分到一套新住房，从平房大杂院或老旧小区搬进新式的电梯洋房。职工感恩周明德团队给他们带来的翻天覆地的变化，给予他们生活保障，改善他们的生活品质。有的职工离开印刷厂直接投靠周明德麾下，打算继续跟着他做一番事业。若干年后，军委审计局纪检组巡视检查，查到印刷厂和世纪经贸大厦，结果让他们出乎意料，不仅账务清晰合规，而且员工各个安居乐业，没有一人不说周明德好，整个项目简直是军民融合的初创和典范之作，周明德的所想所做令人深感敬佩。

2002 年，在中关村这片科技、文化创新的热土上，公司接手了位于海淀区北四环保福寺桥的科技园建设项目，这里离中关村大街只有一公里的距离，他们历经三年打造出更高端的 5A 级、智能、全精装科技园“世纪科贸大厦”，以三幢超高玻璃幕墙正方体和商业裙房组成独特的“三联塔”建筑，晶莹剔透，光耀夺目，受到市场的高度关注。A 座整楼被中国电子信息产业集团买下作为总部形象大楼，中国电子集团、中国华大集团、国家核电等大型央企和中国科学院、中国互联网信息技术中心等多家事业单位在此设立子公司或研发中心。

周明德在智能化、高品质科技园建设领域扎下根来，不断精进，项目接连不断，但他还是那个原则，要持续为科技创新服务。于是，2006 年，他又在海淀区五棵松桥西北角打造了“西长安中心”，建成后被整购作为国家开放大学的总部。2007年，他又继续打造位于中关村西区的“中关村公馆”，主要面向广大的中关村小微型科创企业和创业人群。合肥凤凰国际双创中心、蚌埠凤凰国际双创中心、中关村翠湖教育产业园、中关村翠湖科技创新园、原创天地等科技园相继入市，一次次证明了公司在科技园建设、运营领域的专业精神和强劲实力。

科技、文化双轮驱动的花园式大型科技园区

中关村一直是周明德事业发展的中心。在创业初期，交通工具只有自行车，五公里之外对于自行车而言是一个非常远的距离。于是，他将目光放在中关村五公里范围之内。公司逐渐发展壮大，城市建设加快，交通方式升级，中关村的区域在扩展，公司业务范围也逐渐从五公里扩大到十公里、十五公里、三十公里……但始终没有离开“大中关村”的范畴。随着科技创新在北京多个区域乃至全国各大城市的铺开，中关村的版图早已不限于海淀区中关村大街，全国多地建立了中关村自主创新示范区或科技园，海淀区北部生态科技新区现在也已纳入中关村科学城。

2008年，周明德公司取得海淀区北部新区温泉镇辛庄村东30万平方米土地的建设权，通过对规划设计方案的多轮反复论证，成功打造了花园式低密度科技产业园区——“中关村翠湖科技园云中心”。47栋办公楼和3万平米的景观园林和谐交错，形成生态级科技企业总部建筑群，中关村留学人员创业园也在这里挂了牌。“云中心”有着严格的准入规定，以中关村创新中心区“6+1”产业为主导，聚焦云计算、移动互联网和下一代互联网产业、生物医药、科技服务和科技金融等科技类企业，培育、扶植小微型科技创新企业，为它们提供共享式租赁办公空间，帮助它们在初创期孵化成长。

周明德在“云中心”的运营管理中倡导科技、文化双轮驱动，投资建设了“红点剧场”，每年演出话剧、歌舞剧100余场，为山后地区注入了新鲜的文化元素，活跃了园区文化氛围，也丰富了职工和周边百姓的精神文化生活。2018年，在中关村迎来创新发展40周年之际，“云中心”聘请专业团队打造原创话剧《中关村那些事儿》，以中关村创新创业的鲜活故事为原型，由中关村人讲述发生在中关村的那些事儿。通过主人公讲述艰苦的创业

中关村翠湖科技园·云中心

之路，展现出一批批创业者们在中关村这片热土上为了梦想不断追逐求索、经历失意与坚持、从成功到失败再到蜕变的过程，生动形象地演绎出先行先试、敢于创新、不断超越、永不服输的中关村精神，生动地反映了大时代的变迁，致敬中关村40年的峥嵘岁月。话剧演出10余场，场场座无虚席，吸引海淀区多位领导和中关村的数十名企业家现场观看，产生强烈反响。

云中心以它特有的科技、文化双轮驱动引擎，吸引了众多的创新型科技企业。中国移动互联网龙头工信部电信研究院、软件与集成电路促进中心在院内设立了总部，北京轻工业环境保护研究所、宝莫、艾迪西、缔邦科技、梅安森、任子行、赢冠口腔等知名科创企业也在园区落户，都是被园区良好的生态环境、周到的科技创新服务和有温度的文化氛围深深吸引。

“北塘古镇”是凤凰城集团在天津滨海中关村科技园区打造的将文化融入科技园区的良好典范，在设计过程中，历史文化被摆在最为重要的地位，全景复建了有600年历史的古镇。公司围绕历史文化，在园区中配套建设了双垒广场、古炮台、古城墙、古戏台、观澜书院、倓虚佛学院等兼具历史性、艺术性和实用性的建筑，让中国古代历史的积淀和现代文明的科技建筑相互交融，使传统文化与科技创新完美结合。

本书写作时仍在规划中的“青龙古镇”是周明德最为重视的项目，古镇所处“三山五园”核心区这个特殊的地理位置，让他不能不对其精雕细琢，“青龙古镇”将成为一座富有科技创新力和文化深度的产业园区，其设计目标定位于恢复青龙桥东街的原始古镇风貌，再现繁华的“湖桥列市”，将原本散落在不同区域内的各个独立的历史遗迹重新缝合，它的建设将严格执行文化遗产保护和利用并举、环境综合整治与恢复古都风貌并举、文化旅游开发与城市功能完善并举的思路，实现科技和文化元素相结合，成为首都又一张科技文化创新名片，这是周明德对“青龙古镇”的期望，也是他的目标。

智能制造与科技园区完美融合

中国虽然是制造业大国，但很多高端产品依然依赖进口，不少特种工业机械、精工机械等工业成品仍处于净进口状态，周明德寻找机会，要在高端制造领域再次实现科技报国的理想，推动“中国制造”向“中国智造”升级换代。2015 年，集团投资入股安徽东海机床制造公司，在马鞍山市博望区投资 10.5 亿元建设了占地 300 亩的裕祥科技产业园，重点打造智能机床制造产业，主要生产高端光纤激光切割设备，集最先进的光纤激光技术、数控技术、精密机械技术于一体，拥有安徽省高新技术产品 4 项、实用型授权专利 19 项、申请发明专利 6 项、发明授权专利 1 项，拥有国家级博士后工作站。目前产品大量出口马来西亚、韩国、日本、阿联酋、美国、德国、意大利、以色列等国家。

周明德创业 25 年来，公司建成、经营了十几座各具特色的科技创新创业园，为中关村的建设和发展添加了浓墨重彩的一笔。

科技园区的企业投资者

周明德有着极深的科技情怀，从创业之初就在心里埋下一颗科技的种子，虽然没有直接深入科研，却执着于做和科技有关的事业，不限于企业价值高低，只要是为科技创新服务，都是受他欢迎的客户。科技园区建设不断进阶，无数科技创新企业在周明德眼皮底下从研发到上市，从初创到成熟，这些看得见的成长过程，持续刺激着他的科技之心。终于，周明德决定在科技园区生根，做一名科技园区的投资者。

一、投资生物医药

2005年，有人邀请周明德投资成都医药科技园，由于种种原因并没有投成，但认识了不少生物医药企业家。2006年，上市公司西藏药业财务状况恶化，面临ST（退市风险警示）甚至退市的风险，公司董事长找到周明德，希望得到他的帮助。对周明德来说，一方面是友情支持，另一方面希望借此机会正式深入科技领域，于是在2007年正式收购生物制药企业——西藏药业。

收购之后，周明德亲自主持管理改革，使西藏药业在研发、生产、管理、销售等各方面获得深度改善并取得多项重大发展成果。周明德发现西藏药业因公司财务紧张，为了维持经营不得不放弃或推延生物新药的研发、生产和上市，而公司最有价值的也正是这些科技含金量高的生物技术。于是，他加大对生物新药的研发和临床实验投入，全力将国家级一类新药——“新活素”（用于重组人脑利钠肽）推向市场，迅速填补了国内自主研发治疗急性心衰药品的空白。对西藏药业的成功投资，更加增强了周明德在科技领域投资的信心和决心。2010年，公司继续在医药领域投资入股上市公司九州通，助力该公司在全国性医药器械、药品配送领域的科技物流产业提升。

二、投资智能停车

随着超大型城市的人口扩张，很多“大城市病”成为阻碍其发展的重要因素，交通拥挤、环境污染、资源紧张、安全隐患等问题亟待解决。周明德身处国内一线大城市，看在眼里，急在心里，但除了借助政协委员的身份递交一些提案，也没有更好的解决途径。恰巧，好友柳昌江的儿子柳文超从美国留学毕业，正处于事业选择的十字路口，于是向周明德请教自己的发展之路。周明德鼓励他，在这个全面创新的时代，有能力的年轻人应该做自己的事业，可以立足于父辈的事业和资源积累，找到拓展的模式。柳文超父亲经营的是传统停车产业，于是柳文超先代替父亲在公司当了一年的管理者，摸清了停车产业的经营模式，但这种传统模式显然跟不上互联网时代的高速发展，也不能充分发挥他的能力和所学。于是在周明德一步步的启发之下，柳文超走向了自主创业之路，成立“停简单”互联网公司，开创了互联网时代智能泊车的先河。周明德一方面充分看好“互联网+”在城市管理中的智能应用，一方面对柳文超这个有能力且谦虚务实的晚辈充满信心，于是主动投资，成为“停简单”的天使投资人之一。之后，“停简单”逐步获得峰瑞资本、千方集团、复星集团、蚂蚁金服的投资。“停简单”将电子支付、车联网与停车大数据等场景融合，提供“找车位、先停车后结算”等一体化服务，大幅提高了停车效率和资源利用率，现已成为知名的互联网智慧停车解决方案提供商，占据市场化停车领域55%的份额，发展前景可观，造福了超大型城市和有车一族，也实现了周明德又一个科技梦想。

三、投资大数据产业

2015年，国务院印发了《促进大数据发展行动纲要》，周明德也希望在大数据领域有所作为。2017年5月，集团对北京雅乐美森科技有限公司增资扩股，深入管理。雅乐美森总部位于北京清华科技园，公司以标准化的大数据服务为主要产品，可以根据客户需求深入业务流程、挖掘数据潜在价值、整合信息资源、制定决策方向，为客户提供定制化、全方位的大数据挖掘与一站式智能应用的专业解决方案。目前，雅乐美森最重要的业务是提供国家机关的舆情分析系统、银行的信贷风险管理系统和市场情报分析系统。

在多项领域取得如此成绩，无一不集聚智慧，饱含热情，倾注精力，展现毅力。“低调做人，认真做事”是周明德对自己和员工的要求和行为准则。正因为凡事都精雕细琢的精神，才造就了周明德、凤凰城科技集团、保福科技园集团在业界良好的口碑，在各级政府中良好的信誉。

周明德的事业蒸蒸日上，因为机遇，因为正确决策，也因为团队的协作。但风雨兼程一路走来，其中的辛劳和努力才是成功最大的法宝。在一年12个月里，他几乎没有休息时间，一天当中除了6个小时以内的睡眠，他都保持着奔走与思考的状态。他对自己的总结是：生命不息，战斗不止，走在征途的路上，寻求自我的价值。

2006年，他在公司内刊上发表了一篇文章，其中写了关于企业发展的成功之道：迎着困难上！面对困难，不退缩，沉着应对，以公平待人的精神面对一切，通过大量深入的工作化解矛盾，把危机转化成商机。这是周明德的成功哲学，也让我们看到一位认真、勤勉、脚踏实地的中关村建设者在面对竞争，面对这个不断变化的时代，凝练出的大智慧。

在商言商，感恩回馈

周明德博学多思，眼界开阔，卓尔不凡，有人称周明德为“儒商”，他却坚决地反对这种观点。周明德认为，儒和商是不能简单合一的。中国古代儒家或儒学均是崇儒不崇商，对于商人也是打压和贬低的，著名的“李约瑟之谜”认为，中国的政治文化制度严重阻碍了重商主义价值观的形成，它没有成功地将先哲们的发明与商人们的生产技艺结合在一起，因而不能将中国从封建生产制度过渡到现代科技文化制度。现在一些人把“儒”当褒义词加在“商”之前，似乎就变得高雅起来，实是无知。学者治学，商人做事，二者各司其职，各效其力，如若互为仿效，就像孔夫子穿西装——不伦不类，反而贻笑大方。

周明德并不排斥“商人重利”这种观点，他幽默地为商人打抱不平：“中国自古以来重农抑商，这个政策我认为并不好。如果真正是一位优秀的商人，他就应该是为国为民的。”他认为“商人”的“商”字在数学中就是“解”的意思，就是来解决问题的，有问题了，提出解决方案，然后就开始实施。做好之后，自己的公司发展了，人们的困难也解决了，生活也就越来越好。真正的商应该是“共赢”和“解决问题”，因此应该坚守的是一种正确的商业文化理念。总是认为商人“尔虞我诈”“权钱交易”，这种氛围是不利于商业发展的。

经商30多年，周明德这样阐释现代商人的责任所在：首先，管好自己的员工，尽量让他们安居乐业；其次，处理好自己涉及的周边利益关系，包括对亲朋好友及合作伙伴的协调与保护；再次，在国家政策与社会价值的指导下，投入一定的资金与精力，为长远的经济发展做贡献；最后，在完成前面三者利益的同时，多做一些不带个人色彩的慈善义举。用周明德的话说，党的政策带领我们赚了钱，反过来，我们理应回馈社会。

创办公司以来，他所管理的公司为各种公益事业捐款2000余万元，公益投资数亿元，建设保障性住房2000余套。为支持教育和文化艺术事业的发展，向中国人民大学和海淀区政协等教育机构、国家机关和民间机构免费提供价值数千万元的教育和文化艺术产业基地。在母校中国人民大学校庆时，捐赠100万元，之后向中国人民大学教育基金会等校办机构累计捐资数百万元，向北京大学光华管理学院捐资100万元。2003年“非典”时期，他向北京市捐赠价值500万元的药品；2008年汶川地震发生后，他的在川企业被四川省指定为向灾区配送药品的四家大型配送医药公司之一，并且向灾区捐款捐药累计1000多万元；2010年公司向青海玉树灾区捐赠价值100万元的药品；2012年成为见义勇为基金会理事单位，向基金会捐款150万元。因在公益事业方面的卓越贡献，周明德荣获光彩事业贡献奖。

参政履职，责任在肩

周明德在经济学领域有着深厚造诣，他博览群书，关心、关注、深入思考各类社会问题，在交谈中总是能发表一鸣惊人的观点。2007年1月，周明德入选成为海淀区第八届政协委员会委员；2010年入选为全国工商联执行委员；2011年12月入选海淀区第九届政协委员会常委并当选海淀区工商联副主席，且于2016年12月继续连任；2013年1月入选北京市第十二届政协委员并当选北京市工商联副主席，于2017年1月继续连任。

周明德非常重视自己作为政协委员的身份，履职以来提交了数十项对社会、经济有实质影响的提案，多项被政府采纳。2009年之前，中关村大街因人车流量大，经常拥堵，秩序混乱，周明德在提案中建议修建人行天桥的思路被采纳并很快落实，天桥建成后，中关村地区的交通秩序大幅改善。2013年，为应对早晚高峰，周明德又提交了在重点路段建设潮汐车道的议案，2014年海淀区政府批准在车道沟到四季青路段设置潮汐车道，极大缓解了该路段早晚出行压力。今年，周明德又向北京市政协递交了《关于设立中华大祠堂文化园》等三项提案，他总是尽一己之力，围绕大众最为关心的问题，积极建言献策。

周明德还多次代表工商联在政协大会上发言，引起领导高度关注。2014年7月，他在海淀区工商联混合所有制经济座谈会上做了《混合所有制是市场经济发展的理性选择》的发言；2014年7月，在海淀区工商联京津冀一体化座谈会上做了《充分发挥海淀优势，把握京津冀一体化战略先机》的发言；2016年1月，在海淀区政协第九届第五次大会发表题为《在疏解中集聚，在集聚中创新》的发言；2016年7月22日，在北京市工商联市纪委李书磊书记的座谈会上作《新型政商关系是治国理政和经济发展的重要保障》的发言。周明德于2017年、2018年两次代表北京市政协委员做客千龙网“两会”访谈间，畅谈民生热点，解读政协提案。

正如他在《新型政商关系是治国理政和经济发展的重要保障》发言中所说：作为一个经商20多年的企业经营者，长期以来，我们都把政府工作、社会需求当作自身发展的动力，腾出了大量时间参与到党和政府的各类工作安排中，发挥自身专长，为各级政府提供意见和建议，自己也得到了充分的锻炼和发展。

让党的旗帜在科技园区飘扬

周明德是最早意识到非公有制经济建立党群组织重要性的民营企业家。

中央统战部经济局局长张天昱等领导到保福集团搭建的党建e站调研时，问周明德作为民营企业为什么搞党建，要求不准鼓掌，不准讲空话、套话，不能什么好听讲什么，目的是要出出汗、红红脸，要讲真话。面对张局长严肃的提问，周明德回答得掷地有声，第一次创造性地提出非公有制党建三论：体制论、阵地论和报国情怀论。具体来说，首先，我们这些企业是在党的政策引领下发展起来的，和央企、国企是同一体制下的企业，和中央同心、同向、同德，是中国经济的重要组成部分，不在体制之外；其次，在人的精神领域，如果党组织的信仰不进入，就会被其他组织占领，除了其他正面的教派，还有许多邪教组织觊觎着，精神的阵地绝对不能丢；第三，我们企业家有仁爱之心，有报国情怀，我们也是中华民族的优秀分子，受到党的恩惠，必报党的恩情。讲完这些，会场沉寂了片刻，紧接着在张局长的亲自带动下爆起雷鸣般的掌声，《中华工商时报》的总编说，这是我听到关于民营企业党建最为精彩的论述，解答了多年没有解答的问题。

2012年，在海淀区中关村街道党工委和甘家口街道党工委的帮助和支持下，保福集团挂牌成立了党、青、工、妇四个党群组织。周明德提出要求：“保福集团的党群工作要坚持为员工个人成长服务，为企业健康发展服务，为和谐社会建设服务。党、青、工、妇组织健全了，党群工作要多结合集团内部具体实际，早开展活动，早发挥作用，不要搞成几块牌子挂在墙上。”保福集团的党群工作很快打开局面，在内部形成了蓬勃向上的氛围，在团队凝聚力建设和企业各项业务开展的过程中开始发挥十分重要的作用。

2015 年，在周明德的亲自推动下，集团在世纪科贸大厦科技产业园创办了弘扬爱国主义精神，传播正能量的党建 e 站。同年，为了加强党群组织的职能，保福集团和北京火箭军预备役大队共同组建了火箭军预备役部队应急分队，定期由火箭军部队派出指导员对保福集团预备役部队开展应急能力强化训练。

保福集团党组织成立至今，开展了百余项活动，包括业务技能竞赛、岗位培训、先进员工评选、参观学习、文化沙龙、知识讲座、社会公益、党课教育、文体竞赛、植树造林等，受到了员工的广泛欢迎和积极参与，取得了很好的社会效益。

周明德在认真学习了党的十九大报告后说，我们一定要按照习近平新时代中国特色社会主义的伟大思想指引，在中国新型园区建设中进一步丰富我们的产品和服务，伴随着中国新一轮的发展，让我们的园区插上腾飞的翅膀。

互联网逆袭的“看车人”

——停简单　柳文超

随着经济的发展，汽车被普及至千家万户，然而在出行越发方便快捷的同时，停车难以及收费标准混乱逐渐成了困扰有车一族的难题。市场需求往往是行业发展的强大驱动力，因而在2012年，仍然是劳动密集型产业的停车业迎来了属于它的发展浪潮。本着“为了把事情做成”这一理念的柳文超亦从传统“看车人”的身份实现了华丽的逆袭。当一片战略红海的停车行业遇上互联网大潮之时，他创立的公司在“互联网+”停车行业中脱颖而出。

2012年，柳文超偶然加入中国早期的停车企业之一——海安停车，更意外的是遇上阳关海天的董事长兼CEO闫亮，自此，“停简单”的命运之门便已悄然开启。其后，互联网在停车行业掀起的巨浪犹如命运的推手，使“停简单”App在被称为互联网停车元年的2015年正式上线，柳文超亦成为这一互联网停车创业公司的CEO。

创业之路自是有套路、有惊喜，但柳文超和他的团队始终本着不求速胜的理念，致力于扎实地做事，一件一件地做。正如《孙子兵法》所云：“无所不备，则无所不寡”，为了避免凡事浅尝辄止，最终事事博而不精的局面，停简单坚持“以价值挖掘能力，服务高价值停车场”的发展战略，一步一个脚印。凭着务实而沉稳的停简单，在朝阳大悦城这样颇具转折意义的项目上取得了成功，紧接着在2017年走出北京，走向全国。除此之外，停简单还是众多资本的垂青对象。在与时俱进的路上，作为行业领先者的停简单进一步推出“产业生根，生态重建”的全新发展战略，以完成互联网智慧停车生态的重构。

做着正确且难的事情的柳文超和他的停简单，正在“让停车就是简单”的路上披荆斩棘，直挂云帆济沧海。

2018年5月2日，阿里巴巴集团旗下蚂蚁金服以数亿元人民币投资停简单。

2014年开始创业时，柳文超或许没有想到有一天自己创办的互联网停车公司，会在4年后拿到蚂蚁金服的投资。蚂蚁金服向来会选择某个细分领域排名靠前的互联网公司进行投资，并且在流量、金融等各方面对投资标的进行支持，是很多创业公司争取的对象。没想到蚂蚁金服却主动将橄榄枝抛给了停简单。

柳文超没有过多兴奋，他甚至没有为这一轮融资举办发布会，只是一个个回复着朋友们的信息，表达着自己的感谢。

他知道停简单未来的路还很长。截止到2018年8月，停简单已经在北京、上海、广州、深圳、杭州等25个城市设立分公司，完成超过4000家高价值停车场的智慧化升级改造，覆盖车位数超过150万个，累积服务的车主用户数量高达3000多万。

但这些数据相比中国庞大的停车市场还只是九牛一毛，依然有数以万计的停车场等待着停简单去开发。这让柳文超更加明白，拿到新一轮的融资只是另一个起点。

2014年底谋划创业，2015年打磨产品小试牛刀，2016年深耕北京，2017年走向全国，再到2018年停简单业务拓展的步伐明显加快，如今每个月新增停车场数量达到几百个。

短短几年时间，停简单和柳文超完成了蜕变。他从传统的线下停车公司入手，用两年时间的改革将它带出困境，而当移动互联网、O2O大潮袭来时，又果断投身到线上，将停简单打造成行业排名前列的移动互联网停车企业。

4年的发展中，他遇到了赞美、挑战、陷阱、争论、抉择，而柳文超也从一个传统的"看车人"，逆袭成为互联网新兴公司的掌舵者。

意　外

对于柳文超来说，做停车产业一开始并不在他的计划当中。更意外的是，一起创业的伙伴，又曾是自己在生意场上的"对手"。

他出生时，家里就做着看车的生意，"从两轮自行车看到两轮摩托车，再看到四轮小汽车"。几乎很少有人像柳文超一样与这个行业有如此之深的渊源。

在决定做停车生意之前，柳文超也曾有过一点犹豫。他本科就读于北京大学的光华管理学院，此后他远赴英国圣安德鲁斯大学攻读硕士，2009

年10月毕业回国进入某证券公司的投行部。在常人的印象里，他不太适合去做停车生意。

2012年，柳文超加入海安停车担任副总。这家公司也颇有历史。

1986年12月5日，国务院对外发布《关于深化企业改革增强企业活力的若干规定》，提出全民所有制小型企业可积极试行租赁、承包经营。第二天北京市海安停车公司就宣告注册成立。经过20多年的发展，到2012年时海安管理的停车场已达到近200个，成为北京市乃至全国最大的停车场管理公司之一。

“在2012年，停车不是一个吸引人的生意。”柳文超回忆说。在当时，停车业仍然是一个劳动密集型产业，从业人员的素质普遍不高，文身的大有人在，整体学历水平也普遍比较低，停车场的管理处于比较原始的阶段。这对于柳文超而言是个棘手的挑战。

但出乎意料的是，加入海安的两年间，柳文超迅速地完成了从股权改造到内部管理体制变革等一系列动作，使这家一度遇到发展瓶颈的传统企业再度走上新的发展之路。在2014年，柳文超决定尝试新的市场战略，进入商场、写字楼等领域，这时他遇到了“意外的高手”。

柳文超遇到的公司是阳光海天，它的董事长兼CEO叫闫亮。

阳光海天是一家成立于2006年的停车管理公司，几个创始人都是对外经贸大学毕业的大学生，是行业里少有的高学历创业者。与柳文超一样，闫亮也常常面临着很多人的不解：“你们几个人也是大学生，也戴着眼镜，为什么选择去做停车管理这一行？”

在2006年，停车场管理早已是竞争激烈的红海，管理水平却都不高，这也是闫亮看准的机会。“我们当时没有资源，没有技术，只有勤奋加努力，去琢磨怎么提升服务质量和标准。”闫亮说。

2006年左右，中央电视台新址大楼尚在建设中，要引入停车场管理方案，阳光海天获得了讲解方案的机会。闫亮跟另一个合伙人要去拜访管理方的当天，气温高达39摄氏度，一动不动也会汗流浃背，两个人对系不系领带一直在做思想斗争，“这么热的天，到底系不系领带呢？”

两人最终还是决定着正装系领带，结果到现场看见客户穿着厚厚的正装，领带系得一丝不苟。客户当场决定，将项目交给阳光海天，并且是整个中央电视台停车管理方案唯一指定的供应商。

闫亮后来问其中一个高管，“为什么会这么迅速地决定选择我们呢？”“第一，我们当然也有一些调查，你们口碑还不错；还有一点，来见面的三家公司中，只有你们系着领带。”客户告诉闫亮。

阳光海天一直深扎在商业办公楼、机场等区域的停车场，到 2014 年，它管理的停车场数量近 200 个，管理车辆数量超过 20 万。在北京的案例就包括朝阳大悦城、盘古大观、万达广场等项目。

遇到这样的对手，“当时市场竞争就特别难，头破血流的。”柳文超说。不过此时萦绕在他脑中的，不是各种各样的竞争手段，而是要“向别人学习，自我成长”。他明白，遇到高手时光闭门造车是解决不了问题的。

2014 年 6 月，柳文超带着公司同事一起来到阳光海天，闫亮也把阳光海天各个部门和业务线的负责人全部集中，两个曾经在商场上厮杀过的团队坐满了一大间会议室。闫亮从大学生创业开始，讲到如何成为行业标杆，把停车场设计、品质把控、服务等全部和盘托出，柳文超也表现得非常好学，双方整整聊了一个下午。

行业变局

就在这场会议进行之时，一场互联网思维大潮正在席卷整个中国。

2014 年 3 月，一本名为《互联网思维独孤九剑》的图书上市，不到一年的时间里销量近 20 万册。“互联网思维”成为当年最热的词汇。“互联网电视”“互联网生态”“互联网 +”等新概念层出不穷，新生力量喷薄而出。

伴随而来的是传统企业的焦虑，有传统企业领导者在接受当时的采访时说：“传统企业正式进入了互联网焦虑时代，企业到底如何实现互联网化实际上是众说纷纭。互联网企业每年增长速度相当于‘印钞机’，而传统企业到底该怎么做还在摸索。”在这种焦虑中，海尔、海航、万科、万达等传统企业纷纷宣布向具有互联网思维的公司转型。

翻开中国互联网发展史，2014 年这一年还被称为 O2O（Online To Offline，线上到线下打通）元年，大量 O2O 项目如雨后春笋般涌现，洗衣、家政、打车、餐饮等都被“O2O 化”。“互联网 +”传统产业、线上与线下的融合看起来成为大势所趋。

互联网停车也在这一年开始爆发，有媒体在2016年对市面上活跃的100家互联网停车企业进行统计，发现其中有三分之一都诞生于2014年。这其中有一部分来自传统停车场运营商的互联网试水，另外相当一部分创业者就出身于互联网，他们拿着互联网这把武器在停车行业里冲杀，一身颠覆者的姿态。

柳文超已经听得见“炮火”，他知道，“看车”这个看起来颇为传统的行业很快将迎来一场巨变。

并不总是外界的因素使然，柳文超觉得传统停车场的运营的确存在很多问题。有一件事给他很大触动。有一次柳文超开车出门办事，到地方后花了两个小时还找不到停车位。他很清楚北京的停车位数据，2011年北京市有530万辆左右的机动车，车位数260万个，有一半的缺口。但在很多人没地方停车的同时，每天又有80万至100万的车位处于闲置或半闲置状态，人们并不知道这些车位是可以释放出来的，互联网的引入可以很好地解决这个问题。柳文超看到了痛点，也看到了机会。

柳文超盘算着海安的互联网出路，他也想过自己内部再创业，但当时整个海安的互联网人才十分缺乏，自己和高管团队又都没有互联网行业背景，他没有信心。

直到有一天，一位自称互联网连续创业者的人走进了柳文超的办公室，这位创业者有些不修边幅，待到他讲完自己的业务理念以及对于业务实现的思考，柳文超发现这其中根本没有难以逾越的障碍，即便是高深的技术研发也有解决之道。而眼前的创业者看起来还不如自己的团队，这一下给了他信心，“我觉得要是做个事儿，更有可能成。”

他跟海安的兄弟们一起谋划着，有不错的想法就写到PPT上，同时也在寻找技术团队，但由于一直没有物色到合适的人选，事情推进得也并不顺利。

2014年11月初，柳文超觉得自己的想法打磨成熟了，他想到了闫亮，想再跟他请教请教。一大早他给闫亮发过去一个微信：“闫哥，咱们见面聊聊。”“好，我也刚好有事想找你。”闫亮回复他。两人约定当天下午就见面。

柳文超带着PPT坐在闫亮的对面，“我们有一个做互联网停车的想法，想听听闫哥的意见。”柳文超开门见山。他们刚刚开始讲一分钟，闫亮笑了起来，他的手轻轻一挥，“哥几个先别讲，我这也有个PPT，你们先看看我的。”

当闫亮打开自己的PPT开始展示时，柳文超惊住了，马上心中开始欢喜，那个PPT里的内容几乎和自己准备的一模一样。

创业公司CEO

柳文超和闫亮都很兴奋，两个人都曾思考如何实现传统停车的“互联网+”，也都在内部做着探索，却在此时遇到了志同道合的人。

对着PPT开聊15分钟后，柳文超和闫亮产生了共同的想法，既然双方都想做互联网停车，为什么不一起合伙创业呢？第一次见面时双方彼此都留下了很不错的印象，再加上年龄相差无几，之后的几次把酒言欢，相互之间早就称兄道弟，已是知根知底。

柳文超和闫亮很快就把话题深入到成立合资公司的具体层面，两个人提了提股份比例，一拍即合，资源导入力度、怎样选派高管也没有分歧，不到20分钟，合作的主要内容达成一致。

根据双方的约定，柳文超担任新公司董事长兼CEO，这意味着他要将绝大部分精力从海安抽出来放到创业公司上。闫亮担任公司董事，并派遣阳光海天创始人之一的副总裁刘保君担任新创公司副总裁兼CMO（Chief Marketing Officer，首席营销官）。

柳文超至今依然清晰地记得这个影响两个公司和自己命运的决定。他觉得双方能在这么短的时间内达成一致，是因为两个人的出发点都是为了“把事做成”，而不是追求能赚多少钱。这样在某些别人看起来很重要的、涉及利益分配的环节上，反而没有多少纠结。

2014年12月18日，柳文超正式进入停车行业两年零十个月后，带着几个人几乎从零开始在互联网领域创业。他给公司取名叫“停简单”，意思是让找车位、停车、付费都变得简单。新办公室的地址选在了五道口旁边的华清嘉园。

在中国的互联网创业记忆中，华清嘉园是一个被称为“民间硅谷”的存在。它在五道口地铁站西侧，毗邻清华大学、北京大学、中国地质大学等多个高校。这个不大的小区里，曾经诞生了校内网（后改称“人人网”）、美团、暴风影音、美丽说、酷我等一大批知名互联网公司。

柳文超的新公司就在华清嘉园的居民楼里，办公室有200平方米左右，还附带一个地下室。这个地下室被改造成宿舍和食堂，地上就是几个人的办公空间。柳文超把房子简单地装修了一下，摆上几张桌子，算是开始创业。

这样的办公环境曾让面试者有很强的心理落差。柳文超的一个同事在2015年5月时从英国谢菲尔德大学读完硕士回国，收到停简单的面试邀请后，他第一次走进华清嘉园时就有些失望，与自己想象中高大上的写字楼有不小的差距。面试时柳文超不断给他强调“特别辛苦，要做好准备”，让他更觉得有些“蒙”。没想到的是，上午刚刚面试完，他还没有缓过神来，下午就得紧接着开始上班干活。

第一套房子很快就不能承载迅速长大的新公司，当它开始变得拥挤时，柳文超赶紧又在附近租下第二套，之后第二套也不够用，又租下第三套。但办公室扩张的速度依然赶不上公司成长的速度，以至于很多会议和招聘都在楼下花园完成。后来因为公司服务器太多，小区的电路承受不住，经常跳闸，柳文超才在2015年9月把办公室搬到中关村的财智国际大厦。

有人不理解柳文超的做法，按理说他并不缺钱，根本没有必要如此节约。柳文超回应：“我花钱属于比较手紧，该做正事儿时几百万几千万，生拉硬拽都能往外出，但平常觉得不该花钱的地方就不能花。”

实际上钱也并不是主要因素，他觉得自己要在互联网圈创业，就不能像是传统行业的金主一样，不计成本地往里砸钱做一个互联网系统，要按照互联网的规则，从最细微、最艰苦的状态做起，从天使融资、A轮、B轮这样一轮轮做起，从归零的心态做起，这样才能获得投资人、合作伙伴和用户的认可。既然要创业，就要按照创业公司的状态一步步来。

套　　路

锤子科技创始人罗永浩曾总结创业公司CEO最重要的三件事：找人、找钱、定战略，找人排在第一位。

找人是柳文超最要紧也最重视的事情。刚开始创业时，一切看起来都比较简陋，对市场上很多人才而言吸引力并不大，柳文超通过自己的人脉找到一些愿意一起合伙创业的朋友，再通过朋友之间的引荐，组织了最初的队伍。

这样相互之间彼此存在千丝万缕关联的创业者，组成了一个非常具有凝聚力的团队，“打不跑，挖不走”，这个“兄弟团队”成为停简单在日后发展中最核心的力量。

但寻找技术团队的过程耗费了柳文超非常大的精力。柳文超和闫亮此前都跟互联网圈打交道不多，跟技术研发工程师之间的交集更少，尽管从决定创业开始，两人几个月连续接触了三四个团队，但是一直没有找到合适的人选。

找人的同时，柳文超也在找钱，但在这个过程中却险些吃了大亏。

2014 年年底，寻找天使投资的柳文超遇到了一个投资人，柳文超向他讲解了自己的项目和思路，同时也坦诚地告诉他，眼下自己缺一个技术团队，正在寻找之中。赶巧的是，这个投资人手头恰好有一个技术团队，这个团队恰好之前也做过一个类似的项目，也正在寻找新的机会。投资人表示看好柳文超的项目，他也愿意帮忙撮合，并且以资金、团队和战略资源投资停简单。柳文超感到非常兴奋。

但此后事情的发展却渐渐超出了柳文超的预料。与投资人谈判的过程中，投资人把资金、战略资源都折算成一定的股份比例：资金要占 15% ～ 20%，所谓的战略资源也要折合占比 15% ～ 20%，再加上柳文超给技术团队开的 15% ～ 20% 股份。三者加起来股份占比将达到 45% ～ 60%，有很大可能超过 51%，成为公司的控股股东。这种情况要是发生，意味着停简单也就不再属于柳文超和闫亮。

柳文超觉得不对劲。他在投行的工作经历让他对股权的重要性认识得非常清楚。根据我国的公司法，如果关联股东控制的股份达到或超过 33.4%，就拥有了公司重大事项的一票否决权；而达到或超过 50.1% 就实现了对公司的绝对控股权；要是掌握了 66.7% 以上的股份，就可以强行通过重大事项，包括强行更换掉管理团队。

而在大多数的天使投资案例中，10% ～ 25% 都是比较常见的数字，但很少控制超过 50%，他咨询了周围朋友的意见，觉得这件事既不正常也不公平，很有可能是个“坑”。

反反复复协商两三个月后，柳文超决定放弃这一次的融资机会。不过与技术团队合作的两三个月里，双方已经产生了很不错的感情，柳文超也尝试游说技术团队留下来一起干，但最后私交归私交，生意归生意。技术团队在停简单创业一个半月后，选择了与投资人一起撤出。

惊　喜

就在柳文超与投资人的谈判陷入僵局时，柳文超偶然遇到了前 IDG 资本合伙人李丰。双方一拍即合，由李丰创办的峰瑞资本领投，并在此后多次跟投加注，他本人也一直在停简单董事会担任董事。一年多后，李丰在演讲中提到自己对停简单的投资时说："在互联网 + 产业，还是产业 + 互联网上，我们坚定地选择了后者，事实也证明了我们的选择。"

不求速胜

如同一场航行，柳文超找齐了船员，加满了燃料，现在他需要做的就是找清楚前进的方向，也就是明确整个停简单公司的战略。

航路看起来似乎非常清晰：研发一个互联网平台，接入到线下停车场，形成规模再孵化出衍生业务。但在实际操作中，究竟是进入住宅还是商业地产、基于停车场闸机还是管理员、采用 OCR 识别还是 RFID 技术、全国城市拓展的节奏和布局都是需要选择的方向，而且每一次选择往往都会影响整个公司的生死存亡。

柳文超明确了一个最基础的判断，互联网停车行业的发展"不是速胜"，停简单也不把自己定义为行业的颠覆者、产业攻击者，而是通过产业的进化融合成新格局，"每一件事要很扎实，一件一件地做下去。"柳文超说。

这个判断成为停简单日后发展的"压舱石"，在面临一些抉择和诱惑时，柳文超和团队总会反复审视这些判断，比如 2015 年 A 轮融资时，有团队成员提出效仿当时简单有效的免费送设备等方法，烧钱冲业绩，都因与这些原则相悖而放弃，而当市场冷却、大批公司死去时，停简单却在风浪之中安稳如山，最终稳和慢转化成快。

战略虽然要稳，但工作的节奏却非常急迫。从创业的第一天开始，柳文超就意识到自己的生活和工作彻底发生了改变。

在海安时柳文超有一个完整的高管和员工团队，积淀了几十年的流程标准、服务体系足以应付存在的各种情况，工作之余他还有时间去享受生活，晚上没事儿就去看看电影，话剧、音乐会也经常出现在他的日程表里，"小日子过得非常滋润”。

而开始创业后，他不得不早上八点半就赶到公司开早会，有段时间天天晚上开会到凌晨一、两点，在正常的休息都难以保证的时间里，电影、音乐会通通成了奢望。柳文超也喜欢打篮球，没创业前每周都会打上两三场，但在创业之后的两年里他总共只打了一场，还是因为想要争取合作的甲方喜欢打球。

在海安，当他遇到什么困惑的问题时还可以向前辈请教，他所走的是前辈已经走出的一条路，只需要稍微做一点修正，他就可以解决所有问题，平稳简单地运作下去。而现在到了一个新行业，关于互联网、融资、平台等问题前辈们也都爱莫能助，一切都需要柳文超自己来探索。

但这一切都没有让柳文超退缩，他反而觉得“很刺激，很好玩”。

在刚开始一年多的时间里，他接触到了此前完全陌生的领域，像是“体验了一种不一样的人生”。每一次见投资人，对方都会抛过来一大堆问题，无论是质疑、肯定、挑战、交锋，他都非常享受其中的过程。“你需要不断地思考怎么去提升自己，怎么样把传统的停车场业务进行改造。”柳文超满是兴奋，“作为一个稍微有一点梦想的人，还是希望站在社会的前沿，去改变整个行业，谁也不希望去挣对社会没有贡献的钱。”

他知道走在这条新路上，有时甚至没有复盘重来的机会，在很多事情上往往只有一次选择，要是自己选了一条错的路，而竞争对手选了一条正确的，停简单就再也没有机会。他必须时刻让自己的大脑保持在快速思考的状态，计算着所走每一步的收获与成本。

2015 年 5 月 7 日，经过几个月的研发，柳文超交出了第一份作业，采用线上线下结合解决停车难和停车费问题的 APP——“停简单”正式发布。

发布会那天，台下坐满了停车行业的大佬前辈和几十家媒体。站在一块标满了停车场位置的 LED 大屏幕前，负责发布讲解的柳文超显得有些激动。他穿着一件特制的有停简单标识的纯黑色 T 恤衫，在腹部位置用白布缝了一个口袋，再把演示用的手机放进去，意思是停简单可以像机器猫的口袋一样，实现各种各样的奇妙功能。这让身高一米九的柳文超看起来既严肃又活泼。

跟他一样紧张的还有负责技术的同事，包括 CTO 在内的技术核心三人组，他们此时就并排蹲在演讲台的一侧，三个人一遍遍地测试，祈祷着千万不要出现意外情况，否则停简单的第一次亮相就将成为笑柄。

讲到演示环节，柳文超掏出了手机，向在座的行业人士和媒体记者讲解了停简单的五大系统，所有演示都顺利完成。

现场掌声响起。停简单在公众面前的第一次亮相完美结束，有记者此时发现，柳文超已经满头是汗。

转 折 点

停简单上线两三个月后，经过产品和研发的测试，整套硬件软件系统的稳定性已经比较成熟，他们急需一个大项目来验证自己的产品，同时借此打响品牌。

机会很快就到来了。提供这个机会的，是阳光海天提供了多年线下运营服务的朝阳大悦城。这座大型商场位于朝阳北路与青年路交叉口，是正东四环外一个人流量非常大的商场，正对着一个车流量很高的十字路口，临近的朝阳北路又是一条以拥堵闻名的道路。当时朝阳大悦城停车场的运营效率已接近极限，急需新的解决方案。

负责商务拓展的副总裁 CMO 刘保君找到朝阳大悦城总经理，得到了一个讲解方案的机会。2015 年 9 月初的一天，晚上 7 点，柳文超、闫亮等停简单高管全部到齐，拿出看家的本领展示停简单如何实现不停车缴费、如何提高停车场运营效率，最终打动了朝阳大悦城总经理。他当场决定，可以给停简单一条车道进行改造，但前提是必须在 9 月 16 日，也就是五周年店庆时完成上线。

柳文超倒吸了一口凉气，要是接下这个项目，留给团队的只有 10 天左右的时间，去掉各种前期准备，实际上只有一周的施工时间，而在以往，这类项目的工程量要差不多一两个月才能完成。

“必须干。”柳文超心里明白，如果不迈出这一步，自己和团队永远会自我怀疑。接下来一周，柳文超带着团队开始没日没夜地加班。在软件层面，不仅要保证 APP 的稳定运行，同时要根据客户的要求，与朝阳大悦城复杂的会员系统进行对接，工作量巨大。研发团队全部住进了办公室封闭开发，有人住在附近的小旅馆，更多的是困了直接躺到地上睡觉。

负责硬件设备改造的工程师带着 8 个人的施工团队进驻到现场，他在停车行业工作了近30年，接到任务时已经70多岁。停车场白天要正常运营，只能晚上10点闭店后才能开始干，常常需要夜以继日地施工。不熟悉如何走线，就请别的施工队过来教，现场边看边学。

但就在项目上线的前一天，原计划采用无线传输的停车场出入口引导屏被发现存在诸多问题，必须改成有线传输，总工程师带着团队从当天下午4点一直干到第二天凌晨4点。9月中旬的午夜，进入秋天的北京已经颇感凉意，总工程师带着一群人蹲在路边吃着盒饭的场景让柳文超感动许久。

系统第一次应用到大型项目中难免遇到问题，一两平方米的收费亭内，三位工程师抱着电脑排除问题，几个高管就充当起测试员，开着车一遍遍在闸口进出。

9月16日，系统准时上线。早上8点不到，柳文超、闫亮、刘保君等一众高管就都赶到朝阳大悦城，每个人脖子上挂一个印有停简单二维码的胸牌。他们给每一位停车的车主送上礼物，鞠躬致意，给他们介绍停简单并请求关注。

等到开始有车辆要从停车场驶离时，所有人都跑到了闸机前站成一排，像是列队迎宾的士兵，大家都想看看效果到底如何。

柳文超很紧张，他知道做线下运营自己的团队肯定没问题，但这一次涉及软件开发，虽然内部几次调试都没有问题，但没有人敢100%保证现场不会有事。一旦系统崩溃，丢掉的不仅仅是一个大项目，更重要的是停简单在行业的口碑，是兄弟们对自己的信任，“受人之托，终人之事。别人把这么重要的东西托付给你，要是做砸了，内心的敬业精神都会让自己崩溃。”柳文超说。

一辆汽车从停简单车道上驶过来，大家屏住呼吸紧紧地盯着闸机。“嘀”的一声提示音，栏杆缓缓抬起，车子开出，栏杆又缓缓落下，只用了短短几秒钟。现场一片欢腾，柳文超心里的石头终于落了地。

上线后的一个月里，用户的增长速度也大大超出了柳文超的预期，他原以为地面推广时会受阻，后来发现很多用户是主动注册，原因是的确能提高不少效率。一个月后朝阳大悦城的反馈显示，商场停车位的周转率大幅提升，停车费收入也增加了不少，而且也在一定程度上解决了拥堵。

3个月后，柳文超对外界公布了项目数据，朝阳大悦城近2000个车位，高峰期每日车流量近1万辆，日均达8000辆。停简单进驻后，使停车场进出效率提升了15%以上，停简单的月注册用户也达到16000以上，月电子支付订单14500单。

在柳文超看来，在朝阳大悦城取得成功已经不仅仅是获得成就感，更证明了停简单的商业模式和存在价值，极大地增强了他和团队往下走的信心，“是停简单很大的转折点”。

走出北京

两三个月后，驻守在朝阳大悦城现场的工作人员不断发来警报，报告遇到一些身份不明的人在现场探察停简单的系统，好几次都被工作人员识破。柳文超了解之后才知道，原来是自己已有的和潜在的投资人在大悦城暗中调查，看看停简单做得到底行不行。

柳文超的敏感不无道理。在大悦城上线的第二周，他就发现摄像头粘上了口香糖，还有人故意损坏设备。柳文超让现场同事提高警惕，因此也发现了不少竞争对手和感兴趣的投资人。

2015年被称为互联网停车元年，这一年有上百家互联网停车公司成立或者拿到投资，行业竞争也变得白热化。这一年3月份，就在停简单APP推出前两个月，一家刚刚拿到5000万美元融资的互联网停车公司ETCP宣布在行业内推出“三免”政策，即为纳入ETCP智能系统的停车场提供免费设备、免费运营、免费维护，消息一经宣布，市场份额就迅速扩大。

停简单的投资人感觉到市场竞争的压力。黄蔚跑到停车场调研，却发现一些真正规模庞大、经济价值高的停车场根本不在乎免去的硬件设备成本，它们真正需要的是高效稳定的运营服务和系统。再加上停简单此时的资金实力一般，于是选择不跟进“三免”。

而在此时，资本市场一场雷暴突然降临。从2015年6月中旬开始，上海证券交易所A股指数从最高的5178.19点急剧暴跌，不到一个月的时间跌幅超过35%，多个交易日里出现股指熔断、千股跌停的奇景，跌势持续多月。到2015年10月，股权投资市场也已经受到波及，很多投资人选择休假，不再看项目。

股灾开始时，柳文超正在寻找融资，也见到了最顶级的投资机构，但到了 8、9 月份，他发现市场上的确已经没什么钱，资本市场寒冬已经降临，融资变得非常困难。

这时国内智能交通上市公司——千方科技找上门来。就在 5 月停简单刚刚发布的时候，千方科技就打电话到了停简单前台，表示可以投资。柳文超认为这么大机构不可能这样通过前台来沟通，判断可能是骗子，就晾了好几个月没有回复。7 月，千方科技通过闫亮的一个朋友介绍，终于联系上柳文超和闫亮，“我们真的是千方，真的是想投资你们。”

千方科技带来的除了发展所需要的资金，更重要的还有丰富的停车场战略资源，并且这部分资源在海安和阳光海天的覆盖范围之外。柳文超和投资人商量后，决定接受千方集团下属投资主体 2000 万美元的 A 轮投资。

停简单此时也开始走出北京，迈出全国化扩张的步伐。首批进入的城市包括青岛、南京、天津、上海。选择青岛是因为阳光海天在这里的线下运营颇有斩获，为停简单的进入创造了条件，天津距离北京近，复制和管理成本比较低，而进入兵家必争之地的上海，就是为了证明自己已经有了在全国开拓市场的能力。

壮士断腕

不过在开始大规模扩张之前，柳文超和管理团队必须要先弄清：到底要接入什么样的停车场，这关系到未来几年停简单到底要走哪条路。

当时市场上可供改造的停车场主要分为两类：一种是依托于大型商场、写字楼、机场、高铁站、医院等商业场所的停车场，这类停车场数量不多，但每一个场地的停车位数量却非常可观，而且用户整体素质水平更高，更新的频次比较高，一个停车位在一天时间里会被不同的人用到，也便于 APP 用户增长。

另一类是背靠生活小区的停车场，数量非常庞大，但问题在于小区的业主基本上是固定的，而且很多物业停车费是按照年或月的方式收取，没有多少进出收费的需求，自然也不会有人下载 APP，却有源源不断的维护成本。对公司而言，好处是可以在报表上迅速做大停车场和车位的数量规模，提升融资时的估值。

A 轮融资时，团队内部一直存在争执，甚至爆发过激烈的争论。柳文超坦承，内部当时有很大的压力，拿了钱到底该怎么用，是先不管停车场质量，把数量做上去，再不断做大公司估值去融资；还是以质量为第一位，不去大规模“烧钱”，用慢一些却更健康的节奏一步步走。高管们在内部不断推演、争吵。

就在这个时候，有同事谈下来一个大项目，一家全国排名靠前的地产公司决定将自己的项目交给停简单，负责的同事甚至跟客户谈好了条件，也已经拿到客户主动盖好章的合同，只要柳文超签字盖章，停简单入驻的停车场数量就可以增加不少。但柳文超发现在这个项目中，95% 的停车场是住宅小区，他陷入两难，在与高管和销售的同事多次讨论后，最终决定“壮士断腕”，放弃这个项目。

这样的放弃不止一次。2016 年，公司一位股东建议在上海等城市进行并购以扩大停车场数量。当时团队刚刚融到一大笔钱，自信心很足，马上就在各地看一些友商的项目。柳文超此时发现市场上虽然团队众多，但是真正想清楚怎么做的却很少，每家看起来都有些规模，整个业务却都比较虚，很多家手里九成都是住宅小区项目，一旦接过来，用户增长带来的正面影响可能还不如后期维护保养的费用多。

甚至还有不少公司是占着好资源，等着停简单来收购。有一次刚刚跟一个地方的创业者开口谈收购，对方就是满脸的兴奋：“兄弟你终于来收购我了，我都等了你一年了，你怎么才来。”柳文超告诫自己和团队“一定要忍住”，压制住当时团队内部“略显膨胀”的念头，回到正常扩张的节奏上来。

几年发展之后，有业内人士复盘了停简单与另一家排名靠前的公司的竞争，发现停简单之所以后来居上，原因就在于一直专注于做商业办公类高价值停车场，虽然看起来速度不像竞争对手那样迅猛，但每一步都更为扎实，壁垒更高。而对手失误在花了太多资源在住宅小区上，人力、物力、财力的投入与用户、收入的增长与停简单存在不小的差距。

2016 年，互联网停车热潮迅速降温，媒体在 2015 年 8 月统计到的 100 家互联网停车项目，到 2016 年仅有十几家拿到投资，近 90% 的项目转型或关停，还有一些项目被兼并。到 2016 年年底时，市场上活跃的互联网停车公司仅有一二十家。

全国开拓

柳文超形容自己和管理层作决策时，就像是一支军队里决策形成的过程。几个人本就在一间办公室里办公，面对面而坐，有什么问题就直接提出意见辩论，有时甚至争得面红耳赤，但是一旦做好决定就必须保留意见，马上去执行。

在自己的团队眼里，柳文超没有一点领导架子，谦逊、随和、真性情。这也让他和停简单得到了许多人坚定不移的追随。

在总工程师看来，柳文超在管理团队时最重要的就是知人善用，“疑人不用，用人不疑”。他每次决定交给同事一件任务时，经常会用一种“这事儿交给你了，你去干吧”的口吻，让接受任务的人有种很强的被信任感和责任感。

随着业务迅速扩大，如何招人并且培养团队成了一个挑战。最忙时新招的员工甚至来不及接受完整的培训，在劳动合同上签字，讲一讲基本的安全注意事项之后，总工程师有时就开着车把新员工送到了项目现场，交给现场项目经理，由项目经理每天拍照反馈和汇报，“在战斗中成长”。

2015 年做大悦城项目时，总工程师带着的 8 个人目前大都已成为独当一面的骨干，担任起上海、天津、山东等地的区域经理。彼时柳文超就已经谋划起停简单全国化的未来，他对同事说：“停简单不是要干小买卖，是要全国发展，要做全国第一的。”

但对停简单乃至任何一家公司而言，成为全国第一不是一件容易的事，尤其在 2015 年上半年时，停简单既没有名气也缺少合作案例，传统的停车场对互联网停车也缺乏认知。负责销售的同事就每天去各个商业办公楼拜访，每个人一天要扫十几个楼盘，有兴趣的再进行二次开发，但遇到更多的却是拒绝。

2015 年 11 月初，柳文超给停简单来自四个城市共十多个人的销售团队开了一个会，提出要在 2015 年最后两个月冲击 100 个项目，这几乎是当时团队月完成量的好几倍。虽说接下了任务，团队心里却没有底。

但箭已在弦，不得不发。销售们开始向目标冲锋，推进的速度也逐渐超出所有人的预料。等到 12 月 31 日最后一天，就只差几个合同，青岛的销售晚上 8 点传来消息，有个客户已经答应签约，但天色已晚，当天签字几无可能。在销售同事的争取之下，客户最终同意在家签约，停简单的同事于是打出合同飞奔至客户家里，晚上 10 点，任务几乎压哨完成。

2016 年年末上演了同样的冲锋。这一年停简单决定把北京等已有的四个城市市场做得更透，没有扩张太多新的城市，但已有城市的案例数量却大幅上升。到 2016 年 12 月，柳文超和高管团队再次提出了冲击 100 个停车场的目标，这次时间只有 1 个月，最终在高压之下再次顺利完成。2017 年年底，同样是一个月时间，冲刺目标变成了 200 个，团队又一次拿下。

每一次完成任务时，柳文超、刘保君都会请销售部的同事喝一顿酒。柳文超非常看重对于同事的承诺，在一些与此相关的小事上也绝不含糊，甚至有一次因为流程失误导致工资迟发一天，他直接开除了一位直接负责的人力资源部员工。

2017 年，在资本的加持之下，停简单进入了成都、重庆、广州等多个大城市，进军全国的步伐明显加速，这一年也被认为是停简单“一仗定乾坤”的一年。刘保君在各地不停奔走，最多的时候，一周走了 10 个城市，平均每周有 6 天在外出差，回家反而成为奢望。

根据柳文超制订的战略，每进入一个新城市，地标建筑、机场、高铁站、医院等都是要不惜一切代价拿下的目标，建立起标杆项目之后，再通过这个项目的示范效应向当地政府进行推广介绍，同时作为在当地推广最有力的案例资料，就可以迅速打开市场。

典型案例就是上海。2017 年，停简单决定重点开拓华东市场，投入巨大精力开发上海市场。恰恰就在 2016 年下半年至 2017 年初，随着 O2O 泡沫的破裂，原本的全国几百家智慧停车公司大批倒闭，只剩下几十家公司，大量设备闲置或被遗弃，停车场充满了怨气。

停简单进入上海后，马上拿下当地几个标杆性项目，其专业性和态度迅速得到上海当地主管部门的认可，转而主动向线下停车企业推荐停简单，使停简单快速打开市场的同时，也解开了当地政府的心结。凭借这些措施，停简单在 2017 年这一年，在上海的新增项目量达到五六百个，从三四十家公司中脱颖而出，挺进行业的前三名。

有很多项目签得并不轻松。停简单看中的城市地标项目，往往也是争抢最激烈、管理方态度最谨慎的项目。停简单曾花费两年多时间，才谈下来北方某座大城市的机场项目，也有项目花了3年多时间依然处于谈判的阶段。

从2015年的小试牛刀，到2016年深耕北京“等风来”，再到2017年全国重点区域重点发力，到2018年，停简单业务拓展的步伐开始变得更加顺利，如今每个月新增停车场数量达到数百个，几乎是许多小公司全部的业务量之和。

在业务连连告捷的同时，停简单在技术战线上也不断地获得进展。从早期简单的停车收费开始，在三年多的时间里，停简单研发出反向寻车、无人值守等二十余条产品线。

在一段时间内，为了满足业务量的需要，本着适度的原则，技术团队会进行产品架构的换代，当业务量增长到架构承受的极限，技术团队就必须再次进行更新。他们将其称为“为飞行的飞机换引擎”。每到这时，整个技术团队就会全员封闭，住在办公室或者附近的酒店，通宵加班更换架构。

为了能找到用户真正的痛点，技术团队也常常跟随着产品经理等同事一起拜访客户，也是在这一过程中，他们惊讶地发现某个大学的停车场竟然有30多种收费标准，教师、学生、访客、家属等收费标准都不相同。他们也发现一些商场此前发放的纸质优惠券难以统计和管理，成为停车场利润流失的缺口。他们就先后研发出电子优惠券等多种产品，成功地满足了用户的需求。

资本垂青

线上停车做得风生水起的停简单，也自然成为众多资本关注的目标，其中不乏巨头公司。

2015年年初拿到IDG资本数百万天使轮和2015年9月拿到千方集团领投、峰瑞资本等跟投的2000万美元A轮投资后，柳文超2016年也在密集接触资本方，他不仅想为停简单找到充裕的发展资金，更重要的是能提供所需的战略资源，后者在他看来更为重要。

2016年年初，一家产业巨头公司找上门来，它带来的有数量庞大的停车位资源，正是停简单所追逐的目标。双方很快就进入了实质谈判，几个月后，对方明确表示会投，但却提出一个条件，要求获得控股权，同时要求柳文超等创始成员卖掉自己的一部分股份，以满足对方控股的条件。

这个条件不是没有诱惑，对方不仅会注入一大笔资金和资源，停简单可以在短期内使规模迅速扩大，更重要的是创始人可以套现一部分股权。

闫亮和柳文超有过纠纷，不过这一次他和团队很快就做出了决定，不接受这一笔投资。在柳文超看来，自己做停简单就是为了把事做成，并没有把钱放在第一位，而且创始团队一旦有了很多钱，就有可能失去努力工作的动力。更为重要的是，当一个互联网企业被控股，很有可能失去自己的生命力，后续很难再有新的投资进来，企业的生存和发展都将遇到挑战。

就在这场谈判基本宣告失败时，复星集团找到了停简单。这家公司由郭广昌于 1992 年创办，2017 年年收入达到 880 亿元，归属母公司股东净利润 132 亿元，是世界 500 强企业。

在复星集团董事兼总经理张富强看来，停车行业时常被供需不平衡、管理效率低等问题困扰，停车场也没有按照项目方的要求成为一个利润中心，再加上这一行规模足够大，有可能从中诞生大公司。

从 2016 年 5 月开始，复星集团对停简单做了非常详细的调查，光是朝阳医院一个停车场，复星的团队就去看过十几次。柳文超几乎和复星集团董事会的每一位高管都进行过深谈，持续深入沟通半年之后，复星集团决定投资停简单。与复星集团共同投资的，还包括红星美凯龙集团、中民投、峰瑞资本、韬蕴资本等。

2016 年 11 月的 B 轮融资发布会上，复星集团董事长郭广昌、红星美凯龙集团董事长车建新等企业家亲自站台对停简单表示支持。郭广昌不无幽默地表示："有时跟夫人一起开车去买东西，4 次有 3 次她忘了车停在哪里，于是变成她去看东西，我去帮她找车，所以说停车还真不简单。"

车建新强调，红星美凯龙将会把 30 万个车位交给停简单，未来拓展到 1000 家智慧商场，充分挖掘大数据背后的商机，"停简单是我们最看好、最满足中高端用户需求的'互联网 +'停车公司"。

随着2017年停简单业务的迅速推进，它逐渐引起了自己的合作伙伴——蚂蚁金服的注意。2017 年 8 月，蚂蚁金服主动找上门来想要投资停简单。经过长达近半年的谈判和调查后，2018 年 3 月，蚂蚁金服投资停简单的消息得到公布。

在柳文超看来，停简单作为一个日处理停车业务数峰值超过 300 万笔的平台，是蚂蚁金服需要占领的支付场景，而且停简单也将会成为阿里巴巴城市大脑中的重要一部分，将车联网与自动驾驶、共享汽车、充电网络、线下消费场景等进行打通。

重构生态

柳文超经常对外引用一组数据，以说明互联网停车市场的广阔：中国核心城市有超过1000万个高价值的停车位。按照每个停车位20万的价格计算，中国停车行业市场中，核心城市的高价值车位资产存量高达2万亿元。

而在核心的一、二线城市，至少需要5000万个新增车位才能满足车主的需求。这又代表了一个10万亿元的市场资产增量。而近几年内互联网停车领域将有2亿的潜在车主用户，随之将会有2万亿元的停车费用规模。

在如此庞大的市场中，柳文超想做的也不仅仅是停车，他想要重构整个停车生态。“在未来的出行领域，停车不再是一个孤立的场景，我们将互联网停车与分时共享新能源汽车服务、新能源充电服务以及停车大数据全部打通，形成生态闭环，来完成互联网智慧停车生态的重构。”

与分时租赁新能源汽车运营方的合作中，停简单掌握的数据库使它能够对于某个区域共享汽车的需求量、点位设置等有清晰准确的判断；其次是充电桩的建设，它同样可以分析出目标区域的电动车数量、分布密度等数据，给建桩企业提供有力的参考。这些大数据同时会成为商场等机构对用户进行大数据分析的第一道关口。

同时停简单将深度参与到停车场的运营之中，未来与共享汽车、无人驾驶汽车公司形成合作后，也将会极大地改变未来用户的出行方式。一种典型的场景是：当用户在出行前通过APP预约一辆无人驾驶网约车之后，这辆无人驾驶车将会从停简单的智慧停车场驶出，将用户送到目的地后再寻找附近的停车场停泊。

在这个过程中，停简单将为其提供停车位动态信息、自动收费和停车场服务，并且可以为这些企业提供维修、保养等服务，极大地减轻无人驾驶网约车运营企业的成本，成为未来出行中不可或缺的一环。

紧凑的节奏使得柳文超很少回望曾走过的路，从2014年12月创业至今，停简单的时针即将走进第四年。过去的三年时间里，风口与寒冬轮番上演，2014年和2015年出现的几百家互联网停车公司大多消失，而停简单不仅杀出重围，甚至一跃成为行业领先者。

从开始创业的每一次选择，柳文超都放弃了简单容易的选项，挑战更高的难度，一次次逼着自己和团队完成蜕变。在柳文超看来，创业本来就是九九八十一难的“取经”过程，每个公司都要遭遇相当数量的困难与艰险，如果在开始时就选择安逸与容易，未来将会感受到更多的痛苦。而如果一开始就选择困难的路，团队也将会快速成长，未来所有的难题都将迎刃而解，一切都将变得简单。

“做正确且难的事情，最后的结果往往一定是最好的。停简单最大的核心价值观，在于我们是一个比较有底线的团队。虽然有一定操守的人短期内会比较累，会吃亏，甚至在别人眼里看着像傻瓜一样。”柳文超说，“从长线来看，这样的人才会是赢家。这是我们坚持而且引以为傲的地方。”

“给孩子受益一生的教育”守护者

——好未来　张邦鑫

如果说经济是社会发展的速度，那教育便是社会发展的加速度，科技教育集团好未来的故事便在这样的社会背景下翻开了第一页。

2003 年，一个习惯用不舒适倒逼自己的年轻人张邦鑫创办了以“小班教学、开放课堂、随时退费”为模式的课外辅导机构——学而思（好未来曾用名）。其后，张邦鑫和他带领的学而思本着“激发兴趣、培养习惯、塑造品格”的教育理念，努力做到趣味性与专业性并重，为学生提供优质的课外辅导。

而创业之初，正值改革开放催生社会资本涌入教育领域、各种教育机构如雨后春笋般出现在中关村之际，张邦鑫特立独行、独辟蹊径，开创性地实施标准化教研，此种决策与《孙子兵法》中“夫兵形象水，水之形，避高而趋下；兵之形，避实而击虚”的思想不谋而合。就这样，学而思在张邦鑫的带领下，一路高歌猛进。而面对打击之际，张邦鑫和团队坚持自我反思，及时刹车，一度学而思的目标从“百亿学而思”改为“百年学而思”，让教育回归教育本身。

随着时代的发展，在数字革命的浪潮风起云涌之时，张邦鑫和他的团队主动出击。2013 年，“学而思”更名为“好未来”，并将集团定位为“一家用科技与互联网来推动教育进步的公司”，其使命也从“让学习更有效”调整为“用科技推动教育进步”，更是开设“在线直播 + 辅导”的模式……与时俱进，务实、克制且善于反思的张邦鑫正带领着充满科技感的好未来，在互联网、大数据的时代浪潮下阔步前行。

十九大报告提出，“努力让每个孩子都能享有公平而有质量的教育”，而作为教育行业领先者的好未来，不仅背负着企业的未来，也背负着行业和社会的未来，未来可期，未来已来。

2003 年，北京一间破旧的写字楼里，一位年轻老师用凳子支起一块小黑板，在那里讲课。

2010 年，一群年轻的中国人在纽交所敲响了中小学教育机构赴美上市的第一声钟。

2017年，一家低调多年的教育机构，一跃成为中国市值最高的教育公司。

转眼间，很多记忆已成从前。2003年以来的十多年间，好未来发生了太多故事。但有一个问题，张邦鑫无数次问自己：这个世界上为什么要有好未来？好未来存在的社会价值是什么？

有段时间，他远离人群，独自思索这个类似于“我是谁”的哲学问题。他也曾在很多个忙碌的间隙寻找答案：在加班备课时，在跟家长孩子交流时，在思考业务布局时，在与同行思维碰撞时，在去国外考察时，在走访偏远山区时，在快速发展时，在遭受打击时……

好未来的故事也是从成长和寻找开始的。

倒逼自己

“三更灯火五更鸡，正是男儿读书时。黑发不知勤学早，白首方悔读书迟。”在那遥远的江南小镇，淡淡的晨光中传来一个男孩清脆的读书声。

那是很多年前的事情。张邦鑫至今记得，年少时父亲经常给他念的这首诗。

张邦鑫1980年出生于一个江苏农民家庭，父母起初种地，后来做加工水面的小买卖。在那个学习改变命运的年代，父母含辛茹苦地供他念书。他打小学习刻苦，成绩一直很好。1998年，他考入四川大学生命科学系，4年后又考上北京大学的硕博连读研究生。

2002年，张邦鑫怀揣几百元路费，只身北上。走出家门的那一刻，他暗下决心，不能再依靠父母的血汗钱生活。为了追求经济独立，他一度找了7份兼职：3份家教，2份辅导班，1份网站维护，1份网上答题。

相比其他兼职，家教性价比最低，但对于那个时候来自农村的大学生来说，家教收入很高。他格外珍惜这份工作，花了很多心思研究教学。但很快他发现一个问题：如果一个孩子一周在学校上5天的课都没有学好，怎么可能2小时的家教就能教好呢？

张邦鑫冥思苦想，突然想到一个办法。如果2小时家教只是教知识，那是做加法，效果有限。只有通过这2个小时，改变学生周一到周五在学校的状态，提高学生在学校的学习效果，才会产生乘法效应。

他必须让学生在这2小时里爱上学习。为此，他绞尽脑汁地备课，研究怎么讲学生才有兴趣。这也是学而思教育理念（激发兴趣、培养习惯、塑造品格）的起点。

2002年冬天，他辅导的一个男孩连续三次数学考了100分，孩子父亲很高兴，介绍了很多熟人的孩子过来，还找到一个大礼堂作为上课地点。开课那天，雪下得很大，张邦鑫独自在礼堂徘徊，他不知道会来多少人，结果20位家长带着孩子踏雪而来，听完一节课全部报名了。

一下子收到这么多钱，这个年轻人有些恐慌。家教是个性化的，他可以针对每个孩子的特点确保学习效果，但是辅导班有20个孩子，很可能后进的跟不上，优秀的又“吃不饱”。他左思右想，决定根据学生的水平，把这20个孩子分成上午、下午两个小班。

尽管这样，他还是担心：如果过了一个学期孩子退步了，怎么跟家长交代？于是，他又定下一个规矩——开放课堂，家长可以坐在教室后面旁听，不满意随时退费。这些朴素的做法，成为学而思延续至今的商业模式。

这种天然的客户意识，与他的家庭背景有关。小时候，张邦鑫的父母在当地做小买卖，别人过来买东西，买一斤，父母会给人家一斤一两。他们的逻辑是：不同人家的秤不同，难免有误差，多给人家一两，别人挑不出问题。那时，张家卖馄饨皮，每逢过年都会通宵赶工，这时如果每斤加一毛钱，利润就会翻倍，但张父坚决不涨价。

从小受父母影响，张邦鑫总怕占别人便宜。做辅导班时，他也担心占家长便宜，所以每次上课都精心准备，哪怕上午讲过一遍，下午上课前还会再过一遍，把每次课都当成新的。父母的生意经，成为他的创业底色。

事后看来，学而思走了一条与众不同的路线。它的“小班教学、开放课堂、随时退费”模式，成为当时教育培训业的一股清流。后来很多机构学习这种模式，但并不容易。以随时退费为例，学而思平均每年退费损失高达几亿元。这倒逼它从老师到管理层都是战战兢兢、如履薄冰。

也许从那时起，张邦鑫就学会了享受不舒适，把舒适带给客户，用不舒适倒逼自己。好未来后来的历次迭代也都跟不舒适有关。

2003年“非典”来袭，张邦鑫关掉小有起色的辅导班，开发了一个网站——奥数网，成为国内很早的一批个人站站长。在“非典”笼罩的那一年，奥数网为在线上寻找学习资料的家长们提供了不少便利，这也播下了好未来最早的互联网种子。与此同时，教育培训市场的强劲需求，让他萌生了继续做下去的念头。“非典”过后，张邦鑫和北大同学曹允东东拼西凑借了10万元，于2003年8月注册了一家公司。

创业伊始，他们在北京航空航天大学南门的知音商务写字楼租了间办公室，不到20平方米。两张桌子、两把椅子、一个破沙发和一个古旧的铁皮密码柜，这些是全部家当，它们是从一家公司淘汰的家具中花350元买的。沙发屁股底下有个大洞，铁皮密码柜由于不知道密码从未打开过。

狼狈的办公环境，让初来的几百位家长望而却步，他们就免费给每一位家长试讲。最终100多个家长把孩子留下来，成为学而思的第一批学生。

特立独行

学而思诞生之际，是教育培训市场竞争最激烈的时候。改革开放催生了社会资本涌入教育领域的热潮，彼时，各类教育机构如雨后春笋般出现在北京街头。千禧年之后的中关村，一块接一块的广告牌，几乎每三步就是一个教辅机构。

那时，很多机构模仿新东方，张邦鑫觉得中国不需要第二个新东方，跟新东方做一样的事情没有意义，坚持走差异化路线：新东方做英语，学而思做数学；新东方做大学生，学而思做中小学生；新东方做大班，学而思做小班；新东方推名师，学而思做标准化教研；新东方通过讲座招生，学而思靠口碑和互联网招生。

很快，学而思在北京中小学课外辅导领域初露峥嵘，很多家长闻风而来。张邦鑫却喜忧参半：如何在规模扩大的情况下，让教学品质和用户体验不下降？

那个时候，北京知名中小学辅导机构主要以公立学校的兼职老师为主，走“校中校”路线，这个无经验、无资源、无人脉的“三无”大学生，自然招不到这样的教师。他们决定另辟蹊径，去重点大学寻觅优秀学生，便在各大高校论坛上广撒英雄帖。

第一批应聘的60位老师，张邦鑫和曹允东面试了一整天，只留下3个人。其中一人表现尤为突出：他一进来就向工作人员询问面试内容，别人试讲时，他坐在后面总结经验教训。这个人就是刘亚超，后来负责初中部，因成绩斐然成为学而思联合创始人。

那时，学而思招录标准十分严苛。一次，北大一个宿舍的所有同学一起过来面试，结果全军覆没。虽然创业维艰，但学而思在师资上追求“高配”：坚持从“985”“211”院校招揽人才，而且录取率不到4%。新老师过了选聘关之后，还要经历练课、听课、做题、写教案、试讲、练板书等长达半年的各项内功修炼，才能走上讲台。

这个标准延续至今。他们希望吸引天下最优秀的人从事教育。在张邦鑫看来，这些年，优秀大学生毕业后更多进入到会计、法律、金融、互联网等热门领域，其实教育行业更需要汇聚优秀人才——经济是社会发展的速度，教育是社会发展的加速度。

为此，学而思很早就给这些优秀的人才提供优厚的待遇、充分的发展空间和平等的环境。每年，他们辗转到国内外知名高校招才纳士，越来越多的高阶人才加入进来。

2005年夏天，张邦鑫在一个教学点检查时，遇到一位年轻人，年轻人直言这里的老师还有不少改善空间。细谈之下，张邦鑫才知道他是冒充家长来“旁听”的家教老师。两人相谈甚欢，后来年轻人索性关掉自己的辅导班，加入进来，那年秋季他带的班全部爆满。他的名字叫白云峰。至此，学而思四位创始人全部到位。

随着更多的优秀人才加入，学而思成长迅猛。但新的问题接踵而至：由于每个老师讲课风格、讲义和进度不同，家长的体验很不一样，有的班挤不进去，有的班招不上来……张邦鑫发现教学不是基于标准化的个性化，不是保障质量的个性化，而是伪个性化。他决定统一教研。

在那个名师当道的年代，几乎没有机构做教研，他们无从参考，人手也捉襟见肘。

那时，张邦鑫和刘亚超带着老师们摸索前行。每位老师负责一个年级的几章讲义，写完后统一发送给他们，二人审定汇总后，再送去印刷。每学期开课前，知音楼办公室里就像快递分拣仓一样，堆满了大袋子，里面装着各年级的讲义。最早的黑白讲义，朴素得近乎简陋，但承载了很多老师的心血。

关于教研和授课的风格，在学而思创立之初，发生过一次激烈的争执。当时，学院派出身的北大数学系才女季云英，强调数学的学术性，认为数学授课应该严谨认真。但张邦鑫更注重趣味性，认为可以打破常规，这样孩子更容易理解。两人争论了两个多小时，僵持不下，季云英一气之下辞职了。

于是，张邦鑫继续按他的方式教下去，颇受学生欢迎。然而随着学生数量增多，他逐渐感到吃力，这才认识到专业性的重要，又好言好语地把季云英请了回来。

后来，季云英做系统教研时也发现趣味性的价值，“教学不是绝对的学术性或趣味性，而是二者的结合，既要考虑知识的传授，又要符合孩子的认知”。显然，双方都认识到另一面的价值，学而思的教研也是在争论中不断迭代的。

随着学员规模越来越大，对教研也提出了更高的要求。2007 年，学而思正式成立教研部。彼时，学而思只有 60 个老师，但张邦鑫、白云峰坚持让最优秀的 8 个老师后撤一步，专门做教研，把他们的教法和经验沉淀总结成标准化体系。统一教研之后，学而思一节课的主体内容标准化，保证了扩张时的质量底线，同时也给老师留出了充分的发挥空间。

与之前教育培训机构不一样的是：多数机构会突出自己有多少 90 分以上的老师，而学而思要保障的是，最差的老师也不能低于 80 分，这样高分老师会自己“生长”出来。

直面打击

如果不是一次偶然事件，学而思也许会继续做一家小而美的公司。

这要从当时的资本市场说起。随着中国经济的高速发展，从2005年开始，海外私募股权基金大举进军中国，在接下来的几年里，它们很快成为中国创业的头号助推器。活跃的外来风险投资，也将目光投向了教育。

2006 年，新东方的上市进一步带动了资本对教育行业的关注。那时，高盛、摩根、瑞银等三四十家投行找到学而思，被它一一婉拒。学而思管理层认为，教育有自身发展规律，不希望受到资本因素干扰。

然而，2007 年夏天，学而思的 5 个重量级老师被竞争对手挖走，改变了管理层的想法。那是北京当时最大的一家中小学培训机构，刚刚获得融资，给 5 位老师开出了相当优厚的条件，很可能挖走更多的老师。

这对学而思打击很大，他们一度想与对手正面交锋。那时，学而思规模虽然没有对方大，但是满班率高，营销成本几乎为零，如果挖对方的老师，也并非不可能。但张邦鑫转念一想：这对留下来的老师很不公平，倘若给所有老师支付与对方一样的高薪，公司很难运转下去。与其攻击别人，不如从自己身上找原因。

起初，学而思只想做一个小而美的公司，仅仅在海淀区开了7个教学点，招了1万多名学生。公司规模小，工资增幅和岗位提升有限，核心老师成长空间不够。

“我们那时只关注到少数人的利益，觉得公司有收入，有利润，每年有些分红就行了，却忽视了一路跟随我们的老师。你要留下他们，一定要考虑他们的发展。”张邦鑫回忆。

那天晚上，他一个人在办公室待到深夜。离开时，还有几个老师在灯下备课。昏黄的灯光照着他们的身影，张邦鑫有种莫名的感动：他必须要让公司不断发展，这样才能给核心人才创造更大的空间。

这迫使他开始思考扩张、融资、上市这些从未考虑过的问题，也开始用一种更成熟的心态看待资本。2009年，学而思获得老虎基金和KTB基金共计4000万美元的融资。其中，老虎基金是新东方的投资方，KTB基金曾投过韩国最大的培训机构。学而思希望投资方带来的不仅仅是钱，还有经验和视野。

■ 2010年，学而思在美国纽交所上市

与此同时，学而思走出海淀，走出北京，在上海、天津、武汉、广州、深圳设立分校，开始在全国布点。2010 年 10 月 20 日，学而思登陆纽交所，成为国内首家在美上市的中小学课外辅导机构。这一年，学而思、学大、安博、环球雅思 4 家教育机构纷纷赴美上市，成为教育行业的爆发年。

上市之后，学而思加大了人才培养和课程研发的投入力度。半年后，学而思发布 ICS 2.O 系统（智能教学系统），在全国 1000 多间教室统一运用，有效提升了教学效果。同时，它也将目光投向学科教育之外，2011 年创立摩比，开启了对素质教育的探索。

除了前面讲述的融资上市故事，同行挖墙脚还给学而思带来了两个改变。张邦鑫和管理层反思之后做了两个决定：一个是全面改善学而思的薪酬体系，增加教师的涨薪频次，并为他们设置成长通道。

另一个是成立师资培训学院，这样一旦有老师离开，很快就能有人接应上来。在刘亚超看来，师资培训学院保证了学而思从当初几十名、几百名到今天上万名老师的稳定，尽管有些老师离职，但不至于出现体系性崩塌，奠定了学而思师资的组织基础。

在应对打击的过程中，学而思创始团队学会了从自身寻找原因，这也种下了学而思的“反思”基因。这种基因的形成，最早可以追溯到 2004 年的名师出走，在 2007 年被同行挖墙脚之后进一步强化。一个有意思的现象是：在日后漫长的征途中，学而思的每次成长，几乎都是在挫折和打击中的自我反思带来的。

慢就是快

2009 年，一个炎炎夏日的傍晚，所有在北京的学而思核心员工突然收到一条通知：晚上 9 点在总部中鼎大厦集合。

很快，大家从四面八方赶来，坐着站着挤满了会议室，纷纷猜想有什么重大消息宣布。

那时，正是学而思的快速成长期。两年前，学而思走出海淀，把教学点开到了东城、西城。一年前，学而思走出北京，在天津、武汉、上海设立分校。2009 年仍然增长很快，大家士气高昂。

“我们爆发出很多问题，正在成为学而思前进中的障碍……”张邦鑫的开场白，让气氛一下子凝重起来。

也许是天生的危机嗅觉，他总能在一片欢歌中捕捉到潜伏的危机。那天晚上，他让每个人轮流发言，讲自己发现或存在的问题，会议从晚上9点开到凌晨3点，梳理出来很多问题……“我们不能野心很大，胃口很大，但是消化、吸收能力很差，那样是对家长和学生不负责任。”那晚，张邦鑫定下一条警戒线：做强比做大更重要，质量比数量更重要。

事实上，此前学而思在扩张上也很克制。2003年，学而思创立不久，很快在家长圈打出名气。每次报名前夕，学而思知音楼和公主坟的教学点便排起长长的家长队伍，不少大爷大妈搬个小马扎，从半夜坐等到天亮……彼时，学而思只在海淀区设点，很多家长希望学而思去东城、丰台、朝阳等区开点，内部伙伴也纷纷建议如此。

但张邦鑫和管理层认为，教育不同于其他行业，孩子成长只有一次，坚持“有一个好老师才开一个班”。学而思“蜗居”4年才走出海淀。在城市扩张上，它也是进度缓慢，“有一个好校长开一个学校”。

学而思的成长过程，一直保持克制。少有的一次任性是在2011年。

那是学而思上市后的第一年。随着2010年学而思、学大、安博、环球雅思4家教育机构赴美上市，潮水般涌入的资本，开启了行业的飞速发展。无论是已经上市，希望和第二梯队拉开距离的学而思、学大等机构，还是拿到融资、冲击上市的教育机构，甚至行业老大新东方，都在加速扩张。

据一位当事人回忆，当时学而思提出“百亿学而思”的目标，大家像打了鸡血一样，等着摘取“胜利的果实”，公司上下弥漫着躁动不安的情绪。学而思大量铺设教学点，不停地招收老师和学生。在扩张的巅峰期，每季度收入增长60%左右，员工总数从扩张前的2000人激增到6000人，但利润率锐减，口碑也在下滑。

很快，张邦鑫和部分高管察觉到扩张带来的隐患，2011年秋天，学而思全体高管在北京香山开了三天闭门会议，高管们纷纷批评张邦鑫的冒进。在这次会议上，大家一致同意“管理增长”，把此前“百亿学而思”的目标改为“百年学而思”。相比同行，学而思“刹车”已经足够及时，但这次扩张的后果让它之后三年都受到影响。

2012年成为学而思的回归年。张邦鑫提出“让教育回归教育”。如果师资力量跟不上，宁可不增长，增长必须是有质量的增长。

在同等量级的教育机构里面，学而思在扩张上跑得最慢。截至 2015 年年底，它只进入了 19 座城市。之后几年稍加提速，2018 年 1 月，它已经扩展到 36 座城市。“慢”下来的学而思交出了一份不错的成绩单，无论营收、利润率都保持稳健增长。

张邦鑫很喜欢林肯的一句话：我走得很慢，但我从不后退。

科技重构教育

2013 年，对学而思而言，是一个很有意义的年份。

经过 10 年的发展，学而思已经成为行业领军品牌，产品线也从数学延伸到其他理科、英语和语文。在小班培优之外，一对一品牌——爱智康、在线品牌——学而思网校、素质品牌——摩比、垂直家长社区——家长帮等构成了集团的多元化格局。

2013 年 8 月 19 日，学而思宣布沿用 10 年的集团名称由“学而思”更名为“好未来”，并将集团定位为“一家用科技与互联网推动教育进步的公司”。

那天，好未来员工收到了一封来自张邦鑫的全员邮件。邮件中对过去 10 年充满感怀，但在谈到未来时，笔锋一转：

“由于线下培训相对成功，我们今天在思考教育问题时，时常会带着传统思维，这些思维模式曾经帮助我们成功走到今天，并且会在一定程度上继续推动我们成功下去。但同时我们也要有危机感，昨天成功的经验很可能就是明天失败的最大原因……”他多次呼吁要紧密拥抱互联网。

与其说更名，不如说是在时代浪潮中的一次重塑。

这一年，一场数字革命风起潮涌。麦肯锡全球研究院发布的报告显示，2013 年，中国的活跃智能设备总量达到 7 亿台，中国网民规模达到 6.32 亿。同年“双 11”当天，淘宝和天猫销售额超过 362 亿元人民币。此外，百度搜索量每天高达 50 亿次，微信用户达到上亿人。互联网正在从根本上重构中国人的生活方式。

张邦鑫是一个对趋势和技术相当敏感的人，他希望用科技互联网重构教育。好未来更名后的 5 年，是自我变革、跌宕起伏的 5 年。无论科技驱动上的大手笔，还是连接开放的多维度，它的变化都远超过去 10 年。在中国经济社会急剧变革的5年，好未来踏上时代节拍，成为行业的一名领跑者。

近年来，好未来每年研发投入高达数亿元，并且不惜重金引进大量优秀的互联网人才。2018年7月，好未来内容和技术研发人员超过4000人，预计两年后达到10000人。

在波谲云诡的互联网江湖，好未来不断释放出积淀多时的力量。2014年，好未来推出“在线直播+辅导”的双师模式，第一次通过互联网对教学进行分工重构，并且大规模应用到行业；2015年，通过O2O双师课堂，好未来放大了优秀教师授课范围，同时保持小班面授的效果；2016年，通过IPS（智能教学系统）收集学生课前、课中和课后不同场景的学习数据，帮助老师有针对性地辅导学生……

其实，好未来的科技情结由来已久。早在2003年，张邦鑫便建立了个人网站，录制了第一批网课，还卖出几十个账号，带来几千元进账。“非典”期间，他没日没夜地开发奥数网，一个人包揽代码编写、产品运营、服务器维护、内容编排等全部工作。

后来，奥数网整合成e度论坛，很多家长在论坛上了解学习资讯之后，会跑到线下教学点咨询，从而转化成客户，无意中形成一种天然的O2O模式。在学而思早期开疆拓土的过程中，e度论坛功不可没。

2010年，在线下教育一片火热之际，学而思网校上线了。长期孤独探索，长年重投入高亏损，却没有阻挡住前行的脚步，他们坚持在所有线下教室张贴网校的招生信息，坚持持续高投入，想方设法吸引高端人才……这群屡挫屡战的理科生相信，在那无穷的远方，无数的孩子，都与互联网教育有关。

无论是录播时代的“高清视频+明星教师”模式，还是直播时代“在线直播+辅导”的双师模式，以及AI（人工智能）时代正在探索的“三师”模式，学而思网校每次转型都踩在点上，甚至领先行业半步。

在科技与教育的结合方面，好未来向来主动出击。在AI火爆的2017年，好未来成立AI Lab（人工智能实验室），与清华大学、斯坦福大学等高校相继达成战略合作，探索AI如何为教育赋能。2018年，好未来又成立脑科学实验室，联手多家高校推动脑科学的研究，希望基于学生的大量学习数据，探寻学习的底层规律。

前不久，AI Lab研发出一款“魔镜”系统，基于AI技术，借助摄像头捕捉学生上课时的举手、练习、听课、喜怒哀乐等课堂状态和情绪数据，

■ 2018 年好未来人工智能大会，参与嘉宾正在体验好未来教育科技产品

生成专属于每个学生的学习报告，用于老师掌握课堂动态，及时调整授课节奏和方式，给每个孩子充分关注。

更多教育科技产品还在研发中，科幻小说中的未来教室或许不再遥远。

好未来的使命也在 2016 年 12 月底从“让学习更有效”调整为“用科技推动教育进步”。张邦鑫希望，用科技推动教育这个古老的行业大步向前，“今天的教育方式与 2000 年前没有本质区别，总体上处于传统医学阶段。未来依靠互联网、大数据和人工智能，对教育和学习进行解构，真正实现大规模因材施教，让教育从传统医学模式走向现代医学模式”。

一个充满科技感的好未来正在踏浪而来。

牵动千百棵树

2014 年年初，乍暖还寒，在线教育的热潮已经滚滚袭来。大量在线教育项目获得融资，与此同时，线上教育对线下教育发起猛攻，颠覆论此起彼伏，空气中交织着激情和恐慌。

面对剧烈的产业变革，好未来高管层已然预感到教育行业即将发生的深刻变化。他们亦知晓自身的边界——在高度发散的教育市场，好未来不可能穷尽所有模式，做好自己擅长的K12（中小学）领域已经不容易，剩下的事情通过合作来完成。

好未来奉行“树”文化，它的Logo是一棵树。尽管这棵树已经枝繁叶茂，但张邦鑫发现，纵然将来长成参天大树，提供的荫凉依然十分有限。他希望通过一棵树牵动千百棵树，变成一片森林：通过连接更多创业项目，帮助它们成长，一起构建教育生态。

这一年，好未来加快了在教育领域的布局，投资 / 并购了国内外数十个教育科技项目，主要聚焦4条赛道：（1）幼儿和素质类公司，像宝宝树、小伴龙、鲨鱼公园、爱棋道；（2）K12类新兴公司，像学科网、作业盒子、轻轻家教；（3）外语类公司，像考满分、哒哒英语；（4）国外前沿教育科技公司，像Minerva大学、自适应学习平台Knewton、游戏化学习产品Enuma等。

身兼教育实践者和投资者，好未来希望向被投企业输出教育行业的认知和培训。当看到很多野蛮生长的教育创业者也有类似需求时，好未来萌发了将这些创业者撮合起来、共同成长的想法。

2014年，好未来搭建了教育创业者交流平台——未来之星，整合跨界资源和教育行业的顶尖力量，为创业者提供孵化、培训、投资等三位一体的服务，每期它会邀请来自不同领域的精英授课。

在未来之星创业营，原来的竞争对手变成同学，线上线下教育企业在这里“握手言和”。到2015年下半年，越来越多的人发现，移动互联网时代，线上教育不可能推翻线下教育形式，线上线下结合才能实现完整的教育。

未来之星的招募，也从前两届的在线教育CEO，延伸到整个教育领域，吸引了越来越多创业者。截至2018年7月，256名教育科技创始人参加了创业营，33%的项目完成B轮融资，22个项目估值超过10亿元，半数以上的学员通过未来之星的平台与同窗实现了业务合作。

随着改革开放和技术变革的深入，中国教育企业将更多的目光投向海外，希望与世界先进的教育科技企业交流，在世界教育坐标中寻找自己的定位。

从2016年开始，未来之星每年带领中国教育代表团走出国门，在美国教育科技峰会 ASU-GSV 亮相。2016 年，全球 300 多位教育科技公司 CEO 和跨界精英参会，其中包括微软创始人比尔·盖茨、美国前国务卿赖斯以及麦克劳希尔、Chegg、Knewton 等教育公司的创始人。中国教育企业的“首秀”，让世界看到了中国教育的蓬勃生机。

2017 年 11 月底，未来之星将美国 ASU-GSV 大会搬到中国，联合中国发展研究基金会、北京师范大学、腾讯、美国投资机构 GSV 等机构举办了一场国际教育科技峰会——GES 未来教育大会，成为教育圈刷屏事件。

“中国的发展越来越好，教育的市场空间很大。我们希望连接中国和世界的教育，让更多中国教育机构在自家门口就能了解世界教育，同时世界也可以更全面地了解中国教育，从而取长补短，促进深度交流合作。”谈及举办 GES 的初衷，张邦鑫如是说。

显然，开放平台的时代已经到来，并正在向教育行业蔓延。如果说投资并购、未来之星为好未来在连接行业上探出了一条路，那么开放平台则让好未来向前迈出了一大步。

“教育培训机构正从纵向一体化走向横向一体化。以前，一个机构的品牌、教研、教学、招生、运营都是自己来。当产业发展走向成熟之后，将变成合作共赢的横向一体化。在这个过程中，好未来处于产业链的什么位置？”早在两年前，张邦鑫已经捕捉到趋势变化，开始思索这个问题。

在全国开设培训机构吗？对好未来而言，既不现实，也非其所愿。张邦鑫做出了一个令人意外的决定：向全国中小型教育培训机构开放好未来的产品、技术、师资、教研，与行业共同成长。2017 年下半年，好未来教育云事业群应运而生，目前已经与几十家中小型培训机构建立了合作。

对张邦鑫来说，这是一条“艰难而正确的路”。开放平台，相当于给学而思培优等业务找来了一万个“竞争”队友，对新业务的付出和投入，也会在一定程度上影响好未来的财务数字。阵痛不可避免。

“所有的阵痛都必须承受，痛苦时想想终局，会让自己冷静下来。从长期来看，这有利于拉升教育培训业的整体水平，促进行业健康发展，也有利于好未来自身的成长，学而思培优等业务也会在乘风破浪中变得更加强大。”

张邦鑫把这个过程称为“先下山再上山”。这样的事情在好未来内部发生过很多次，当初做学而思网校和摩比，亏损了很多年，但是他们坚持做在线教育和素质教育，最终闯出了一条路。

负责任才有好未来

2017年是好未来的奔跑年。蓄积已久的能量似乎一下子到了爆发点。

这一年的3月21日，好未来股价首次突破100美元。5月8日，它的总市值达到100亿美元。两个多月后的7月28日，美国东部时间16时，好未来市值达到127.43亿美元，首次超过新东方的126.15亿美元，成为中国市值最高的教育企业。

资本市场上的抢眼表现，一次次把低调多年的好未来推到镁光灯前。

张邦鑫这位低调的创始人，保持着他惯有的谨慎冷静："资本市场对我们的信心这么高，对我们是忧大于喜。我们的品牌、资金、收入、利润、人才厚度、客户影响力等，与新东方差距还不小。我们市值比它高，可能是增速快一点，没什么沾沾自喜的。"

不管承认与否，好未来作为行业领先者已是不争的事实。截至2018年5月底，好未来员工数量已经超过3万人，学员将近两百万，业务覆盖43座城市，无论业务体量还是学员人数还在持续上涨。这让张邦鑫感到一种前所未有的责任感：作为行业领先者，当你享受行业红利的同时，行业的责任就变成了企业的责任，必须要有担当。

这种沉甸甸的感觉，让他想起2007年，他一边办辅导班，一边在北大读博士。当时辅导班的学生数量已经达到17000人，创业像个精力怪兽，几乎抽取了他全部的精力。一天，导师语重心长地告诉他："逐二兔，不得一兔，应该在学业和创业之间做个选择。"他挣扎很久，决定放弃学业。

这是一个痛苦的选择。在中国农村，孩子考上北大博士是光宗耀祖的事情。他突然不读了，父母接受不了，他花了很长时间做父母的工作，"那个时候，在个人博士学位和那么多人的前途之间，取舍变得相对简单，其实我没有选择。"

现在公司大了，他所背负的责任也更大，不仅要考虑企业的明天，还要考虑行业和社会的明天。

过去十多年，以好未来为代表的教育机构，通过课外辅导帮助成千上万的孩子进入理想的中学和大学，通过学习改变了命运。如今时代变了，新一代家长对教育的需求更加多样，不再只满足于考试，更注重孩子多元能力的培养。与此同时，人们在高速发展中的焦虑与对美好生活追求的矛盾，也投射到教育领域。孩子课外辅导过重，成为社会焦点，“减负”声此起彼伏。

2018年2月底，国家四部委联合发文规范和整顿课外辅导机构，有关“减负”的呐喊在随后的两会上持续发酵，成为全民关注的焦点。外界纷纷将目光投向了好未来。

“作为行业领先者，我们应该用积极的心态来解决行业的问题。如果我们还像之前那样去教孩子，就是在偷走孩子的未来。”张邦鑫和管理层决定，借此契机，倒逼自己改革课程体系，进而推动行业创新。

十九大报告中提出“努力让每个孩子都能享有公平而有质量的教育”，让张邦鑫很受触动。从教多年的他，开始重新审视好未来的使命。在2018年的开年演讲“负责任才有好未来”中，他把“用科技推动教育进步”的使命解构成三句话：用科技推动教育公平化，用科技推动教育质量的进步，用科技推动新时代的教育减负。

这一年，好未来进一步加大了科技研发力度，研究在“不超前不超纲”的背景下，如何把课程开发得很有意思，真正提升学生的全面能力。

事实上，2017年春天，好未来已经在着手升级产品服务。它延揽了一支庞大的教研团队，进行数学学科的素质能力研发。与之前偏向做题不同，升级后的大数学是动口的数学、动手的数学、活动的数学，并且注重数学与生活的结合。学生的学习效果将通过数学能力模型的测评反馈给家长。

升级数学产品的同时，好未来也在语文、英语学科上发力。2018年，好未来语文发布了大语文产品，并联合中华文学基金会成立茅盾青少年文学院；好未来英语不断连接全球资源，并推出VIPX在线外教口语品牌。旗下的学而思网校更是动作频频，引入诺贝尔奖得主参与研发科学课程，邀请知名作家和AI老师共同担任“少年文学家”的评委。

“我们希望研究学习的科学，让学生科学地学习，带给他们受益一生的能力。”在张邦鑫的构想中，好未来要用科技推动新时代的教育减负和教育进步。

重新定义自己

“这个世界上为什么要有好未来？好未来存在的社会价值是什么？”张邦鑫无数次问自己这个问题。这些年，他一直在寻找答案。

2018 年清明节过后，张邦鑫和伙伴们走访了河南嵩县思源实验学校。这是一所国家级贫困县的薄弱学校，主要面向外出务工家庭。一年前，好未来通过双师系统提供师资教研的支持，帮助思源实验学校打造智慧课堂。

过去一年，孩子们的成绩取得了显著进步，更重要的是，他们找到了学习的乐趣。在与山区孩子的互动中，他们对知识的渴望，让张邦鑫很欣慰：通过双师系统，最优秀的教师资源可以下放到很多偏远山区，让那里的孩子从小就站在很高的起点上。谁知道撒下的种子会在哪个角落发芽呢？

科技为填补教育鸿沟带来了新的想象空间，但仅靠好未来一己之力还是太有限，他们希望与公立学校合作，把好未来在校外充分验证且行之有效的技术、工具、资源和服务深度整合，为公立体系提供系统化的解决方案，助力教育升级。

这与张邦鑫 15 年前的思路一脉相承，“当年，我们通过课外 2 小时改变学生的兴趣、习惯、信心，与学校的 5 天学习产生了乘法效应。今天我们转型智慧教育，也希望与公立学校的教学模式做乘法，把老师从繁重的工作中解脱出来，抽出更多精力与孩子互动，给予他们关爱，把孩子培养成全面发展的人。”

早在 2014 年，好未来已经开始智慧教育的探索。当时，北京市启动为期三年的“民办教育机构参与中小学教学改革项目”，好未来作为首批参与的民办教育机构，与大兴区红星中学达成合作办学计划，在教学服务和教育资源两方面深度合作。

2017 年 1 月 22 日，好未来教育云[①]与阿里云达成战略合作，好未来教育云将依托阿里云的云端服务，将优质的教育产品和服务输送到广泛的公立教育体系，推动教育均衡发展。

一年过后，上海市教育委员会与好未来在 2018 年 8 月 7 日达成战略合作，共同推进教育信息化 2.0 建设，双方将在推动教育信息化“育人为本”、探索未来教师人技协同教育模式等方面展开合作，共同构建“互联网 +”、大数据、人工智能驱动的智慧教育新生态。

当天发布会上，张邦鑫对好未来做了重新定义：好未来是一个以智慧教育和开放平台为主体，以素质教育和课外辅导为载体，在全球范围内服

① 此处的“好未来教育云”是指面向公立体系的业务，后来这个名称专指面向中小型机构的教育云事业群。

务公办教育，助力民办教育，探索未来教育新模式的科技教育公司。

这意味着好未来正在从培优教育走向普惠教育，从培训机构走向教育机构。在充满挑战的未来，还有很长的路要走。

近年来，随着好未来成长为行业的头部企业，张邦鑫开始更多地思考好未来与所处的时代和社会的关系。

“如果把客户比作好未来的父亲，那么我们脚下的大地、我们所在的社会和国家就是好未来的母亲。没有改革开放，没有稳定的社会经济环境，不可能有好未来的健康发展。”在他看来，企业大了，首先要承担社会责任。这个过程，不仅是帮助别人，更是完善自我。

这两年，好未来加大了公益步伐。在做好“同一课堂”教师支教的基础上，2017 年 1 月，好未来推出“希望在线”，通过科技互联网，把希望工程搬到线上，希望辐射到更多群体。14 周年庆当天，好未来创始人团队宣布捐款 10 亿元人民币，成立教育公益基金，用于改善贫困地区的教育状况。

2017 年 11 月底，好未来创始人张邦鑫与新东方创始人俞敏洪各出资 5000 万元联合成立“情系远山公益基金会”，探索如何用科技推动教育公平。

在 2018 年的开年演讲中，张邦鑫表示今年将重点扶持山村幼儿园，计划捐助 100 所，目前已经捐助 30 所。选择山村幼儿园，是因为它的数量严重不足，师资缺口巨大，条件也相当差。

2018 年 7 月初，他参加了中国发展研究基金会“山村幼儿园计划”发起的贵州毕节之行，走访了毕节七星关区的山村幼儿园。

七星关区所处的乌蒙山连片特困地区是全国 14 个连片特困地区之一。前几年相继发生过留守儿童在垃圾箱取暖导致闷死和喝农药自杀事件，引发社会广泛关注。

在与山区孩子接触的过程中，张邦鑫发现，这些孩子的学习能力很强，反应一点也不比城市孩子差，只是缺少机会和资源，所以潜力得不到释放。

那天，他们还走访了几个孩子的家庭。有一家父母在外打工，爷爷奶奶带着 5 个孩子，7 口人每月仅靠 1000 元生活。还有一家，孩子住的地方脏乱不堪，白天没有阳光，晚上没有灯光，食物散发着馊味。“我们看着很心疼，为他们的命运感到难过。最难过的是，有的孩子能上学，有的孩子上不了。”张邦鑫感触很深。

从毕节回来，他准备调整捐助计划，仍然会投同样多的钱，但会缩小捐助范围，给一家山村幼儿园更多的钱，彻底把它搞好。“我一直认为做公益不要凑量，而是要看到真正的效果。我们的目标是依靠好未来的学前教育体系和互联网力量，设计出适合山村幼儿园的教学体系。钱只是辅助。”

结　语

在2016年好未来年会上，张邦鑫提出，未来10年，好未来将从一家培训机构变成一家教育机构；从一家线下公司变成一家科技服务公司；从一家中国公司成长为一家全球化公司；从一家运营驱动的公司成长为一家数据驱动公司。

一年后的2017年2月22日，好未来高管团队与北京市海淀区委、区政府领导座谈时，给出了更加量化的指标——未来10年，好未来努力实现“服务线上线下千万级用户，实现千亿级收入，完成千项教育创新专利”。“三个一千”目标，受到了时任海淀区委书记崔述强等领导的鼓励和支持。

大部分时候，张邦鑫是务实而克制的，这从他的投资逻辑可见一斑。在选择投资标的时，他很看重创始人的特点：“如果一个人的思考是点状的，执行是立体或面状的，不可投。如果他的思考是立体的，突破是点状的，可投。一个人思考很多，但先从一个单点突破，说明他把各种因素想得很清楚，但仍然能控制住自己的欲望，这样的人非常值得投。”

在剧烈的技术和产业变革面前，他的危机感更深了。看过诺基亚的陨落、摩托罗拉的跌倒，他发现所有看得见的对手都不是真正的对手，危险的是那些看不到的东西。

即便身处创业盛世，他也会逼迫自己冷静下来，在阳光灿烂的时候修屋顶。他担心，如果不能沉下心把组织中的问题和漏洞搞清楚，狂风暴雨的时候，屋子可能会被掀翻。

张邦鑫喜欢反思，不仅反思现在，他还发动高管对过去15年走过的弯路、犯过的错误进行系统复盘，希望以史为鉴，也许将来会出一本《好未来反思录》。

和创业之初一样，他对教育仍然是战战兢兢、如履薄冰，“教育和其他行业不同，我们做的事情都是带着杠杆和加速度的。如果教不好学生，影响的不只是一个家庭，还有这个社会和民族长远的未来。”

跨国教育创业之路的奋斗者

——佳一教育　王晓兵

一切都看似出自偶然，而又正是这一次次的偶然，造就了属于佳一教育董事长王晓明人生的必然。

1994 年，坚信读书能改变命运的王晓兵考上淮阴师范学校，也正是淮师三年的教育孕育了王晓明的教师梦。毕业之后，王晓兵先是在家乡泗阳县原种场小学当一名数学教师，其后，他又来到淮安，就职于淮阴师范学院附属小学。而正是在淮安时，王晓兵在 2003 年的暑假开办了“王老师数学兴趣班”。兴趣班办得很成功，但终非长久之计，于是在 2005 年，王晓兵和昔日同窗范明洲成立了“佳一培训学校”，之后更是发展成为当地首屈一指的课外辅导培训机构。

对于企业来说，一时的巅峰未尝不是另一种意义上的险峰。在佳一教育成为当地培训机构的龙头时，同时也进入了发展瓶颈期。当下，王晓兵审时度势，带领着他的团队进军北京，其后又果断将佳一教育的战略定为“打造二、三、四线城市的校外教育领军品牌”，正如《孙子兵法》所言：“是故智者之虑，必杂于利害。杂于利，而务可信也；杂于害，而患可解也。”即是说全面地看问题，在有利的情况下，要看到不利的方面；在不利的情况下，要考虑到有利的因素。这样才能趋利避害，防患于未然，并最终取得胜利。

就这样，佳一教育在王晓兵的带领下再次迈入快速发展的康庄大道，然而，企业在发展，社会环境亦在发展变化，只有与时俱进，才是长久之计。基于此，王晓兵更是在坚守“致力于改变孩子学习方式”的企业愿景前提下，开始实施“数字化、国际化、互联网化”战略。佳一教育也逐步实现了它的从内容到渠道、从线下到线上、从国内到国外等各个层面的飞跃。

一个企业家的成功，不仅体现在他带领的企业实力有多么雄厚，更多的是体现在他对这个社会的温情和贡献。在这一方面，王晓兵和他的佳一教育更是当仁不让，始终坚持“用心经营企业，爱心回馈社会”的信条，捐资助学，力图惠及更多人。

王晓兵从数学老师到跨国教育企业董事长，佳一教育从只有 7 个人的数学兴趣班到从容走向世界的教育机构……王晓兵和他的佳一教育一步一个脚印，攀越了一个又一个险峰，创造了一个又一个常人眼中的不可能……

“First UK nursery group sold to Chinese investors”（第一家出售给中国投资人的英国幼教集团）——2018年4月4日，英国《幼儿园世界》头版头条刊登了佳一教育收购英国Bambinos幼教集团的消息，标志着佳一教育正式进军幼教市场，这也是其国际教育版图上的第二次战略布局。

此前佳一教育已经在英国投资了互联网在线数学教育公司——EZ Education。由于EZ旗下核心产品——Doodle Maths获得了约克公爵（安德鲁王子）牵头的英国全国创业大赛第三名，EZ公司的管理团队受到英国女王伊丽莎白二世的亲切接见，女王对EZ公司与中国佳一教育的合作表达了赞赏和鼓励。

一个从三线城市起步的线下教育企业能在问鼎全国K12教育市场后，又能从容走向世界，创始人王晓兵的眼界与战略格局起到了关键作用。

回首15年的创业经历，多年来矢志不渝的奋斗场景一幕幕在王晓兵心头闪现。他忘不了零下15摄氏度的北京新街口外大街上，一个人拖着拉杆箱找第一处办公房间的焦急；忘不了2010年一个月明星稀的深夜，在审阅完书稿后抚卷思索出教育创业真谛时的笃定；忘不了2003年刚开始创业的暑假，因过度劳累在市立医院急救时的无奈；更忘不了2016年2月16日在泰晤士河畔的伦敦发展署举行“佳一投资EZ公司”仪式上的自豪……

王晓兵，佳一教育机构创始人、董事长，南京大学工商管理硕士，中国民办教育协会培训教育专业委员会副理事长，北京中关村地区企业联合会教育协会会长，2017年被评为南京大学首届“双创之星”，是民办教育机构“以内控促成长”模式的研究者、实践者。首创“佳一动态教学法”，编著出版《走在上市的路上——培训机构内控制度初探》《佳一数学思维训练教程》系列等多部专著。

如今的王晓兵谈及佳一教育的发展和创业者自我成长的心路时，往往会说两句话，一句是“幸福的家庭都是相似的，成功没有捷径”；另一句是“做教育要定心、定力、定向，守得住清贫，耐得住寂寞，慢慢才会有成就”！

回眸2003年6月的那个中午，江苏省淮安市委东大院生活区一栋民房旁，怀揣着东拼西凑而来的3600元人民币，他矗立良久，在夏日的蝉鸣与街道的聒噪中好像听到一个细微的声音——是梦想破壳而出的声音！他知道这是实现自己教育理想的开始，他的眼里满是希望！

15 年时光，佳一教育从一个最初只有 7 名学员的数学补习班，发展成为一所国内知名的国际化教育企业，行进路上，佳一教育创始人王晓兵演绎现代版“兵法”故事。

童心，一个农村娃的少年梦想

置身洪泽湖畔，与酒都洋河古镇毗邻，清道光三十年（1850 年）因仓姓兴集得名的江苏省泗阳县仓集镇（今归属于宿迁市洋河镇）是王晓兵的家乡。据张相文先生主修的民国《泗阳县志》记载：“仓家集仓，明仓制书，由苏州迁来，世居陆城乡西部，就是如今的仓家集……”王晓兵在这里度过了自己幼年、小学、中学时光，他的人生梦想也是在这方水土的滋润下萌芽生长的。

父母是地地道道的农民，成天在黄土地上日出而作，日落而息。父亲练过武术，为了锻炼王晓兵的体格和毅力，六岁时父亲就开始教他扎马步、练拳脚、耍枪棒。在父辈们的熏陶下，王晓兵自然而然地继承了父辈血脉里的坚韧、勤劳与朴实。农忙季节，在村里小学上完课，放学回到家的王晓兵总会到田间地头为父母分担农活，父母也不忘督促王晓兵的学业。潜移默化之下，爱上读书、学习的同时，“读书改变命运”的话题，是萦怀在少年王晓兵心中的一个坚定信念，他如饥似渴地学习书本知识，更希望浏览知识广泛的课外书籍，可是那个年代对于一个农村孩子来说，这只是一个美好的奢望，家里除了线装的《三国演义》《水浒传》和几本武术杂志外，几乎没有什么读物。

改革开放初期，刚刚分田到户的农村还很贫困，纯朴的父母一年四季忙个不停，但有时解决温饱都是问题。为了贴补家用，自小习武、身体健硕的父亲在农忙之余就到镇上的一家乡镇企业上班，每逢发工资的时节，父亲会从几十元的工资中拿出一两元钱给王晓兵零用。每次握着带有父亲体温的辛苦钱，王晓兵总舍不得用，他找来一只小铁罐，小心翼翼把钱放进去积攒起来，等到存钱到 5 元左右的时候，王晓兵就悄悄地步行到镇上的书店去购买自己喜欢的书刊。

多少年过去了，谈及小时候读书的往事，王晓兵记忆犹新，感触良多。

“人生为一大事来，做一大事去！少年的时期，轻狂总是有的……当然，那时候我所能想到的‘大事’，就是长大后做一名律师……”长大后当一名律师，告别父辈面朝黄土背朝天的生活，是少年王晓兵最初的梦想。

“读书首先能改变自己的命运，然后再用知识帮助别人改变命运，这是父亲告诉我的道理，虽然朴素，却是真理。”因为父亲的谆谆教诲，中考时，考虑到家境情况，王晓兵放弃了上高中、考大学、做律师的机会，毅然选择报考中等师范学校。1994 年中考，在农村中学读书的王晓兵以全县第 16 名的优异成绩考取了公费师范生，这也是江苏省最后一届吃公费饭包分配的中等师范生。考上师范学校是王晓兵就读的那所乡村初级中学破天荒的第一人。“王晓兵考上师范了，以后就是端公家饭碗吃公家饭的人了……”学校老师很兴奋，父亲也异常开心！开心的父亲和母亲一商量，一咬牙，到镇上摆了三桌，宴请了学校所有的初三老师。那感觉着实风光，可是风光过后，父亲又犯起愁来：孩子上初中后一直穿着打了多块补丁的衣服，在师范学校里怕是没有办法再穿了……

1994 年 9 月，王晓兵从老家仓集来到淮阴师范学校。报到、分班、分宿舍，师范生活让农村长大的王晓兵觉得新鲜而充满激情。

班主任安排王晓兵做了班长，一上大学就被“委以重任”，王晓兵很开心，他年轻的心有着跃跃欲试的冲动和豪情。三年的班干部生涯是对他组织能力的最好锻炼和磨砺。回忆起淮师岁月，王晓兵深有感触，应该感谢班主任和同学们的信任，是他们和淮师成就了自己！

为帮助家境贫困的学生顺利完成学业，学校每年都会提供勤工俭学的机会。在淮师，王晓兵受到了老师们的眷顾，从师范一年级第二学期开始，学校安排王晓兵和他下铺的同学担任学校的广播管理员和锁门员，每晚熄灯之后负责把各教学楼的大门锁好，每天早晨 5 点半播放提醒同学们起床的音乐广播，每学期补助 200 元生活费。这是一个每天都要迟睡早起的活，每天准时比同学提前 30 分钟起床，王晓兵这一坚持，就是两年半，没有出现一次异常，这让同学们很佩服。

“我一直很自律，这种习惯的养成，得益于小时候父亲教我练武术，每天起早贪黑练，还不能误了学习和其他事……”

在淮师，王晓兵年年被评为优秀学生干部，学校给优秀学生干部的奖品就是图书，而这正是王晓兵梦寐以求的，每每想起少年时期一书难求的往事，王晓兵就觉得这一刻无比幸福，在淮师有图书奖励还有馆藏丰富的图书馆，这对一个渴望读书的少年来说，是多么开心的一件事。师范三年，浸身书海、自由翱翔的王晓兵心智洞开。

淮师的校园生活总是丰富多彩的，那个年代心有所往、心无羁绊的年轻人，除了学习就是谈论人生理想。王晓兵在淮师结识了一批志同道合的校友，包括后来成为事业搭档的范明洲、管飞等人。年轻是激情的代名词，在淮师，王晓兵时常会带着一群同学搞沙龙、办活动，甚至连毕业汇报晚会也由他们自编自导。因为学历和阅历的增长，眼界更加开放的王晓兵，思想也进入了一个全新的境界。

“虽然说小时候经常耳濡目染，对部分教育家的事迹有所了解，但真正领悟教育的真谛还是在进入师范以后，毕竟那时候心智更成熟了。”上师范时，王晓兵特别喜欢看路遥的《平凡的世界》，其中主人公孙少平说：我们都是平凡的人，但要从这平凡中做出不平凡来。这句话令他印象非常深刻，人要有理想，才不至于活得浑浑噩噩；人们常说的平平淡淡才是真，是说生活是一点一滴的，做人做事要脚踏实地。做大事也是从平淡的生活中去一点一点地完成，大事都是要从小事做起，慢慢积累起来的。

三年时光，匆匆而过！1997 年，香港回归祖国怀抱的这一年，未满 19 岁的王晓兵迈出母校的大门，回到老家泗阳县，被分配到临近城郊的泗阳县原种场小学，正式成为了一名光荣的人民教师。在新学期的教师节活动上，王晓兵作为新教师代表面对全校 80 多名教师发言，他说：“世界上有两种伟大的职业，一个是医生，一个是教师。医生挽救的是人的生命，教师塑造的是人的灵魂……”站上讲台的王老师，踌躇满志。学校分配王晓兵给一年级的孩子们教授数学课。凭借着自己对数学的浓厚兴趣，入职的第一学期，王晓兵就主动加入“尝试教学法”课题组，研究教材教法，虚心向前辈老师讨教。当时，学校选拔出一批数学成绩优异的学生，成立了数学竞赛兴趣小组，校长把带队辅导的重任交给了王晓兵。用心的老师遇到积极进取的学生，碰撞出耀眼的火花。在和兴趣小组学生的互动教学过程中，王晓兵探索出一套提高学生数学思维能力的独特方法，总结创造出数学思维培训课程，并应用于教学实践。工作中，王晓兵一方面潜心研究教材教案，主动到教学经验丰富的老教师授课的班级听课、取经，一方面积极与学生、家长进行深入交流。短短几年，王晓兵业务能力有了很大提升。

在原种场小学教学的那段时光，给王晓兵留下了诸多难忘的记忆。刚刚步入社会，因为工作的缘由，许多素昧平生的孩子家长，因为孩子细微的改变，见到他时满怀感激的笑容；仅仅因为一次励志交流，一个孩子就会发生改变，这对王晓兵的震撼很大。“作为教师，不仅仅要做学生课程学习的导师和帮手，更要融入学生，成为他们生活的一部分。站在教育的角度看教学，立足于教学做好教育，行走在理想与现实之间，是为人师表必需的生活方式。”立足现实，超越现实；心怀理想，执着追求。王晓兵找到了答案。

在原种场小学的4年，王晓兵既是一位数学老师还是学校唯一的打字员。由于学校只有一台电脑，学校又在城郊，愿意放学后留下来义务加班的人少。工作的第二年，学校领导便将文印室的工作交给了勤劳能干的王晓兵。此后无论寒冬酷暑，一边工作一边练习打字排版，王晓兵总会任劳任怨地按时完成领导安排的打字排版及文印任务。谈及那段日子，王晓兵说既是工作也是学习，感谢那段义务做打字员的经历。

“教育是一个一分钟又一分钟、一小时又一小时、一天又一天地耐心地掌握细节的过程……教育的问题就在于使学生通过树木见到森林。”那时候，王晓兵很喜欢怀特海的这几句话，他认为教育的大事在细节，所以他常把日常琐事当作教育资源，把学生出现的问题当作教育素材，在一个个细节中捕捉规律，做实教育，促进学生人格的完善、修养的提高、学业的进步。

丹心，一个青年老师的兴趣班

海阔凭鱼跃，天高任鸟飞。为了有更好的发展，寻找施展抱负更宽广的舞台，工作4年后的王晓兵从老家泗阳来到淮安，捧着一叠获奖证书、荣誉证书，王晓兵走进了淮阴师范学院附属小学校长的办公室，身材魁梧的中年校长打量着同样身材魁梧的青年人，和蔼地笑了笑：“你上一节课给我们看看，大家满意了，你就留下来；不满意，我建议你还回泗阳去……”

“感谢校长，感谢校长。”听说有机会上一节课，王晓兵充满自信。

走进陌生的教室，面对陌生的学生，在4位评委的注视之下，来不及备课的王晓兵，从容自信地走向讲台，在与学生的互动中，开始了“百分数的意义和认识”一课的教学。

课后分管数学教学的刘校长在评课时认为小王老师教学技巧娴熟、理念新，敢于放手给学生去研究，建议留任。

“既然大家都满意了，你就留下来好好干吧，把你的特长用起来，把普通话再好好练一下。”校长很满意，同时也给王晓兵提出了新要求。

城区的孩子基础好，加之学校硬件设施全，在淮师附小的工作中，王晓兵的数学教学能力也有了很大提升。他记忆中最深刻的，是那一节面对全校数学老师的公开课——“能被 2、5 整除的数字的特征”，因为这节课的成功，王晓兵的教学水平得到了校领导及同事的高度认可。

但王晓兵并没有满足于取得的教学成绩，他在思考：如何找到一个自主的空间，探索更有趣的数学教学模式，研究全新的数学教法。几番思索，王晓兵决定从实践中寻找答案。

2003 年暑假，王晓兵选择了江苏省淮安市委东大院生活区的一栋民房，开办了“王老师数学兴趣班”，他想通过系统的规划，去实现自己的数学教学理念。而这个班，就是佳一教育的起点。

眼看暑假就要到了，能干点啥呢？“办补习班啊……”听到这话，王晓兵来不及细想，就开始在淮安的大街小巷找房子。有一天中午，一个同学来了电话：“晓兵啊，房子我帮你找着了，市委东大院三居室，月租 600 元，押一付六。”王晓兵很兴奋，决定放手一搏。他当时很穷，身无分文，押一付六，这对王晓兵是一个天文数字，押金 600 元还是同学找一个面包房的老板借的，其余的三千多元，也是找同学凑齐的。

地方有了，接下来就是招生。那会儿还没有花样繁多的宣传方式，大家一般都是发传单。王晓兵找来两张大红纸，写上开班的简介，小区南门贴一张，另一张贴到西门。

广告贴出去后，王晓兵能做的，只剩下等人上门报名。这两张朴素简陋的广告，最终吸引了 10 个孩子来报名。他没有照单全收，而只是接收了 7 个孩子，他认为教学最为关键的是因材施教，教师应该用更加有趣的内容及灵活的教学方法激发学生的学习潜能，“让人人都学习有价值的数学”。他的这个想法，后来也成为佳一教育一直坚守的教学原则：让不同的人在数学上获得不同的发展！这也是他教育的初心。

“现在想来，这个辅导班起步是一个绝对偶然的机会！”“7 个学生来自三个年级，分为三个教学班，我上午一个班，下午一个班，晚上一个班，每个班教 3 个半小时，等于那个时候每天上课 10.5 个小时，连续 34 天，就我一个人，既做老师又搞后勤。”忆及当时的情形，王晓兵至今仍然历历在目。刚开始，家长们接送孩子时会私下议论：王老师为啥不布置书面作业，而只留口头作业，总是让孩子回到家把解决问题的思路说给大人听。几次课后，家长的质疑声不见了，纷纷反馈自家孩子对解题策略的表达非常清晰、有条理，解题能力提高了不少，学习数学的兴趣也更浓厚了。对此，王晓兵将这种教学方法总结为“能说话的数学”，后来发展成为“动态数学教学法”。

一个人运转一个补习班，事无巨细都要操心，其中的艰辛可想而知。暑假班结束了，王晓兵也病倒了，被朋友及时送到市医院急救，保住了一条命。让王晓兵欣慰的是，在与家长的沟通中，他尝试的新教学模式得到了大家的认可。学校临开学的前一天，有家长找到他，问他开学后数学班还办不办，还说可以帮忙介绍学生。王晓兵听完有点犹豫，模棱两可地说了句“行吧”。于是，不在计划中的第二期补习班开班了，没想到这次一下子招到45个学生。

王晓兵想，既然家长、孩子这么信任自己，那就好好地继续教下去。学生多了，他的教学方法得以在更大范围内推广，同时开数学补习班的商业模式也得到了验证。转眼到了 2004 年春季开学，来王老师补习班报名的学生达到了 89 人，实在忙不过来，他就请了以前的同学过来兼职帮忙。

他忽然觉得这事儿很有趣，这个当初看似冒险的尝试获得了意外的成功，凭借着创新的教学模式和过硬的教学质量，数学兴趣班很快声名远播，很多家长带着孩子慕名而来。学生越来越多，教学工作越发繁重，在感觉个人精力有限的情况下，王晓兵意识到自己需要一个团队一起研究和实践他的数学思维训练课程，同时念及补习班里孩子和家长们期待的眼神，王晓兵又觉得不坚持做下去太可惜了。在和家人多次商讨中，家人的支持更加坚定了王晓兵的选择。

2004 年 6 月，学期末，他向领导提出了辞职。离开师院附小的那天，他留恋地环顾了一圈这个工作了三年的地方，然后毅然转身。身后渐渐远离的，是圆了他的教师梦、奉献了他的青春和热情的校园；目光遥望的，是他白手起家的补习班，那里是他的事业、他的梦想！

既然决定心无旁骛地经营好补习班，单枪匹马、小打小闹不是长久之计，王晓兵急需组建一支团队共同研究和实践他的数学思维训练课程。脑海中第一个浮现的人选，是他昔日在师范学校的同窗范明洲。

王晓兵和范明洲是同学，1994 年，两人以全县并列第 16 名的成绩考入淮阴师范学校，刚入学时王晓兵是 1994 级 5 班的班长，范明洲是 1994 级 6 班的班长，因为邻班，任课教师基本相同，再加上是老乡，平时学习生活常有交流，彼此很熟悉、很了解。

“1994 年的暑假，我和晓兵以同样的中考分数参加淮阴师范的面试，面试官问晓兵，你的特长是什么？晓兵说：我会打拳！他当场就打了一套组合拳……”和王晓兵第一次见面的情景，范明洲至今记忆犹新：“带着一身的江湖义气，晓兵一下子走进了我的心里，那一刻，我感觉他是一个性情中人，是一个可以交往一生的朋友和兄弟。”后来，在两人相处中，范明洲经常看见经济并不宽裕的王晓兵把自己勤工俭学的收入拿出来帮助身边同学，更加深了他对王晓兵的了解。

在淮师校园，同为班干部的两人经常一起学习探讨，一起组织活动，成为无话不说的好同窗。范明洲毕业后的第一个生日，王晓兵还特意送给范明洲一本《少年周恩来》，并在扉页写下“同心努力，万里前程指日登！”的生日寄语，互励共勉。毕业后两人进入不同的公立学校当老师，王晓兵从学校辞职，为壮大补习班忙着招兵买马，彼时的范明洲已经是数学名师，并在省级赛课中被授予“省级优质课数学教师”称号。

2005 年元旦，王晓兵来到范明洲的工作单位，老友见面，分外激动。简单寒暄了几句后，王晓兵开门见山，说明自己的来意：“明洲兄弟，我们一起干吧！”面对一眼可以看到终点的职业生涯，广阔的市场前景，还有如此善待自己的兄弟，本就内心有所波动的范明洲，毫不犹豫地答应了下来。

几乎没费什么口舌，范明洲就加盟了，这让王晓兵很欣喜，也平添了许多信心。要干就轰轰烈烈地干一番大事，初生牛犊不怕虎的精神和青春的激情一下子被美好的憧憬激发起来，两杯小酒之后，二人促膝长谈，一幅更为宏大的蓝图——致力于改变孩子的数学学习方式，在那个万象更新的 2005 年元旦诞生了。

“可能说给当时别的任何一个人听，都会觉得这个梦想不切实际、太过虚无，可是我们坚信：每一个梦想都会开花！”范明洲坚信有梦想就一定会成功，不久他就“扔掉铁饭碗”，义无反顾地和王晓兵开始了全新的激情创业生涯。

梦想很大，但要想实现，需要一步一步来执行。首先，王晓兵和范明洲商量正式注册一个培训学校，让补习班正规化。他们给学校取了一个响亮的名字：佳一，寓意是做最好的那一个。2005年，当时的清河区教育局审批的“佳一培训学校”正式成立，成为淮安较早拥有办学资质的培训机构之一。拿到办学资质后，佳一招到了5位老师，他们后来基本都成为了佳一的主要管理人员，之后陆陆续续又有更多的优秀老师加入佳一的创业团队。到2007年，佳一校区从一个发展到四个，在籍学生数量达到1500余人，一跃成为当地首屈一指的课外辅导培训机构。

当被问及为什么会下定决心扔掉“铁饭碗”，范明洲总会说，能力是最好的“铁饭碗”，当我们清楚地看到佳一的思想、理念、培训效果受到越来越多的家长、孩子、老师认可的时候，我知道，民办教育的春天真的来了。当时的佳一教育犹如一只刚刚破壳而出的雏鹰，对未来充满期待。可是等在佳一教育前方的，既有洒满阳光有锦绣大道，也有风雨磨砺！

决心，一个国际教育品牌的萌芽路

从一穷二白的补习班到淮安当地培训机构的龙头，王晓兵和他的创业伙伴只用了短短四年的时间。面对成绩，他们并没有沾沾自喜，躺在功劳簿上睡大觉。反而随着学校规模越来越大，王晓兵清醒地意识到学校存在的问题还有很多，佳一教育似乎陷入了发展瓶颈期。

2007年以前，佳一没有市场部，也没有招生部，一千多个学生都是家长介绍来的，连市场费用都没有。这样一个阵容严重不齐、主要依赖口碑运营的佳一教育，想要偏居一隅，短时间之内是不成问题的，但想要再进一步，就显然力不从心。

随着学校的规模越来越大，王晓兵开始“走出去”。2007年冬天，他去北京参加了一场行业交流会，在和同行的交流中，他竟然发现有些三线城市的培训机构，学生数量达到1万多人，没想到行业有这么大的空间，相比之下，佳一当时在一个地级市，也只有一千多个学生。王晓兵猛然醒悟，原来他一直把兴趣班看成是一种教育事业，但其他同行却把“补习班”既看成一项教育事业，又看成企业，用一种企业化的思想去运营一家教育机构。

王晓兵深知，佳一的发展主要依赖于自己研发的动态教学法，学校缺乏完整的组织架构、管理体制和流程，长此以往，佳一教育永远只能是一个由教师创办的超大型培训班，而不能成长为按照企业体制运营的现代化教育企业。

王晓兵意识到，只有变革才有出路！但应该怎么变革呢？带着问题和困惑，王晓兵走访了K12课外辅导行业相对成熟的北京、上海、南京、杭州、青岛等地几十所大型培训机构，与众多培训行业领军人物深入交流。

回到淮安，王晓兵迅速制订2007年至2012年的五年规划：到2012年底，要实现5000人的办学规模，教师团队要达到100人。为了实现这个目标，他提出了变革方向，做出了佳一教育发展史上的4个重大决定：

第一，构建完整的组织架构，引进职业经理人负责学校运营；

第二，规范财务管理，执行严格的预算和决算制度；

第三，采取“直营（TOC）业务加课程合作（TOB）业务”的形式发展；

第四，注册成立北京公司，将公司研发总部迁移到北京，将佳一数学动态教学法和教学模式编撰出版成书，以课程合作的形式推广，拓展全国市场。

前三个属于内部调整，大家都没什么异议。最大的分歧出现在第四点，很多人觉得佳一教育已经在淮安当地做得很好了，为什么要去市场竞争激烈、人生地不熟的北京发展呢？

“我们虽然在淮安发展得很好，但是毕竟还属于创业的初级阶段，这时候选择进军陌生市场，风险系数太高，是不是草率了，我建议慎重考虑，不要盲目作决定……”有同事公然反对，当然更多的则是担心。

“淮安市场太小了，去北京我们就能放眼全国，这对佳一来说是挑战，更是机遇，在机遇面前，我们不能错失良机。著名经济学家罗伯特·莫顿说过：强者越强，弱者越弱，要想在激烈的竞争中站稳脚跟，必须勇往直前！”面对质疑，王晓兵晓之以理，为大家详细解读教育培训行业的现状，分析数学培训的市场前景和发展潜力，以及佳一数学具备的优势和不足。

“不是淮安太小了，是王总心大了！人口540万的淮安不小了，再说我们可以先去周边的宿迁、连云港、盐城发展呀，要知道船小好掉头啊！”有人还是不能接受。

“不是晓兵心大，而是佳一要有发展的大胸怀、大格局，如果我们偏隅于淮安，可能没有什么风险，大家也很安逸，但是从佳一的长期发展来看，这一步还是要走出去，我支持晓兵的决定。”在这个决定企业发展方向的关键时刻，王晓兵赢得了以范明洲为代表的核心管理团队的支持。最终，大家统一思想：只有改革，佳一才有发展的出路！

“2008 年，佳一教育在淮安已经小有名气，那次晓兵去参加了一次行业会议，回来后，他对我说，明洲，我们也可以把产品推广到全国……”去哪儿，怎么去？面对王晓兵的提议，范明洲也陷入了深思，想到佳一教育的发展一直受制于较低的起点，在深思熟虑之后，范明洲决定赞成王晓兵的决策，“那时我想，选择全国政治、文化中心的首都北京作为佳一教育创业的新起点，这是一个大胆而具有前瞻意义的战略抉择，只有走出去，佳一教育才能有更长远的发展……”范明洲和王晓兵一道做足进军北京的准备。

变革可能失败，但不变肯定失败。现在，变革的方向、发展的出路有了，接下来，王晓兵开始带着大家通过实践去探索、找准佳一教育的企业定位。王晓兵深知战略定位在企业运营过程中的重要性，“只有想清楚自己能干什么，才会有稳健的未来。”否则一旦战略方向失误，对于佳一教育可能是致命的打击。

更大的梦想永远在前方。“那时候国内已经有几家在做数学项目的全国推广，但是我们对自己的产品更有信心，我们觉得来到北京会有更广阔的空间，究竟可不可以干起来，每个人心里都是忐忑的，我跟兄弟们说我先去试一下，成功了兄弟们再上。”王晓兵后来回忆说，当时自己给佳一教育定的发展方向就是“立足北京，走向全国”。

说走就走，王晓兵满怀创业的豪情，只身来到了北京。走过天安门广场，看着如织的人流，王晓兵一捏拳头，在心底暗暗说了一声：北京，我来了；北京，佳一来了！

坐地铁、乘公交、打的，王晓兵穿梭在首都的大街小巷，一边寻找办公场所，一边调研市场。北京太大了，但是既然来了，就没有退却的道理。几经周折，王晓兵终于在北京师范大学南门租下一间写字楼。在北京的调研，让王晓兵厘清了思路，在北京的公司不开培训班，主要定位于教学产品研发和推广，通过北京，将佳一教育的模式向全国推广。

办营业执照、税务登记，一切似乎都出奇的顺利。北京佳一引航教育科技有限公司挂牌成立，佳一教育迈出了走向全国的第一步。

但第一步往往都是艰难的，好在王晓兵没有退缩，他开始招兵买马，网罗人才，三个多月的时间，佳一北京团队组建成功。从零开始，研发、探讨、再研发、再探讨，一路打拼的北京团队终于有了自己公开出版的数学教材——《佳一数学思维训练教程》，佳一数学课程开始服务全国培训机构。从2008年到2018年，经过十年的推广、优化升级，佳一教育北京公司已经研发出覆盖全部K12教育阶段的佳一数学思维训练教材100多套、动画课件20000多集，累计在全国发展了1700多家课程合作学校，覆盖全国600多座城市，在合作学校每年培训学生超过50万人次，数学培训的版图已拓展到很多二、三、四线城市。

这一系列成就的背后，是王晓兵对教育培训行业的清晰认识和对佳一教育的精准定位。尽管有人认为K12教育已是一片红海，但在王晓兵看来，这个市场还有很大空间。教育培训行业呈现出“低门槛、原生态、高分散”的特点，未来几年，整合的机会即将到来。特别是2017年9月1日，修订后的《民办教育促进法》正式实施，政策一方面可以壮大品牌培训机构，另一方面也加速了培训机构的两极分化。

北京、上海、广州、深圳等一线城市，行业集中度较高，已经进入品牌化竞争阶段，市场规模及行业格局基本稳定；杭州、南京、重庆、西安、成都等二线城市潜力很大，是培训行业几大知名公司进行业务扩展争夺的主要区域；三线及以下市场进入黄金发展期，全国性品牌较少进入，但从供给端来看，集中度还比较低，不过往往城市越小，口碑的力量会越强大。

■ 佳一教育办公大楼

王晓兵审时度势，将目光瞄准了三、四线城市，果断地将“打造二、三、四线城市的校外教育领军品牌”作为佳一教育的战略定位，让课程和服务能更加适应二、三、四线城市中小学生的需求。

为了实现这一定位，王晓兵充分发挥佳一教育本身发源于三、四线城市的天然优势，经过十几年的探索，一方面把直营校90%的发展重心布局在华东地区，通过优质的教育内容，加上年轻又有活力的教研团队，为佳一带来良好的口碑和品牌影响力；另一方面，另辟蹊径，进入二线及以下城市的培训市场，寻找这些城市的本土品牌培训机构，发展成为“佳一数学课程合作学校”。

时至今日，佳一教育已经形成依靠数学学科，推动“一、二线城市研发，三、四线城市运营”的模式，发展为二、三、四线城市课外数学培训的知名品牌，已经被国家版权局认定为“全国版权示范单位”，北京佳一公司已经发展成为国家级高新技术企业，佳一数学教研组也被北京市民办教育协会、北京市教育考试院评估为“优秀教研团队”，佳一数学项目被中国民办教育协会培训教育专业委员会认定为“优秀项目”。

在竞争激烈的教育培训市场中，佳一教育能够成功突围，成为课外数学培训的领军品牌，依靠的核心竞争力到底是什么呢？可能有的人会说是品牌影响力，是管理运营能力，是市场推进能力……而王晓兵给出的答案永远是唯一的，那就是研发驱动。佳一教育规模不断壮大，源于北京佳一研发中心不断提优提质的课程，更源于人才的引进。

在王晓兵强有力的领导下，一大批优秀的职业经理人加入佳一。

赵梦龙来了，这个曾在美股上市教育公司历练过的运营人才，加盟佳一后迅速成为运营团队的核心力量，这也标志着佳一教育成功引进职业经理人的开始。加入佳一教育后，赵梦龙任营销副总经理，负责公司市场营销工作及TOB（面向企业）项目的全国推进工作。

管飞来了，这个昔日同窗，在省级实验小学已经做到学校中层干部，以往只是在佳一有重要活动时客串一把主持人的好友，在王晓兵和范明洲的盛情邀约下，2010年也欣然加入佳一。

让合适的人做合适的事，助力佳一不断前行。佳一新规划了15个职能部门，包括研发中心、人事部、市场部、行政部、财务部、运营中心等。现在回想起来，王晓兵笑言这个规划十分“粗线条”：“当时员工就只有20人，其实一个人放一个部门都很勉强。”但正是这个仓促搭建起来的“草台班子”，对佳一后来的发展起到了巨大的推动作用。到 2011 年年初，佳一的“第一个五年计划”提前实现。

匠心，一个教育培训机构的中国样板

定位于教育内容提供商的佳一教育，一直保持着研发驱动。王晓兵认为，在企业成长的不同阶段，要做不同的规划，在发展的过程中，要用核心产品去提升市场占有率。

十多年风雨兼程，佳一数学的核心研发成果——“动态教学法”，从王晓兵成为数学教师的那天起就根植下优秀的基因，并伴随着佳一教育的发展壮大而不断完善。

开办“王老师培训班”的时候，在与家长的沟通中，王晓兵尝试的新教学模式得到了众多家长的认可。他强调“会说话的数学更有趣”，不仅课堂上给孩子表达的机会，还要求老师不留书面作业，让学生回家把解决问题的思路说给家长听。后来经过老师们不断地实践、补充，并对教学模式进行重新提炼和总结，最终凝结成佳一数学思维动态教学法。

每次谈到“动态教学法”，王晓兵都归结为集体智慧的结晶。他总是说：“我到今天为止，其实就是一个产品经理。课程核心的研发思想还是我和团队一起琢磨，再和团队一起深入地思考。”他曾经告诉媒体，教研的一个核心思想就是关注学生学习时的内心体验，关注孩子学习时是否开心；另一个核心思想是除了数学知识本身外，还要培养学生的协作力、表达力、创新力，让孩子拥有面向未来的竞争力。

“数学的学习其实是要有一定的禀赋的，不同的人应该学习不一样的数学。但是我们力求每一个学生都能获得成长。”多年来深耕数学教学和数学研究的王晓兵借用“山重水尽疑无路，柳暗花明又一村”这句古诗来形容数学学习的最高境界。这种成就感，是所有学数学的孩子都应该体验到的。为此，佳一数学通过提供给孩子能力对应的课程，匹配科学的难度系数，帮助孩子找到数学学习的成就感，并且助力孩子不断进步，超越昨天的自我，从而培养出乐观自信的孩子。

“佳一的课堂，充分给予孩子们自我表达的机会，孩子们可以讲出来的内容，老师不能多说一句。”佳一数学教学模式的最大特点是尽可能地将课堂时间还给孩子。在这个崇尚交流和表达的课堂中，王晓兵将老师的角色定位为“教练员”。课堂以“小组合作学习”为主要形式，在有限的时间内，让孩子实现更高频次的口头表达机会，为什么要这样设置呢？王晓兵用他自己在一线的实际教学经验证明：数学依赖的是理解，不是模仿与记忆，只有清晰理解才能表达出来。佳一研发的“动态教学法”的核心就是强调“师生互动、生生互动、课堂内外互动、线上线下互动”，强调数学与生活的绝对联系。在线下课堂教学模式创新的同时，王晓兵还带着佳一教育积极拥抱互联网，力求实现佳一数学线下教学与先进的互联网教育技术的完美融合。

如果说过去王晓兵的目光多集中在线下教学内容的深度研发，那么线上教育模式的探索，为佳一教育开创了新的天地。从线下到线上，佳一教育实现了自身的跨越式发展。

在王晓兵看来，K12 阶段尤其是从小学一年级到九年级阶段，传统线下的教学点需要更先进的内容，科学的评价体系能够让教学质量变得更好、家长的满意度更高。而线上教育应该主要为线下教育服务，发挥指引作用。

值得一提的是，作为一家曾经的地域性培训机构，佳一教育很早就开始了在线教学的探索，每年在教研和技术更新上的支出比例都努力超过同行的一般水平。在“教育 + 互联网”方面，佳一自主研发了支持公司未来发展的在线测试平台。谈及这一块，王晓兵十分骄傲地分享了一段往事：2004 年，创业一年的他拿出办兴趣班结余的 4000 块钱，建设了一个数学学习网站，没想到当时就有不少家长通过网站渠道找上门来，两年时间差不多从线上引流了 80 多个学生。2009 年，佳一建立了在线测试平台，实现了对学生学习行为的追踪和分析，并成功做到了数据沉淀。

在直营校试验成功后，王晓兵就想着，既然有这么好的系统，一定要让合作学校也都用上。于是凭借着佳一教育深厚的教学教研能力和平台研发能力，2015 年，佳一教育正式把线上教育的平台——佳一云数学对全国合作学校开放，既可以让全国合作学校渠道上的数十万学员受益，也为公司后续互联网在线教育导入流量。

佳一云数学最大的作用在于能够将学生学习的轨迹记录下来，进行数据沉淀，直观反馈学生的整体学习情况，保证了“校长、老师、家长、孩子”四个主要角色背后信息的对称性。合作学校的校长可以实时监督学校所有班级的教学情况以及教学质量，老师可以追踪教学效果，家长可以真实了解学生不同时间段的学习情况，从而实现学生学习效能的提高。

除了开发学生在线学习平台，佳一教育还通过后台数据来管控课程合作学校的教学质量，通过投资北京小禾科技，借力小禾科技的研发实力，开发了智能化的佳一数学办学云平台。借助这个平台，可以实现在线管理、在线教研、在线直播或录播教学，适时抓取教学数据，及时预判发展趋势，提升课堂教学效率，提高管理效能。目前佳一自主研发的“全流程教学质量云端管理系统”已经被认定为高新技术产品。

对于佳一在线上教育取得的这些阶段性成果，王晓兵并不满足，他深知，在线教育要从更高处规划，从更理性的角度判断，需要分步实施、稳步推进。中国的在线教育与美国等西方国家在技术上差距并不大，关键是理念、思想、实践、行动以及企业战略把握。

“技术是硬件，人才是软件”，佳一教育当初决定注册成立北京公司，正是因为看中了北京的教育人才资源，能够将最新最优的研究成果应用于教学实践，再推广到全国的直营校和课程合作校。

随着佳一教育在线下教学内容、线上教育平台开发的逐步深入，公司已逐渐构建起“一线城市研发，二、三线城市推广”的研发推广体系，TOC业务的直营学校和TOB业务的全国推广均已初现规模效应。这个时候，王晓兵渐渐感觉到，佳一教育内生式增长的瓶颈已经到来，企业的后续发展需要更多资金的助力，以便登上更广阔的发展平台。

无论是为寻求突破还是出于战略性考虑，融资都成了一件摆在佳一教育面前势在必行的大事！

“在未来两三年内，我们佳一教育要成为一家公众公司……”2013年，在佳一教育创业十周年庆典总结会上，王晓兵再出惊人之语。

2014年10月25日，佳一教育宣布引进江苏高新创投旗下的平衡基金A轮融资，开始实施“数字化、国际化、互联网化”战略。

2015年7月29日，佳一教育在新三板正式挂牌上市。这一天，对王晓兵和佳一教育团队来说，是一个具有里程碑意义的日子。这一天，王晓兵领导下的佳一人，通过不懈努力，创造了教育培训行业的新传奇，佳一教育成为国内第一家以K12校外培训作为主营业务在新三板挂牌的公司。

“昨天，佳一教育从一个地级市起步，始终坚守教育初心；今天，佳一教育作为新三板 K12 校外教育培训第一股，已经成长为全国知名品牌；明天，佳一教育将走出国门，努力打造全国著名、国际知名的教育机构。”在挂牌上市的敲钟仪式上，王晓兵作了《昨天、今天、明天》的主题演讲：“在教育与移动互联网、物联网、人工智能悄然结合的时代，佳一教育将利用好新三板这个资本平台，凝聚包括江苏高新创投在内的所有投资方的力量，实现资本与教育的巧妙结合，在教育的快与慢中找准平衡点，不断研发出高水平的教育内容，让佳一教育拥有持续的竞争力。我们将用教育人的良知和责任推动佳一发展，让客户享受到高水平的教育服务，让员工拥有更加广阔的舞台。”

这是一个阶段性目标的实现，对所有佳一人来说，是过去几年奋斗的一个阶段性成果。登陆新三板，标志着佳一教育翻开了跨越发展的崭新一页，也意味着佳一教育成功为国内教育培训登陆资本市场开拓出一条新的道路。

站到了新的高度，对佳一教育来说也是一个新的起点。新三板上市之后，公司必须要作出全新的战略选择，王晓兵已成竹在胸。

新三板挂牌之后，佳一教育团队围绕着王晓兵和管理层制订的“内生式增长与外延式投资并购并举”的战略，一步步踏实前行。

佳一教育的内生增长，采取的是全线布局、内外兼修。首先，通过 TOC 模式扩张直营校，截至 2017 年年底，公司拥有 38 家直营培训中心，同期培训学生超过 1.8 万人，覆盖以江苏、浙江和福建 3 省的二、三线城市为主，进一步延伸产品线，提升了公司在华东地区直营培训点的市场份额。其次，通过 TOB 模式课程做活内容输出，加大与全国优质课程合作学校的战略协同，扩大佳一教育的市场份额，全国课程合作学校累计超过 1700 家，合作学校年培训学员超过 50 万人。与此同时，通过 TOB、TOC 模式布局互联网在线教育领域，2017 年，佳一教育自主研发的佳一云数学平台注册用户突破 20 万。

佳一教育的外延扩张，则是通过投资并购打开新的空间。借助新三板这个投融资平台，佳一教育一方面积极吸引融资，一方面加强了跟其他优秀机构的战略合作，公司陆续投资了北京小禾科技、北京腾跃校长在线、南京新点津教育、南京云海螺英语、南京甘如饴教育等知名企业，将旗下全资或控股公司的规模发展到 40 多家。公司通过收购英国本地在线教育公司 EZ Education 15.7% 的股权实现数学教学内容向英国等海外市场的输出；

通过全资收购英国幼教集团 Bambinos，布局海内外学前教育领域。

这一系列投资与并购是王晓兵及其团队从公司长期战略布局出发做出的慎重决策，有效提升了公司的综合实力，增强了公司的核心竞争力。在王晓兵看来，当 K12 教育培训行业年复合增长率低于 10% 时，整个行业的整合期就真正来临了，到那个时候企业只有两种命运：一种是被别人收购，第二种是整合别人。他认为，无论是被别人收购还是收购别人，都应该有一个良好的企业治理结构，有核心的团队和产品，企业就能够站得高，站得稳，看得远，走得长。

伴随着佳一对国内教育培训市场多点布局的如火如荼，佳一在海外的投资也一直在稳稳地推进。从在国内树立品牌到走向国际市场，佳一教育跨出了更大的一步。

2018 年初，公司董事会提请股东大会审议《关于公司股票拟终止在全国中小企业股份转让系统挂牌》的议案，议案获得了出席股东大会有表决权股份总数 100% 的同意。2018 年 2 月 6 日，佳一教育发布公告，公司已经获得全国中小企业股份转让系统的回函批复，公司股票将于当日终止在新三板挂牌。此时，王晓兵已经有了更深层次的战略布局。

从新三板退市的次日，王晓兵在给佳一教育全体员工的邮件中表示，回首过去的三年，要感谢新三板给予公司的资本平台和公众公司形象、感谢公司董事会、监事会、高级管理人员及各位伙伴三年来的精诚团结、奋发向上……终止挂牌后，佳一教育依然会以一家公众公司的形象严格要求自己，依然会进行严格的内部治理，以“传承文明，推动创新”为企业使命，以“致力改变孩子的学习方式”为企业愿景。公司将认真学习十九大精神，紧抓互联网教育大势，遵循教育规律，促进教育公平，持续实施数字化、互联网化、国际化的战略。

谈及佳一教育退市后的规划，王晓兵坦言公司将等待机会向更高的资本进场进发。

雄心，一个走向世界的中国民办教育模式

“我们出国吧，佳一教育应该到更广阔的国际舞台上亮相……”2014 年春季工作会议上，王晓兵提出了新的战略构想：进军国际教育市场，让

佳一教育惠及更多国家的孩子！2015 年 2 月，经过多次走访、调研、了解，由王晓兵领导的佳一教育与英国埃塞克斯郡政府教育服务部签订战略合作协议，标志着佳一教育正式进军英国市场。谈到这次合作，王晓兵仿佛又体会到当年去北京的感受："这次去英国之前，也担心它的不确定性，因此比我们到北京发展时做的决策要谨慎多了。"

2015 年 7 月，佳一教育宣布将在英国设立全资子公司，并积极寻求有行业优势的英国在线教育公司进行股权投资，拓宽佳一教育国际化发展道路。同年 11 月，佳一教育在英国注册全资子公司——伦敦佳一国际教育投资集团（JIAYI IEIG）。成立英国子公司的意义，用王晓兵自己的话说，就是建好"未来登陆欧美国家数学教育产业的桥头堡"。

2016 年，英国当地时间 2 月 16 日下午，伦敦佳一国际教育投资集团与英国 EZ Education 公司战略投资签约仪式在伦敦发展署成功举行。说到和英国人的这次投资谈判，自称"英语不是很溜"的王晓兵表示并不容易，不过他有一招打动对方的秘诀："当我听说 EZ Education 的创始人 Tom Minor 在线下教了 17 年数学，我就从自己 18 年数学教学生涯的教育理念切入。因为大家有相同的教育情怀和使命，所以很快达成了投资合作"。

"EZ Education 虽然是纯线上平台，但教学模式与佳一相似，也是用 FLASH 动漫来教，在教的过程中通过游戏化的方式培养学生兴趣。在教学对象的年龄段上，双方有一定的互补性。"

共同话题有了，教学模式相仿，接下来的谈判、合作自然是水到渠成。

佳一教育对 EZ Education 的这次股权投资，是一次业务的协同，更是两个团队对数学教育执着追求的结晶。佳一教育在海外投资、发展方面迈出了坚实而又重要的一步。至此，佳一国际化的战略布局拉开帷幕。

2018 年 3 月 29 日，佳一教育的海外发展又传来好消息。伦敦佳一国际教育投资集团宣布将全资收购英国幼教集团 Bambinos。本轮收购是佳一教育在英国的第二笔投资。王晓兵看中的是 Bambinos 自主研发的"生活场景教学法"及有趣的创意活动、培养孩子良好的社会感官和潜在创造力的教育理念，以及在英格兰幼儿教育领域的品牌影响力，将有利于佳一打造国际教育板块，促进中英教育文化交流。英国 Nursery World 协会于当地时间 4 月 4 日在其网站头条刊发 *First UK nursery group sold to Chinese investors*，高度评价此次收购。

在王晓兵的规划中，佳一数学国际化的重点是拓展英国市场，这也遵循着佳一的稳健风格，“英国做成熟了再考虑北美及其他市场”。佳一教育走出去的步伐还在继续。一方面会引进欧美先进的教育评价、教育管理体系，更好地为全国课程合作学校提供服务；另一方面会进一步拓展海外事业部，将佳一的优质教育内容推向海外，让国外的孩子体验到中国的优秀课程。同时佳一教育也将会把英国优质的幼教资源引入中国，服务中国的中高端家庭。

未来看似遥远，但在王晓兵的眼里，企业要有可持续经营能力和核心竞争力。他认为社会的发展离不开创新和正确的战略方向。企业要真正具备核心竞争力，就要有自己研发的产品、教学法，有独特的渠道、跨地区经营能力、线上线下融合的能力、国际化视野。2015 年，公司董事会提出了“数字化、国际化、互联网化”的战略发展，为佳一更好地发展指明了方向。

“数字化”即逐渐告别传统纸质教材，采用先进、有趣的动漫课件，增强孩子的学习兴趣，改变学习方式，运用现代科学技术助力教育教学。佳一教育的数字化主要是把过去佳一自主研发的学习课件、数学教材以及动态教学法等成果逐步转变成数字化的学习内容，使之既能够服务于全国一千多家课程合作学校的孩子，同时还通过一些新兴的渠道进行内容分发。

“国际化”即积极拓展海外市场，引进优质教育资源，佳一的国际化战略是从在英国设立子公司投资数学互联网教育公司 EZ Education 开始，但并非是单纯的投资行为，而是找到“内容、技术、平台、市场”的最佳结合点，开展国际化战略、进行数学教育内容输出的重要一步。在国际化战略上，佳一教育主要分两步走：第一，先在英国站稳脚跟，开拓英国市场；第二，借助与英国的合作，进一步辐射到其他以英语为母语的国家。

“互联网化”即结合当下先进的互联网技术，并与教育有效整合，搭建云学习平台、教学质量云端控制平台等，提升教学效能，扩大市场占有率。王晓兵在 2012 年之前，就已经敏锐地感觉到，互联网将会改变传统的教学模式。“思路决定出路”，佳一教育迎着互联网改革的大潮，因势利导，搭建了佳一互动教学平台，为线下教育提供学情监测和数据沉淀，从而引领教学研发向着更高的目标迈进。

王晓兵曾经说过，要想把佳一做成一家成功的教育企业，首先要有一个伟大的目标，只有伟大的目标才会有伟大的动力。佳一教育的最早起点是在江苏，后来到北京，再到英国，这背后体现了创始团队对教育的执着追求。

围绕“数字化、互联网化、国际化”的战略目标，佳一从内容到渠道，从线下到线上，从国内到国外，心有猛虎，细嗅蔷薇。

凡是过往，皆为序章。十五年匆匆而过，佳一教育已从王老师数学班成长为即将迈向国际资本市场的品牌教育机构。

爱心，一个砥砺前行的教育梦想

2018 年 4 月 8 日，“佳一 • 励学”助学金签约暨颁发仪式在淮阴师范学院长江路校区图书馆举行。助学金捐赠人王晓兵和院党委副书记、副校长杨亚军签订了资助协议。“佳一 • 励学”助学金，用于帮助家庭经济困难的优秀本科生成长成才，顺利完成学业，每年资助 10 人，资助标准为每人每年 5000 元，一助四年。这是王晓兵对母校和社会的又一次深情回馈。

善举创造和谐，爱心传承美德。创业以来，王晓兵和佳一团队始终把“用心经营企业，爱心回馈社会”作为佳一人的责任义务和坚持不懈的社会事业。从 2013 年在南京大学读 EMBA 时起，王晓兵就和同学们多次捐资助学，传递大爱！

2014 年，在中关村地区商会换届改选中，王晓兵荣膺中关村地区商会副会长一职，并当选为中关村地区企业联合会教育培训协会会长，为了发动更广泛的社会力量去关爱社会弱势群体，让更多的孩子有学上、上好学，王晓兵与中关村地区企业联合会教育培训协会诸多会员单位一起参与各项社会公益活动，慷慨捐资助学。

2017 年 6 月 20 日至 25 日，在中关村企业联合会秘书长贾峰和王晓兵的带领下，中关村企业家一行 20 余人从北京出发，远赴大兴安岭，来到祖国最北部的牙克石市，开启了对呼伦贝尔盟教育、创业企业的考察。在为期 6 天的行程中，他们对牙克石林源中学、牙克石一中、牙克石育才中学、牙克石市地方二小、额尔古纳二小、三河回族乡小学共 6 所学校进行了深入的考察、交流和学习，同时针对校方提出的对当下教育存在的困惑进行了解答和交流，并签署对口援助协议，进行对点援助，定点扶持学校，现场为 200 名学生发放了捐赠物资……

2018 年 5 月 21 日，在山东沂蒙革命老区沂南县张庄镇中心小学，企业家们一次性向学校及受助的贫困孩子们赠送学习用品 50 套、学习软件资料 350 套、电脑 10 台，总计价值 10 万元。佳一教育为张庄镇中心小学的孩子们捐赠了 300 多套趣味数学教材和 1560 套佳一云数学 VIP 学习账号，为的是让革命老区的孩子们也能享受到高水平的数学学习内容，同时佳一教育还对学校的优秀教师进行了免费培训。企业家们还走进张庄镇敬老院，看望慰问生活在敬老院中的老人，为他们送去暖心的慰问品……

“有一位哲学家说：教育就是一朵云推动另一朵云，一棵树摇动另一棵树，一个灵魂唤醒另一个灵魂。佳一教育努力践行‘传承文明，推动创新’的使命，目的是追寻‘致力改变学生学习方式’的愿景，不断提升办学品味与教学水平，从而造福更多的孩子，惠及更多的家庭。”王晓兵说，“这是我们的教育理想和前行方向！”

初心，梦想永远在远方

斗转星移，光阴荏苒。从 2003 年暑假只有 7 名学员的小王老师数学兴趣班起步，历经 15 年的时光，王晓兵和佳一教育团队，砥砺阔步，昂首奋进，得到了政府、同行、家长、学生等社会各界一致赞誉，赢得了口碑，收获了硕果，提升了公众形象。

佳一教育自主研发的《全流程教学质量云端管理系统》，被认定为国家高新技术产品。公司定位于做专业的教育内容提供商，把研发作为发展的内驱力，依靠技术创新不断提升核心竞争力。2017 年全国版权社会服务工作会议上，佳一教育被国家版权局授予“全国版权示范单位”称号。“佳一”商标被江苏省工商总局评选为“江苏省著名商标”，同时荣获江苏品牌建设“金帆奖”，北京佳一公司被认定为国家高新技术企业。王晓兵本人被评选为南京大学首届“双创之星”，被江苏省经济和信息化委员会评选为“2017 年江苏省互联网创新突出表现奖”，2018 年王晓兵又被江苏省发展改革委员会评选为“苏北领军人才”。

这沉甸甸的荣誉，加强了佳一教育“遵循教育规律，推动教育公平”的社会责任感，坚定了佳一人做良心教育、优质教育的决心和信心。

15 年弹指一挥间，如今的王晓兵偶尔还是会去他最早开办数学补习班所租用的那个三居室周围看看，那个房间在一楼，离现在淮安地区佳一教育最大的校区只有几十米的距离。王晓兵常常想，如果当年自己不是歪打正着地在市直机关住宅小区门口开班，如果不是这里的第一批家长的大力支持，自己可能还在公立学校里做数学老师。

回首人生来时路，年轻的王晓兵已经经历过 5 次重要选择：第一次是 2004 年辞去公职，背水一战，亮剑佳一；第二次是 2008 年到北京创业，开创了 K12 教育企业“一线城市研发，二、三线城市运营”的新商业模式；第三次是 2015 年走出国门，走进英国，在英国伦敦设立了英国佳一教育公司；第四次同样是在 2015 年，公司在新三板挂牌上市，成为一家公众公司，扩大了佳一的品牌知名度，也为今后的发展积累了资金；第五次是 2018 年 2 月 6 日，佳一教育终止在新三板挂牌，迈向新的高峰。

王晓兵表示：“未来人工智能必将改变传统教学模式，佳一教育一直憧憬着用人工智能和大数据来辅助课堂教学。这需要我们不断创新，提前以内部变革顺应外部趋势，通过个性化的数据服务，发现学习者的‘最近发展区’，以最科学的方式激发学生的学习兴趣，提高学习效能和潜能，使学生感受到更多的成就感与价值感。”

新的时代，民办教育人被赋于新的社会责任。面对新的征程，信心满满的王晓兵表示，佳一教育既要仰望星空，又要脚踏实地，以睿智勾勒蓝图，以坚韧绘就未来，努力做到“产品领先，运营卓越，客户亲密”。佳一将以教育者的良心和责任打造新时代教育品牌，遵循教育规律，促进教育公平。

奋斗是对青春最美好的回忆。创业之路艰辛却又风光无限。实现梦想的唯一方式就是义无反顾地前行，在长途跋涉中体味丝丝缕缕的幸福。走在新时代民办教育的康庄大道上，满怀豪情的王晓兵，一如既往地奋斗着，成长着！

综合性教育服务的践行者

——桃李资本和跨考教育　张爱志

近年来，考研的人数激增，“考研热”成为社会舆论关注的对象，应运而生的相关考研培训机构更是层出不穷。由张爱志创办的跨考教育便是这样一家集考研、考博 MBA 培训，以及网络服务、图书出版、高端个性化辅导为一体的综合性教育服务集团。

创业之初，初出茅庐的寒门学子拿着从亲戚那里借来的 6000 元，进入了考研辅导市场，开启了他的创业旅程。张爱志和他的跨考教育秉持着“生而为赢”的理念，力图把简单的事情做到极致，坚持产品高于渠道。《孙子兵法》云：“兵无常势，水无常形；能因敌变化而取胜者，谓之神。”即是说，用兵作战没有定势，正如水没有固定的形状和流向一样，能根据敌情变化而取胜的，才可称作用兵如神。面对互联网的汹涌浪潮，张爱志和他的团队大胆尝试，乘风破浪，迎难而上。张爱志更是直言“与其被别人干掉，不如革自己的命”。在企业的发展成长阶段自是要心之所向，无往不前，而当企业发展到一定阶段时，选好方向比一味地向前更加重要，所以张爱志选择停下来做减法，蜕变后的张爱志成了教育圈的跑步发起人，他回归初心，以超越自己为目标。2016 年，张爱志开始了他创业的第二段旅程——桃李资本正式成立，以图深度链接“教育 + 资本”，并期望在 20 周年庆时，桃李资本能成为“教育 + 资本”的代名词。

2000 年，一个年轻人赴京求学，从乡村进城，如同一个刚刚认识世界的孩子一般，在一座座高楼和宽阔的马路之间寻找自己的立足之地。

2004 年，为了还助学贷款，一名刚入学的研究生向亲戚借了 6000 元开始创业，研究生宿舍的上下铺就是办公地点。

2007 年，研究生毕业的有志青年放弃了留校的机会，毫不犹豫地斩断后路，直面挑战，下定决心开始创业。

2015 年，第一家考研行业教育机构在 A 股上市，爬过人生一座小山峰的青年创始人停下了脚步，开始回归，开始思考，开始为自己做减法。

2016 年，这位在京城沉浮十几年的“80 后”创业者，有了新的英文名，有了崭新的追求目标，有了一个全新的开始。

他就是张爱志。从一个人到两个人，再到几百人的公司；从一次创业到再次创业，再到踏上人生新征程，都是他光着脚蹚着河水一步步摸索过来的，他在城市中不断地寻找着自己的定位，也在教育圈寻找着事业的方向。

可是张爱志认为，相比时下流行的“高富帅”创业，他是个十足的“草根”创业者，以一个“四无”人员（没钱、没经验、没资源、没人脉）的身份，在红海中开辟了一小片蓝海。或许这片蓝海是别人瞧不上的，但是，把简单的事做到极致，就是不简单。

张爱志的故事，也很不简单。

寒门学子的创业路

清晨，伴随着山间的鸡鸣声、鸟叫声，井冈山革命老区的群众开始了他们一天忙碌的生活。有些村民牵着自家小孩的手行走在石板路上，有些农夫挑着两筐自家种的梨到景区来卖……

江西井冈山，对学过历史的人来说并不陌生，但这里的生活对城市孩子而言却是极度陌生。革命老区，顾名思义是在老一辈无产阶级革命家领导下创建的革命根据地，似乎这里的人从出生起便带着“吃苦耐劳”的红色基因。张爱志便是出身于此，他的“吃苦耐劳”或许更加特殊，高中是靠借钱才得以完成学业，在那个年代，对于像他一样的老区学子来说，努力学习考上大学是唯一的出路。

好在张爱志的勤奋、刻苦和努力有了回报。2000 年，张爱志从江西考上北京航空航天大学，当然本科的学习经费也是靠助学贷款，这对于刚从偏僻小村落来到首都大城市的寒门子弟来说，一切都是未知的开始，他不知道自己到底想要什么，只能慢慢尝试，去适应这个陌生的城市，去城市的角落寻找自己的立身之所。

进入大学后，他百感交集，为了进京城、进入这座著名的学府从而改变自己的命运，他已奋斗了整整十年。然而，当有一天站在这个繁华都市熙熙攘攘的人群中时，张爱志才发现，自己依然很渺小。

对于“80 后”这代人来说，张爱志是罕见的要用青春换取粮食的人，在大学里，张爱志过着一种苦行僧般的生活。即使是 12 月的寒冬，为了节省一块钱的公交车费，张爱志宁愿骑上一个多小时的自行车去做家教。之后，再骑车返回学校。大四那年，张爱志穿梭在招聘会的错杂聒噪中，投放简历、费尽口舌，最后，只有一家污水处理场打算接纳这个即将毕业于北航环境科学与工程专业的年轻人，而他们给出的月薪是 800 元。

张爱志算来算去，每月 800 元，即使不吃不喝也得 10 年才能还清这些年的负债。于是，在黑暗中摸索前进的张爱志这才知道，考研才是他大学的归宿。

2004 年，21 岁的张爱志以总分第一的成绩考上北京航空航天大学土木工程系的研究生。这个结果有些差强人意。因为张爱志心仪的是清华大学土木工程系。

对这位年轻学子来说，“跨考”不是他第一次经历，他记得人生第一次“跨考”是在小学五年级的时候，那次考试让他从一所简陋的农村小学一跃进入县城中学的少年班。那是一个佼佼者聚集的地方。在那里，沉默寡言的他，经过几次突飞猛进的跨越，最后在初二的时候一举考入高中班。高二那年，他参加了高考，虽然没有成功进入理工科最高学府——中国科技大学，但那一年他所取得的高分已经令同学们惊羡不已。

所以这次虽然以第一名的成绩考上北航的研究生，对他而言却是一次跨考失败，他并不十分开心。然而，塞翁失马，焉知非福。这次跨校考研未果，却让张爱志切身感受到跨专业考研的市场潜力。而现实中的经济压力也在这时狠狠地推了他一把。

读研需要经济上的支持，那时候，研究生每月的补助只有不到三百元钱，光吃饭都不够用，加上助学贷款，现实逼迫张爱志开始思考如何赚钱。家教、发传单、做代理这些兼职他在读本科的时候都尝试过，北京有这么多大学生都在兼职，有些是为了赚点零花钱，有些是为了体验生活，好的兼职机会是需要时间去寻找的，但是张爱志没有时间，他面对的是每天的吃住费用和亟待他偿还的债务。或许，他能做的，也只有创业。

正是源于张爱志的跨校考研梦，想跨考清华的他，曾经花精力了解过学校的招生信息、资料，他发现有很多像他一样希望通过考研来改变专业甚至院校的学生，但是由于信息不对称，跨学校跨专业考研失败率非常高。张爱志想帮助他们，有需求就有市场，需要第一个吃螃蟹的人。

于是，张爱志向亲戚借了 6000 元，这是他创业时所有的钱。

6000元的启程

6000元能做什么呢？其实还不够做足够的海报宣传，甚至不能开一场讲座。但是，俗话说，开弓没有回头箭。那时候，张爱志的目标不是做多么伟大的事业，只是想把借的钱还了，把助学贷款还了。所以他做事的时候基本上是埋头干活，而抬头看路的时间很少。他把业务时间全部花在搜集、整理、打印、邮寄考研资料上，只为建立一个庞大的考研资料数据库。他通过网络来找寻客户，大部分时候他提供的是免费咨询，一般只会挣到20～30元，但很快就积累了口碑，大概持续了2年的时间，他的客户从一个考清华研究生的学生积累到大量考北京高校研究生的学生，虽然从每个学生身上挣到的钱很少，但好在量大，这是他最初的客户资源库。

由于自身有过经历，张爱志深切体会到，在考研过程中，最难的是选择学校和专业。“选择比努力更重要”，这在当时被不少考研人士奉为圭臬。其实，很多学生在考研选专业的时候特别迷茫，传统培训的大班上课模式只解决了如何考，但考什么却没有传授给学生。而且原先的考研培训机构水平普遍不高，采用大班教学，学生听的内容是一样的，教师教的内容也一样，不分层次，粗放式管理，老师不能针对学生的特点因材施教，更不能针对所报考的目标院校进行教学，这是极有问题的。而张爱志自己考过研，深谙用户需求。他看到了考研培训行业的市场潜力，原来的模式已经满足不了越来越多学生的需求。于是，他开始针对考生自身情况，提供报考特定学校的一整套培训方案。

其实，张爱志2004年开始进入考研辅导市场时，市场已经相当成熟，以英语、政治等公共课辅导为主的培训机构已经颇具规模。后来根据张爱志回忆，当时的教育培训行业已经发展到一定阶段，留给创业者的机会只剩下个性化服务，而他坚持做的也是个性化服务。

张爱志从考生需求层面出发，针对在校大学生，在考研之前提供选学校、选专业、未来职业规划等服务，从提供专业课辅导资料到整套的复习方法、老师专门的课程辅导、答疑补课等。一开始是面向大三学生，慢慢延伸到大二学生，甚至大一学生。

但是，考研专业五花八门，即便同一专业，不同学校情况也不一样，如何满足学生形形色色的需求是关键。当时的互联网也不像现在这么发达，数据收集很不容易。经过统计，张爱志发现，考研学生中跨校考研的人数占百分之六七十，跨专业考研的仅占百分之十几，于是他把主要目标锁定在跨校考生上。

最初，张爱志主要依靠同学资源搜集信息，他把全国 1.8 万个硕士点、3000 多个核心专业、大约 30 万份历年专业课真题全部收集起来，并扫描成电子版。每份资料也就挣到 20 元。有点类似淘宝，虽然单笔订单挣得很少，但如果用 IT 化管理、网络营销、网站数据库销售，收益就会不错。那时的张爱志请朋友帮忙编写了一个内部客户管理系统，这样服务学员的时间至少缩短了一半，他还招了 500 多个代理。

教育培训是个长尾效应市场，虽然单个学生产生的利润率低，但如果用互联网手段扩大人群范围，收益也相当可观。读研三年，张爱志亲手服务的学生竟然超过 10 万人，他惊讶地发现，通过这种模式，他竟然真的赚到钱了。

挣到第一桶金之后，张爱志做出了一个选择，就是从琐碎的专业课资料和一对一的培训，切入到主流的公共课培训。于是，他把当时挣到的所有钱投入到公共课培训中，请最好的培训机构头牌老师讲课，慢慢在公共课培训中站稳了脚，从而开辟了考研行业的培训“蓝海”。

2007 年，张爱志研究生毕业，当时他有留校就业的机会，但是却毅然决然放弃了，因为他不想给自己留后路，在斩断后路的情况下人会更加具有危机感，更加敢于挑战。当时，已经小有名气的跨考网就在“置之死地而后生”的状态下继续前行。

产品高于渠道

最开始，跨考教育针对跨学校、跨专业考研的学生提供内部信息资料及一对一个性化辅导。张爱志在搜集内部资料上下了苦功，在全国范围内挑选排名前八十的学校，每个学校找个内部负责人，负责收集专业内部信息，同时联系高分研究生给想报考本专业的考生提供一对一辅导，跨考教育再分成给这些“小老师”。当时虽然张爱志也是研究生，但却管理着全国上千名研究生。至于推广宣传则以校园 BBS 为主，再加百度贴吧，这些方法现在看来是互联网新潮，但在当时则完全是出于无资金、无资源的无奈之举。

后来，随着队伍慢慢壮大，长期兼职的专业课老师达到5000多人，有些是刚刚考上的状元学生，有些是在校老师、博士，还有不少公共课的老师都被收入麾下，跨考教育从而建立了自己的教研体系，培训自己的老师。

值得一提的是，跨考最开始的规模只有3个人，一个是清华毕业的，一个是北大毕业的，还有北航毕业的张爱志。在这3位创始人中，有2个是跨专业考研的成功例子。起初的办公地点是研究生宿舍，直到2006年才稍有改善，他们租了一间十几平方米的没有厕所的小单间，白天办公，晚上住人。其实，跨考教育在2008年才第一次搬到写字楼办公，正式员工也是第一次超过10个人，这才算走上正轨。随着公司规模的扩大，培训内容也由单一专业辅导变为全科辅导，同时加入面授和网校，将名师课程融合进来。

从2008年到2010年，跨考教育推出了精英个性化服务——针对跨校跨专业考生设计个性化复习方案。在专业课、专业硕士、小班辅导、网校图书等领域全面发力，平均一年启动一个新领域、两年攻克一个小领域，跨考教育慢慢发展成为在考研行业规模数一数二的机构，平均每天有13万的考研学生访问网站，成为上百万注册用户的家园，几乎所有考研的学子都会关注跨考教育的网站，因为这里拥有20万份、80G的免费专业课试卷，资料、信息、辅导一站式服务。从那之后，跨考教育成立了15所分校，发展到100多个加盟城市，年营业额超过1亿元。

但务实的性格让张爱志在产品上花费的功夫远高于渠道。跨考教育拥有全国核心专业的内部资料库，这在当时的教育培训市场上是唯一的一家。这些资源的获取渠道从刚开始依靠内部学生提供转变为与70多所重点院校合作。跨考教育还为《求学•考研》杂志提供内容，这是国内唯一有正规刊号的考研类杂志，由70多所名校组成编委会，每年，重点院校的研究生院院长在这本杂志上探讨政策，堪称行业的最高风向标。跨考将自身的教研体系与之结合，同时组建公司内部教研团队，每科仅推两三个核心带头人。这样一来，公司的发展才不会仅仅依托于某个人或关系，具备可持续发展性。

到2013年，经过红海的激烈竞争后，生存下来的企业将越来越两极化，跨考教育也进入了大公司的行列。当时，张爱志总结跨考教育前九年的发展为“看不见的三年，看不起的三年，看不懂的三年”。前三年摸索产品和互联网营销；中间三年主抓产品升级与创新；最后三年是爆发的三年，那个时候的跨考教育已经总结出产品及模式，开始在全国大规模复制。

做到极致

张爱志和他的团队追求的是“做到极致”。他做培训这件事，就要把这件事情干到极致，干到所有学生都真正觉得好，真正可以出效果，才是他所追求的。所以，跨考教育的发展定位是通过做考研这个项目，做出一个具有普适性的商业模式来，做出一个以“精英式辅导”为特色、面向大学生的商业模式。“精英教育”就是以学生为中心的教育，个性化的教育模式。同时，他希望通过考研，打通3000万大学生的校园渠道。

对张爱志来说，永远不会忘记的是创业初期的艰难，那时候，没有钱、没有经验、没有资源、没有人脉的“四无”人员创业，要想成功简直是天方夜谭。后来他想通一个道理：既然什么也没有，就坦诚一点，真诚对待任何一个人，既不骗人，也不忽悠人；什么都没有就低调一点，就认真做事。所以，他成功了，靠的就是满腔热血和真诚待人的做事方式。于是他把跨考教育的企业文化定为“简单做人，强悍做事”，他希望能通过跨考教育帮助迷茫的考生，不仅在学习上帮助他们，更要在做人生抉择时帮到他们。每一个人都有梦想，张爱志所做的就是点燃他们的梦想，点燃他们心中对未来的追求，战胜困难，超越自己，追求卓越。

其实，张爱志一直觉得考研行业并没有被开发得特别好，包括社会上有各种各样抨击的声音，本质上还是这个行业的培训机构自身造成的，自身局限于只是争夺市场、占领市场等一些原始企业的做法。如果站在开发市场、引领行业的角度去看，考研行业可以做得很大。因为毕竟有一百多万考生而且都是刚性需求，不需要挖掘他们的需求，只需要满足他们的需求，满足各种各样个性化的需求，还有辅导、教材的需求，张爱志相信他可以做得很好。

尽管到后来，跨考教育的员工达到将近1000人的规模，张爱志也从来没有接受过风险投资，他觉得做教育，第一需要的不是钱，是人跟经验。

张爱志始终认为，这个行业需要引进更加优秀的人才，引进更好的管理体系，提升整个企业的管理水平，推动整个行业的发展。在跨考教育，他常常和同事们谈愿景和战略，要做受人尊敬的教育企业，为中国 3000 万大学生打造一站式学历和职业提升平台。撇开市场不说，教研和教学永远都是第一位的。在教研教学以外，服务要做好。这两点决定了整个教育培训行业真正的未来。

互联网的无限可能

成立之初，跨考教育是以传统方式切入考研细分市场，通过在新城市开分校的方式扩张，线下能力一直是他们的生命线。而越来越普及的互联网让张爱志有了改变的紧迫感，并由此看到了这个细分市场更大想象的空间。

“与其被别人干掉，不如革自己的命。”张爱志想明白了一点，被别人干掉，跨考教育完全没有了机会，但是被自己干掉，却有活下来并且活得很久的机会。

当互联网汹涌来袭，教育培训公司逐渐转型在线、O2O 或渐进式改良的时候，张爱志也想让跨考教育有所转变，甚至可以做出一些大胆的尝试。

然而，如何将传统培训方式与互联网打通，对张爱志来说却是既令人兴奋又令人焦虑的，一着不慎甚至会造成线下线上的激烈冲突，于是一个个难题摆在了他的面前。

2014 年春节，张爱志没有回老家过年，他把跨考网校课程仔细地研究了一遍，结果心情很不好——网校的体验实在让他抓狂。

当时，跨考网校一年的利润达到 2000 万元，这在网校中业绩已算不错，但与很多网校一样，跨考也是采取“课程搬家”的做法。这种方式已经过时了，如何通过软硬件提升教学体验才是当务之急。在那之前，张爱志把主要精力都投入到了分校拓展上，基本没有管理网校，他很后悔。

所以，当在线教育汹涌来袭时，他一度焦虑恐慌。但跟 50 家在线教育公司负责人聊完后，张爱志发现他们做的并没有说的完美，就不那么焦虑了。他决定马上开始行动。

第一步是调整公司的组织架构。张爱志把跨考教育网站拆分成 kuakao.net 和 kuakao.com，前者主要做纯粹的在线教育，包括网校、答疑数据库等，后者负责 O2O 营销。

然后，他的大部分时间都开始放在在线部分。他急着把这块业务剥离出来，以独立子公司模式运营，并给予充分自由。“网校老师甚至可以给跨考的对手上课，只要符合网校列出的条件和待遇，谈好了就可以去上课。”张爱志认为，他甚至可以接受网校老师去 YY（一款即时通讯工具）上课。在他看来，网校是开放的，老师可以参与分成或者招生。

2014 年可谓是跨考网校的分水岭。在此之前，网校基本上扮演着类似 O2O 中的 Online 角色，通过提供共享的课件资源，免费给分校学生补课、答疑、批改作文来更好地为线下服务。在那之后，张爱志计划让网校单独运营、单独融资、单独上市，甚至连办公地点都搬到了其他楼层。

“除了它们的领导都是我之外，线上部分和其他业务没有任何关系。”张爱志说。可即便这样，它们依然很难分开。和所有传统企业向线上转型一样，跨考教育也遇到左右手互搏的问题。

不同的是，以前只要出现分校和线上打架的问题，就是线上的错。所有的资源、激励都偏向分校，后来天平开始向线上倾斜。而当张爱志直接管理在线部分以后，协调起来相对容易许多。不过，他在分校的考核指标设定上也作了调整，如果它们为线上做出了贡献，那么考核值会更高。在他看来，所有碰撞到最后无非是一个利益问题，把利益平衡好就可以了。

相比新东方，他认为，跨考处理这种冲撞会更容易——新东方是各地综合制，而跨考相当于集团集权制。集权制更多是渠道营销，产品调研全部在集团总部，产品标准化程度高，协调相对轻松，但新东方在各地的产品、声誉都不太一样。

而且，跨考网上课程的定价是线下的 80%。或许某种程度上也是在缓解冲撞。如果线上线下价格相差很大，很多用户可能会被吸引到线上。

在网络课程的互动性方面，跨考也做了一些尝试。以前花 500 元买一门课程就结束了，现在把考同一专业的学生组成一个班，大家可以一边听老师讲课，一边交流。交流过程中发现老师讲得不到位的地方，反馈后课程会再完善。张爱志希望借助这种方式，让具有同一目标的学生形成一种良性竞争。

然而，线上课程毕竟不如面授，所以张爱志在线上的布局更多侧重练习，学生通过在网上做题，系统会根据答题记录，推送相应难度的题目。同时这类题库的产品也在计算机端上线。他认为，在教育的讲、学、测、练四个环节，测、练部分更容易互联网化。

成为互联网人

面对互联网带来的冲击，对张爱志来说，最大的挑战是尽快把自己变成一个互联网人，他不停地出去见各种人，学习各种模式，寻觅技术人才，当时他的互联网朋友已经多过教育界朋友。

在一些互联网尝试中，跨考教育也初露峥嵘。它曾推出过“双十计划”——10 周年免费送 10 亿元的网络课程。当时有不少人认为，这是针对 YY 旗下的“100 教育”，因为在托福、雅思、四六级英语免费之后，“100 教育”下一站很可能是考研英语。而张爱志却说，这只不过是他们同时看到了当下的风口而已，跨考教育最初策划的时候还在犹豫，直到“100 教育”的推出才坚定了他的决心。他们的免费课程最后赠送给 30 万人，取得不错的效果。

不过，他并不打算走单纯免费的道路。“教育本身免费并不是好事，免费可以吸引流量和用户，但不一定能体现价值。因为学生购买这个产品并不是因为找不到它，而是一定要用到它。很多人拿到免费内容之后，可能从来都不看。所以互联网教育应该部分免费。”当时他分析，将来如果直播做起来，录播可能就免费了。显然，他很有远见。

在当时的环境中，相比之下，YY、猿题库这样具有强烈互联网基因的在线教育公司免费力度更大。YY 自不必说，猿题库推出的公务员、高考、司考等几个题库，基本上都已经实现免费。他们并不着急盈利，而是希望通过免费让用户数增长得更快。

很多人担心这些互联网公司圈定了大量用户并建好生态系统之后，传统教育机构再反击将会十分困难。张爱志却并不完全认同，“飞机很快，但训练一个机长需要时间，这些互联网人在某些方面可能比较快，但我熬了十年成为机长，即便他比我聪明很多，我十年的亏他至少也得吃两三年，这样的话我就有足够时间了。”

互联网公司的特点是轻，没有沉重的线下肉身，尤其是还在盈利的肉身。最难的是对传统业务的舍弃，要干脆。张爱志说，他不是舍弃，只是觉得按照传统模式去拼命做，可能会从 80 分做到 81 分，现在舍弃那 1 分，并不是说这块不做了，也没到那个格局。

进入互联网新时代

然而，张爱志却不是颠覆者。

尽管他在拼命地拥抱互联网，但更多时候他是在进行一场渐进式的改良。在O2O风起云涌的时代，跨考教育也做起了O2O，2014年5月还专门成立O2O事业群。曾经，跨考副总裁、O2O事业群CTO（首席技术官）张文平用一个比喻来形容跨考的O2O策略——“用飞机拉火车”，火车很沉拉不动，把它拆分成一节一节车厢分开拉。他的意思是，通过微信群、QQ群把跨考的潜在用户圈起来，再按照专业拆分出来，形成一个个独立的群，向他们推送相关资讯或赠送资料，把他们引流到线下。

张爱志发现，专业微信群的活跃度比整个考研微信群活跃度强得多。这也印证了他的观点：用户的需求是个性化的，所以O2O落地一定是细分的。

虽然当时跨考的O2O实验还比较初级，但相比过去开讲座、填问卷再到咨询、现场报名，营销链条已明显缩短。那时候，张爱志还在为在线教育做平台还是做内容举棋不定。纠结过后，他决定两个都做：通过APP等端口做一个考研人员聚合的在线平台，同时通过录播和直播来做内容。

《求学·考研》杂志的APP端就是跨考平台化的一个探索，它在2014年已经拥有十几万粉丝，主要提供考研资讯。做平台还是内容，也是很多在线教育公司的两难选择。对有着扎实教研基础的跨考教育来说，做内容或许是一条出路。

进入互联网新时代后，跨考在互联网教育方面所做的各种实验，都还未能形成闭环，但张爱志并不着急，他相信只是时间问题——就像腾讯当年想做人与人之间的交流工具，也没想到会做游戏。

停下来做减法

2014年，步入第十个年头的跨考教育年度营收达到1.5亿元，覆盖30万考研用户。这时候，张爱志思考最多的一个问题是：下一个十年，路在何方？

教育行业的步调无疑在变。随着在线教育在全球范围内的异军突起，教育公司的吸睛度急速上升。对于手持数以亿计资产的上市公司来说，跨界收、并购教育业务是陌生的，也是令人激动的。这很快就有了先行者。2014 年 10 月，从 K12 课外培训起家的昂立教育借壳新南洋上市，A 股教育第一股就此横空出世。一夜之间，慕名或者逐利涌入教育产业的玩家骤增。

张爱志当然也很心动，一开始他有个两全法：将在线业务拆分出来寻求独立发展，将线下业务并入上市公司。但资本有自己的喜好。由于“互联网+”概念当时正如日中天，很多上市公司都需要线上教育业务作为市值加持。

但是，张爱志也坦言，最开始不管什么目的做起来的企业，做到后面都会有一些情怀和梦想。如果找一家 A 股上市公司战略合作，感觉就像自己的梦想成了别人的。但另一方面，他也承认国内的 A 股市场是一个巨大的机会，也是历史上最好的窗口期，错过了机会就不会再来，因此在那一段时间，张爱志非常纠结。是自己独立上市，还是找一家国内上市的公司进行战略合作，曲线上市？

在洪涛股份找到跨考教育之前，跨考教育已经谈了 50 家上市公司，都给出了很好的条件。而张爱志的想法是，既然要找不做教育的公司，就一定要找最有决心把职业教育做成的公司。后来他约见洪涛股份的董事长，只谈了一个上午，双方交谈教育业务的内容还不到半个小时，中午张爱志从秘书那里了解到，对方已经订了下午回去的机票，所以本来已经不抱希望。结果当天下午，洪涛股份就停牌了，这种决心和魄力最终成就了跨考和洪涛的姻缘。

等到所有的谈判、权衡、取舍都尘埃落定，2015 年 3 月，洪涛股份最终以 2.35 亿元对价取得跨考教育 70% 股权，跨考因此实现了并购上市。消息宣布后的一周内，洪涛股份股价涨幅超过 50%。

昂立教育原总经理刘常科曾经将整个上市过程形容为“煎熬”，说让人“剥了一层皮”，“掉了半条命”。对于张爱志来说，可能还要加上一条：“割了心头肉”。

十几年来，张爱志想做的都是服务中国的 3000 万大学生，一下子梦想转移，他焦虑了半年多。再加上那阵子，国内基本上只认上市这条出路，并不认为被并购也是成功的，所以他开始焦虑、迷茫和不知所措。

或许不少人认为跨考教育在 2015 年上市后，张爱志已经抵达山峰，但是他自己不这么认为，他开始停下来思考接下来的方向，开始回归，为跨考，也为自己做减法。

其实早在2014年，跨考教育创立的第十年，张爱志就想让自己做些改变。他计划一年之后跑一场半马，两年之后跑一场全马。教育圈的朋友老刘建议他不要定这么低的目标，甚至开玩笑地说“其实你一年就可以跑全马的！”

2015年5月，他依然选择了保守，虽然他没有报全马，也没有报自己心中设想的半马，最终选择了5千米左右的迷马，不过最终他还是坚持跑下来半马，完成了自己的最初设定的目标。

一个创业者要具备两项能力，一个是学习能力，一个是找准节奏，什么时候该发力，什么时候该休息，什么时候该去学习。

后来，他成为教育圈的跑步发起人，组建了教育圈的跑步群，每天监督教育高管们跑步，他提倡大家每天一万步。后来一起走戈壁的就是这里面的三十多个大佬，他给他们定的口号是“清理跟重新出发”。

这群教育圈的领路人走的是玄奘路，第一天三十公里，很新鲜的方式；第二天，第二个三十公里；到后来，腿都不是自己的了。这时候人会变得绝望，但是继续向前走，内心就会变得简单。他说，当时去的人都感觉自己经历了一次人生的历练，戈壁很美，却无心看风景。要问他收获了什么，他给了八个字：放下是最好的思考。“我们思考往往都在做加法，其实有时候做减法是最好的。”

在张爱志停下来思考的时间里，他还去了趟北极，这趟投资圈的学习之旅为期十五天，前十天，张爱志都“特别惆怅、郁闷”。看见北极光，别人都觉得好美，他首先想到的却是极光的易逝。

蜕变是从第十一天开始的。张爱志晕船了，在床上一躺就是60多个小时。与他同屋住的是全通教育联合创始人周卫，周卫每顿饭都从餐厅给他带一只橙子，他就这样挨过三天三夜。最难受的时候，他把银行卡号和密码都告诉了家人。

哪怕躺在床上迷迷糊糊的时候，张爱志都还在想，之后到底要干什么。到了第三天，整个人处于虚脱的状态，好像忽然就想明白了。其实不是真正想明白了，而是真正放下了。“过去的就让它过去吧，一天放不下，就一天无法开始明天。”张爱志想。

旅程结束，当飞机在北京降落时，张爱志眼泪都出来了。他第一次对北京产生了强烈的归属感，觉得回来真好，重新出发真好。

“其实我是个宅男”

2015年，从北极回来，他不断给自己做减法，逼自己脱离一线，但同时，他也给自己做了很多加法。他跳出了教育圈，进了互联网圈、商业圈、资本圈或者其他跟教育擦边的圈子。

这些圈子，他不热爱，不熟悉，也不擅长，但是他还是跳进去。2015年，在创业的风口，他跟教育圈的大佬们在中关村互联网教育创新中心联合创办了“教育+”咖啡馆。2016年，互联网教育商会成立，他担任会长。

不仅如此，在各种论坛、会议上，也能经常看到他瘦弱却有活力的身影，或是担任主持人，或是嘉宾，或是分享家，感觉每一天的他不是在演讲就是在演讲的路上。

而他形容这些活动时，却用了一个“逼”字和一个“卖”字。他跟运营总监开玩笑说，只要工作需要他会出来“卖”，为他们站台、发声，但是工作不需要，他就在家作研究，他喜欢在家作研究，那才是他喜欢做的事情。

“是的，我是个创业者，也是个地道的宅男。”

如果他不亲口说出，的确很难把这个奔波在各场活动、无比活跃的创业者跟“宅男”二字挂钩。可是他说，作研究会带给他幸福感。

但是如果不喜欢外出公关为什么还要去做呢？他说：“人的自由分两个层次，一个层次是你可以去做你想做的事；第二个层次是你可以拒绝你不想做的事，我现在还处于第一个阶段。”

创业以来，他身上的光环不断增加，以至于让大家忘记了最初的他，如果不创业，或许他会成为某一个领域的技术专家。他喜欢钻研，每晚等所有的员工都走了之后，他开始看行业的各种动态。他给自己定了一个目标，等到退休之后，他就去当一个教书先生，教书育人。

他喜欢传播正能量，小到跨考教育的一位员工，大到一家企业，他喜欢把自己三十几年的人生体会和行业经验传授给他们。他认为这才是他喜欢的、他内心真正想做的事情。

但是他又不能把现实全部放下，他是个典型的金牛座，敢于接受，不轻易选择做一件事情，可一旦选择了就不轻易妥协。对自己如此，对公司更是如此。

他虽然是个宅男，但是他也欣赏时尚，他也喜欢听音乐看话剧，去体验，去感受，但是在事业上，他是一个创新的狂热者。他的目标不是灭掉对手，而是超越自己。他鼓励内部员工相互竞争。他鼓励员工给他提意见，对他进行批评。

在跨考教育就有一位很特殊的员工，74 岁的时候进入跨考教育，几乎每天上午都会来跨考教育转一圈，跟员工谈话。同时他有一个最大的权利，对张爱志进行批评指导。

以超越自己为目标

回到张爱志最初创立跨考教育的 2004 年，那时候的考研，从 20 世纪 80 年代恢复之后，已经发展了 20 多个年头，在 20 多年里，很多考研机构开始发展壮大，“文字辈”“海字辈”等企业已经占领了很大一部分市场，而他那时候只是个未出茅庐的穷学生，除了一台出国舍友留下来的计算机，其他什么都没有。但是张爱志从没想过跟大型机构竞争，从一开始做的就是差异化。

“真正容易的事情很多人在做，而脏活苦活没有人愿意做，而我做的偏偏就是那最苦最累的活。”张爱志形容跨考教育的早期战略走的是农村包围城市。虽然同做考研教育，但是他没有把目光放在政治、英语等公共课上，而是跟那 18000 个硕士点较上了劲。

最开始是他一个人去市面上搜集各个专业的资料，每份资料都从头到尾看一遍，除此之外，他研究每个专业的考生录取分数线，以至于在当时，只要说出学校和专业，他就能脱口而出当时的录取分数线。

管理 1.8 万份素材是很复杂的一件事情，而买家要从 1.8 万份素材里找出他要的那个。他就是那 1.8 万份素材的管理员，用户就是那个挑剔的买家。那段日子，他用了一个词来形容：疯了！直到后来他找计算机系的同学编写了一个数据库，通过这个数据库，可以在一分钟之内找到想要的素材，后来简化到 10 秒钟，这或许就是跨考的第一步。

所以，他始终认为，跨考的成功，一是得益于他的认真，二是因为他跟上了这个时代。当其他企业停留在课程体系、在学校贴海报时，他已经开始进行整套的产品运营营销；当别人在搭建网站时，他已经在互联网上形成了完整的布局。后来，他的目标是成为 3.0 时代的互联网教育机构，来满足用户不一样的需求。

时代在进步，张爱志也在进步。

2016 年，在跨考教育的年会上，张爱志上台讲话，说的最后一句话是：希望跨考教育的每一个员工都能做到“有事做，有人爱，有所期待”。

在跨考教育工作是一件十分幸福的事情，员工说跨考教育就像一个家。因为他们的老板张爱志虽然是个工作狂，但是他同样没有把家庭放在一边，这些年，他一直在学着如何在事业和家庭之间寻找平衡。

因为张爱志出身于江西井冈山革命老区，成长于一个偏僻的小村落，他一直想教育他的孩子像他一样吃苦耐劳，于是他把孩子放到农村种地，后来他发现时代变了，孩子已经跟他不是一个时代了。就像产品一样，当进入 3.0 时代的时候，如果还在做 1.0 的产品，必然会面临被淘汰的命运。

于是他转变思路，按照这个时代的标准给孩子制订了两点要求：一是正直，二是启发他能够找到自己。其实这也是他对自己和公司的要求。

在教育圈，他不看好 VR 和 AR，但他看好人工智能。应用人工智能技术，可以用机器人在线解答，不仅仅节省了人力，而且提高了效率，改善了效果，解决了用户的个性化需求。他认为，虽然现在互联网教育循序发展，但是依然不能取代面对面交流的效果，随着人工智能的介入，线上效果会增强，行业就会进行一个大的变动，未来一定会出现一个 3.0 版的教育公司，不一定是跨考教育，但他希望是。

他曾打趣地说：“创业早期的时候特别，怕被人看成是‘90 后’，会显得太稚嫩，但现在却特别期望别人把我当作‘90 后’，因为感觉很快就要被‘90 后’淘汰了。”

对于未来互联网教育风口，张爱志觉得，虽然现在大家都不看好它，但仍需要踏踏实实去做。因为教育是一个慢活儿，互联网教育也是一个慢活儿，因为它本质上还是教育，只是互联网把它进行商业化、模式化，效率变高了。

所以对跨考教育来说，对张爱志来说，要做的是不忘初心，不追求虚妄，而且踏踏实实做事。更何况，他还有更远大的追求。

下一段旅程开始

2016 年 5 月 28 日，桃李资本正式成立。

这是张爱志第二次创业。他一定知道，这是一个漫长的历程。他将经历旷日持久的战斗、无人可诉说的孤独以及云谲波诡的现实变幻。

张爱志说，对于创业的再理解正是发生在 2015 年的那次戈壁徒步之旅，4 天，128 公里。他说戈壁在照片里看着很美，但真正走在路上却很枯燥，周围什么都没有，只能走下去。后来会慢慢发现，走路本身就是一道风景。其实创业也是，要去认真品尝每一步，这个过程很痛苦，很煎熬，很难坚持，但慢慢地它就会变成一种习惯，人也习惯了一直往前走。以前创业的时候，张爱志忙着追求结果、影响力，想着做大，服务更多学生，无心看过程中的风景，很煎熬。后来才明白“菩萨畏因，众生畏果”，众生贪求美好的结果，憎恶失败的结果，却从不关心导致这个结果的原因，一生忙碌却无可救药。而有智慧的人却总是在“因”上下功夫，看似无为却处处种下善因，便能获得一生的荣华富贵。

超凡的人重视的是过程。珍视过程并不意味着对结果没有期许。就像桃李资本网站的导航栏里有一行既像注脚又像目标的说明：专注于教育行业资本服务的精品投行。

自古以来，对于“桃李”二字，中国历史上就有很多俗语：“桃李不言，下自成蹊”“桃李满天下”……这些都是对教育的情怀。所以，提到桃李资本，一听就知道是做教育行业的，而“资本”两个字也赋予了教育不一样的视角和更深的含义。对于帮助学生成长的教育机构来说，优秀的学生满天下是最值得骄傲的事，而对帮助教育机构成长的桃李资本来说，让中国的教育赶超国际水平，陪伴行业里的优秀企业一路成长，看它们遍地开花，才是最大的骄傲。

张爱志认为，自己是典型的“逆袭者”。一开始他也不明白，更多是从下面往上面看，天天想的是用人，然后管理绩效、产品、运营、营销，每天思考的都是这些环节。可是当他跳出来，从资本回归的时候，又看到了不一样的数据，看到毛利、资产负债表、产品商业模型，于是，他开始重新组织自己的思维，从更高的维度去思考。

深度链接“教育 + 资本”

在教育行业的发展过程中，除了人才对行业发展的影响，资金也开始成为行业发展的重要力量。当大量的资本逐渐进入教育行业，加速了行业整合，加快了行业标准化和品牌化的发展步伐。与此同时，资本又是一把双刃剑，在加速行业融合的过程中，也促使教育行业在运作过程中产生了严重的功利化倾向，出现了有些教育企业完全以资本为发展导向的现象。

张爱志觉得，教育的本源应该以“人”和“教学过程”为核心，应该以品牌口碑为导向，应该以学生为中心而不是以市场为中心。违背了这些条件，就会产生为了招生而夸大宣传，不得不做许多本来不想做的事情。这是资本进入教育行业后，在帮助这个行业加速发展的同时，给这个行业带来违反市场规律的“负能量”。最终造成企业被资本控制，导致不少教育企业在市场轨道的运作过程中突然脱轨。

经历过上市的张爱志有更深的体会，他说他走过很多弯路，跨过很多坑，有不少不为人知的哭泣夜晚，也有不少个自己都熬不下去的日子，他想分享给其他创业者，希望今后的创业者可以行走得更好、更远。

于是他在教育圈发起并众筹了一家咖啡馆，叫作“教育 +”咖啡馆，给早期在教育行业摸爬滚打的创业者提供了分享交流、思想碰撞的平台。

后来，张爱志发现，其实目前中国教育企业的资产证券化程度还不高。对于任何行业来说，当科技进入时，头部企业的市场占有率会越来越高，单个企业的规模也会越来越大。行业集中度低时，资本化运作的需求也较弱；当集中度越来越高时，规模化投资才更有价值。

2018 年未来的 5 ～ 10 年，教育企业在上市方面还有非常大的增长空间。教育头部企业新东方、好未来的市值都已经突破一百亿美元。随着资产证券化逐步开放，未来教育上市企业会越来越多，也会有越来越多的资本和人才进入教育企业。

于是，“教育 +”咖啡馆会有越来越多的中后期创业者进行深度交流，他们更加需要资本层面的更深度的服务。而张爱志作为一个先驱者，可以分享更多的经验，甚至帮助他们一起登陆 A 股市场。

桃李资本就在这样的条件下应运而生。张爱志所创立的桃李资本，是希望基于教育行业深度链接“教育＋资本”，驱动整个教育行业发展。如果说早期的连锁驱动了上一个十年教育产业的发展，未来科技则是驱动教育行业发展的因素。

张爱志经历过教育、“互联网＋教育”、“教育＋资本”三个最美好的时代，正因为科技进入教育行业，资本对教育开放，才迎来了“教育＋资本”的红利期，才有很多公司实现跨界并购，这个时代是值得骄傲的。

所以，他不仅仅想为“教育＋资本”搭建一座桥梁，更是立足教育行业，用资本帮助教育产业发展和提升。

事实证明，在2017年，有11家以教育为核心的公司在港股和美股上市，这还不包括正在排队上市的，这个行业真正迎来了它规模化和资产证券化的最好时期。

“打捞”十年前的自己

可以说，桃李资本是张爱志的又一次“ALL IN”（指押上全部筹码）。他希望在桃李资本能找到十年前的“张爱志”们，让他们不那么茫然，帮他们找到钱，帮他们提供战略上的建议，帮他们整合资源。

一边是创业者，另一边是投资人，桃李资本就是中间那座桥。要想让桥上发生更多联结，一靠效率，这意味服务要精准且专业；二靠信任，这是普世的长久经营之道。

或许不少人所理解的理财顾问或者财务顾问只是对接信息的服务商：对接投资人资源、对接创业者信息。但是真正的财务顾问所做的远远不止对接信息，在这背后还会提供层次化、定制化的整套融资方案，甚至会帮助企业做战略、财务、估值模型，还会在企业进行战略决策时提供帮助和后续的服务。

在桃李资本，从准备融资材料到签署协议的全程服务都是由同一支团队完成。这既有利于和客户建立稳定的信任关系，又容易激发团队成员对项目的拥有感。

张爱志说，创立至今，桃李资本“为行业赋能，让行业更好更快发展”的初心始终未变，教育是一个利国利民的事情，它蓬勃发展的意义远比再成立几个“BAT”（百度、阿里巴巴、腾讯的合称）更加重要。

教育企业的非营利属性一直是其登陆 A 股资本市场的瓶颈，通道放开后，教育行业逐渐开始迎来属于自己的春天，桃李资本看好并赶上了这个机会。

在张爱志看来，教育行业是一个值得长期耕耘的产业，相对于其他产业来讲，它的增长虽然慢一点，却是一个持续增长的行业，“科技（人工智能、互联网等）和资本是教育行业的两只‘翅膀’，一定会帮助这个产业向更加良性、更加集中化的方向蓬勃发展。当有了这两只‘翅膀’，产业真正的春天就要到来了。”所以，他在不断地调整自己，适应变化，也希望可以吸纳更多的优秀人才与优质资本一起参与到这项事业中来。

好的团队永远是稀缺资源。张爱志大概有 80% 的时间都在找人，他在 2017 年 2 月的一条朋友圈状态里写道：“Stay hungry，Stay young！ 2017 年的工作核心即是激励优秀的人，找到优秀的人，发展优秀的人！”

现有的二三十人团队所覆盖的业务面实际上并不窄。素质教育、在线一对一、职业教育、早幼教、K12 教育，这些“赛道”桃李资本都有涉足。

成立伊始，桃李资本就旨在帮助教育创业者进行转型升级并找到匹配的投资者，实现价值提升。教育机构并购、IPO（首次公开募股）、教育行业投融资服务、教育行业研究以及上市公司战略梳理等都不是简单的事。

张爱志和他的团队都极为重视长远的行业研究，“这个行业原来是没有行业研究的，基本上都是靠个人的感知。”喜欢钻研的张爱志对行业研究的重要性十分清楚，但行业研究是一个长期、深度的工作，需要积累行业数据。这也就是为什么桃李资本早早地建立项目数据库和投资人数据库，并且坚持发布教育行业研究报告的原因。

“在桃李资本的数据库后台，项目信息、投资信息全部数据化、结构化，将来为行业做底层服务。”桃李团队自主研发了项目数据库和投资人数据库，希望利用数据沉淀来跟踪项目的成长。一方面，这是希望能为创业者筛选合适的投资人，降低时间成本，为投资方找到感兴趣的项目，并且帮助团队作判断，从而提高双方的效率；另一方面，这也帮助创业者实现了资本对接，并且帮助其进行战略梳理、过程管控和结果管控。

而这也恰恰印证了张爱志的初心：帮助中期相对成熟的教育企业登陆资本市场，帮助好的教育资产进行证券化。

业绩只是数字，背后才是故事

张爱志曾经预言，到2020年，中国教育行业的市场规模可以达到3万亿。“如此大的市场，至少应该有100家上市公司才正常，未来的独角兽就隐藏在如今这些创业者中。”

在桃李资本成立快两年的时候，张爱志规划了未来三年桃李资本要做的事情，就是找到这些潜在的独角兽，帮助和陪伴它们成长。为了更好地完成这个目标，桃李资本联合众多教育圈重量级企业，一起发起“双百计划”，即“联合100家行业上下游服务机构，服务100家潜在独角兽和上市公司”。

“我们要把个人的优势变成组织的优势，未来的独角兽需要享受到最好的配套服务。”连续创业的张爱志深有体会，并深刻地了解每个阶段创业者的真正需求。

而实际上，两年来，张爱志和他的团队也一直践行着他们的初心，在漂亮的业绩和惊人的数字背后，有着一个又一个服务的故事。

“我们在接触桃李资本之前，一直认为融资是个充满焦虑和挫败感的过程。”刚刚完成新一轮融资的十六进制创始人刘丹峰一直认为无论对自己的产品有什么样的信心，想要成功融资，都要联系尽量多的投资机构，期望得到人家的青睐，而财务顾问的角色不过是给创业者介绍大量的潜在投资者，剩下就要靠创业者自己的努力和运气了。

“出乎意料的是，桃李资本把融资变成一个紧张而愉快的过程，更是一个高效学习的过程，在这个过程中我们变得更加自信，也更加谦逊。”桃李资本的服务改变了刘丹峰对融资的看法。

在十六进制的案子中，桃李资本并没有介绍“海量”的投资者，而是精心挑选了为数不多的投资机构来推荐这个项目，并且从头到尾提供完整的专业支持，让十六进制在短时间内挺着胸膛完成融资，为下一阶段的发展打下坚实的基础。

对桃李资本来说，这样专业的表现是常态，而非个例。

以2017年中国高科并购广西英腾的案子来说，则更是创造了一个奇迹——从双方接触到公司公告并购消息，仅用了不到6个月的时间，且并购双方非常满意。通常来讲，这个过程需要持续一年左右。

“一要看团队，二要看是否诚实，三要看商业模式是否有前景。”这是桃李资本筛选项目的先决条件。拿张爱志的话说，从英腾的项目中“感受到很强的信任”。这个项目一开始差点被团队否掉，但他在英腾教育创始人兰涛身上看到一股“爱折腾”的劲儿，决定继续做下去试试。

后来，英腾教育的北京研发中心就设在桃李资本所在的写字楼，英腾教育在9楼，桃李资本在16楼。再后来，英腾教育经历战略迭代、内部股改、融资并购、从新三板摘牌等诸多阶段，张爱志和他的团队都陪伴着一同走过。

要说高科并购英腾的案子，最棘手的问题是高科希望能够控股英腾，但这不是一件容易的事。上市公司和股份有限公司对董监高减持股票比例有相关要求，无法在短时间内完成减持。眼看谈判就要陷入僵局，桃李团队经过慎重考虑给出了自己的方案：帮助英腾从新三板退市，且把“股份有限公司”转为“有限责任公司”。

这对英腾来说并不是一个容易做出的选择——退市被并购还是继续保持不错的现状？对方给出的条件有足够诚意吗？值不值得冒这个险？这一切都要打个问号。

艰难的说服和心理建设工作等着桃李团队去做，各种预案也要提前准备好。终于，高科的消息传来，给出了优厚的并购条件。在双方谈判的两个月之内，桃李团队几乎每两天就要开一次深夜电话会，对过往的并购案例进行详尽的分析比对，讨论此次并购的方案和细节，跟双方反复沟通。

功夫不负有心人，高科与英腾的手终于握在一起，此时桃李团队的文件夹里的20多版SPA（股权收购协议）成为对这份成功最好的注解。

下一个目标：20年

2018年5月28日，桃李资本两周岁。张爱志给出一组数字：桃李资本接触了2000多个项目、服务过126个项目、跟投2家企业、组建了500多个成员参与的投资联盟、举办过36场“教育+资本”论坛、开办过13场私董会。

除了洞察创业者的发展诉求，张爱志也懂得挖掘投资人的战略偏好。桃李资本做的第一个并购项目，是新东方对斯芬克的并购。当时，新东方前途出国坐拥流量，但缺乏有质量的出国服务承接，引入斯芬克恰好可以实现资源协同。

当然，张爱志还希望做得更好、更多。“第一次创业我做了差不多 10 年，这次我希望至少做 20 年。我想与现场的朋友见证，希望我们的桃李大会再开 18 年。”他在桃李资本两周年庆典上说。

其实，从 2017 年的服务数量和交易额上来看，桃李资本已经算是教育行业内最大的投行，但面对桃李资本的今天，张爱志仍然充满敬畏，“两年的努力让我们从 0 到 1，做了很多的努力和迭代，团队从 2 人成长到 29 人，但桃李资本还是刚刚起步的小孩，我们还有许多地方需要完善和提升，希望未来能够为教育行业等投资领域做更多有意义的事情。”

对成立刚刚两年的桃李资本来说，在华兴、易凯等众多老牌投行的强劲表现之下突出重围，是一件极具挑战的事。但张爱志和他的创始团队决定做这件事，是从另一个逻辑出发的：一群有着十多年教育行业从业经验的老兵，深知资本对于这个行业发展的重要意义，也看到了创业者对融资并购的强烈需求，遂决定将“教育”作为唯一关注的赛道，他们手握深厚的教育行业资源，致力于做“专注于教育行业资本服务的精品投行”。

确定了这一个焦点之后，桃李所做的每件事都围绕着两个不变的初心。一方面是资本初心，为创业者提供财务顾问服务和投资支持，帮助创业者找到钱；另一方面，钱的问题解决后，通过私董会等形式帮助创新型企业获得更好的资源整合，助力创业者成为教育行业未来的商业领袖。这“两个初心”是一切决策的基础，每一份初心都有专业的团队去支撑。

而桃李资本手握的“三把武器”则进一步保证了“初心”落地，奠定了桃李资本在“教育 + 投资”行业的地位。

三把武器中，战略专注当然是最为核心的一个，“教育 + 资本”这件事需要配套的服务。张爱志要求桃李资本的投资经理真的理解这个行业，并且有金融科班背景，这样才能两条线相互配合，为创业者提供更好的服务方案，也让资方的投资更有价值。除此之外，桃李团队深耕教育行业多年，具有先发优势，桃李资本专门成立了品牌市场部，以弥补教育行业发展过程中对品牌管理的普遍短板，张爱志认为还不够，深度客户关系还应该提供一系列关联配套服务，除了私董会、戈壁行、品牌服务外，还需要更多更系统、更专业的服务。最后则是对人才和组织的重视，引进优秀人才并以有效的激励机制留住他们，组建一个优秀而稳定的团队，是桃李最为骄傲的“战绩”

之一，完善好自身才能更有力地推动行业进步，张爱志一直深谙这一点并努力实践着。

战略与战术相互配合，对于张爱志所说的桃李目标：等到 20 周年庆时，成为“教育 + 投资”的代名词，应该指日可待。

结　语

据说，人在一无所有的时候，会因为心中憧憬而勇往直前。难得的是在诸事顺意的时候，仍然选择再进一步。想在后边这种处境中寻求突破，注定需要极强的勇气、定力与韧性。

创业是九死一生，成功的概率可能只有千分之一。张爱志在创业早期遇到过很多困难，经历过在网络宣传过程中，对手把网站攻击了，大概有半个月都上不了线。到 2008 年，跨考教育的员工终于达到 20 人，他却大概有半年时间不知道如何管人。

张爱志曾经这样形容过自己：“我以前是一个内向的人，原来叫内向，后来叫内敛，现在叫内秀。”创业者是不能内向的，内敛一些很好，然而内秀才是最重要的。作为一名成功的大学生创业者，他有着超强的市场敏锐感，始终坚持用户需求是第一位，学生需要什么他就做什么。他也有着足够的亲和力，可以凝聚和驾驭团队与他共同努力，对他人包容，感召、影响他人。最重要的是，他懂得坚持，面对创业前期的困难重重，他的持之以恒便是他最大的内秀。

跨考教育曾经提出“生而为赢”的理念，张爱志解释，这是一种信仰，不是争权夺势，而是告诉一个人不要随波逐流，不要甘于平庸，应该不断地超越自我，追求自己的梦想，体现人生的价值。即使遇到再大的困难，也要有不服输、不甘放弃的信念，支撑自己走下去，告诉自己“生而为赢”，去证明自己可以成功。

对张爱志而言，创业就像爬山一样，爬过一座山又有一座新的高峰，欣喜的是每个阶段有更高的山峰在等着他，有的时候不一定爬得上去，但是却不得不上去，直面挑战，迎难而上，才能触达更高的山峰，才能欣赏不一样的风景。他说，创业者要有心理准备，永远没有歇息的时候，如果停止，就是破产的时候。

教育行业是一个需要长期投入的行业，需要更多追寻教育情怀的有志之士，一起慢慢经营这个行业，用对教育的情怀、长久创业的耐心在这个行业里耕耘。

莫问收获，但问耕耘。不论是跨考教育还是桃李资本，对张爱志来说，都是对教育的敬畏之心，是教育人割舍不断的情怀。

风物长宜放眼量，张爱志所坚持的简单，还未到达他的极致。

世界级数据智能标杆实践者

——HCR 慧辰资讯　赵　龙

他曾因一场宣讲会，毅然决然地从内蒙古辽阔的大草原奔向繁华的首都；他从在天桥卖报纸起步，8 年连升 8 级，摇身一变成为大数据公司掌门人……他就是 HCR 慧辰资讯 CEO 赵龙，而他又是如何做到的呢？

1999 年，慧聪网 CEO 郭凡生在内蒙古财经大学开了一场宣讲会，正是这场宣讲会无形中改变了赵龙的命运。因了这场宣讲会，赵龙和女友二人从内蒙古一路来到北京，经过层层选拔，翻开了他们在北京慧聪网的故事新篇章。

初至慧聪网，赵龙被分在数据分析组，轮岗时的任务便是在天桥卖报纸、写报告，对待这份常人看似简单的工作，赵龙始终秉着认真负责的态度，也正是这种态度，锻炼了赵龙洞察市场奥妙的慧眼。轮岗结束后，赵龙成为一名助理研究员。在工作中，不甘平凡、从小做事认真、爱钻研、有着高远理想的赵龙，自是一步一个脚印，8 年连升 8 级，并在 2008 年成为慧聪研究院院长。

就在常人觉得人生剧本即将定格之时，命运又给了赵龙新的转机，而赵龙更是抓住机遇、勇于搏击。2008 年，慧聪与邓白氏集团合资，合资公司成立，双方各占 50% 股份，赵龙任总经理。之后，郭凡生和郭江更是提出“封王就封真王”，就这样，2011 年，赵龙荣升为 HCR 慧辰资讯的真正老板，慧聪研究正式更名为 HCR 慧辰资讯。建立之初，赵龙最看重签单和收入，在夯实原有业务的基础上，寻找新的合作机会，并以“把 HCR 慧辰资讯做成世界级的中国本土市场研究公司”为目标。

2014 年，在本土的市场调研公司领域里当数第一的 HCR 慧辰资讯已然实现了其最初的目标，而正在这时，一场在以色列的有趣邂逅又开启了赵龙事业的新巅峰。在这次邂逅中，“大数据”“人工智能”等高科技词汇进入了赵龙的视线。《孙子兵法》云：“善出奇者，无穷如天地，不竭如江河”，而赵龙正是独具慧眼，识出奇招，并抓住时机，与时俱进，出奇制胜——HCR 慧辰资讯要做“互联网 +”时代下的数据智能公司。

在致力于知行合一的赵龙的带领下，而今的 HCR 慧辰资讯已然成为大数据分析的新秀企业。而在不久的将来，HCR 慧辰资讯更是要成为一家受人尊敬的世界级数据智能公司，服务来自全球各地的客户，成为中国人的骄傲！

奔向首都卖报纸

1999 年的五月，早早进入了夏天，一轮炎阳晒得操场上泛着白光。放眼望去，只有几个年轻人在操场一角打篮球，正在运球的那位青年穿着一身灰色的短衣短裤，全神贯注盯着他面前防守的人，似乎在等待机会，突然，只见他一个漂亮的转身晃过眼前人，还没等那人反应过来，一个跳起将球投进了篮筐。

年轻人立即朝操场边看了看，那里有一位身材苗条、留着马尾辫的女同学默默笑了一下，随即朝他招了招手，年轻人跑了过去。身后刚刚防守他的人开了口："喂，赵龙，你小子去哪儿？不给我复仇的机会！"

"哈哈，胖子，我要去北京！到北京找我复仇吧。"随即牵起了姑娘的手，朝着学校大礼堂走去。

后来的同学聚会上，宿舍的男生们总会讲到赵龙去北京的各种段子，什么雄赳赳气昂昂地迈着大步朝首都前进啊，什么豪言壮语去北漂，什么一腔热血去北京闯啊，各种杜撰，因为此时此刻的赵龙已经是一家世界级数据智能公司的老板，大家理所当然觉得他当年去北京一定是充满着壮志豪情。但是却鲜有人知，赵龙当年去北京到底是去干什么了。

酒过三巡，不胜酒力的赵龙已经有点晕乎了，跟弟兄们推杯换盏之际，当年是赵龙女朋友如今已经是两个孩子妈妈的赵太太起身给大家揭晓，"哈哈，当年他在北京的第一份工作其实是去天桥上卖报纸，现在每次走天桥我们都还回忆当年呢。"一句话让大家目瞪口呆，这卖报纸怎么卖出来个 CEO 呢？

而这一切都还要从慧聪网 CEO 郭凡生的一次宣讲会讲起。郭凡生是内蒙古人，所以在公司去各地吸纳毕业生人才的时候，首选了内蒙古财经大学，也就是赵龙的母校。

说到郭凡生，他是名噪一时的电商之父。1990 年，他放弃了副教授的职位，下海创业，创办了慧聪公司，也就是后来的慧聪网。刚开始的时候慧聪网做的是信息分类杂志《商情》，上面刊登企业的供应、采购、招标和代理等信息，跟后来马云做的“中国黄页”差不多。后期他专注于做企业股权激励机制，到各地演讲，当然这是后面的故事，总之这个人成为赵龙生命中一个重要的角色，良师益友也好，伯乐也好，他给了赵龙很大的人生启发，也给了他最重要的一次人生抉择的机会，至今都让赵龙感激不尽。

郭凡生之前是副教授，论口才也是一等一，学校对名企的到来也是非常欢迎，每天中午的吃饭时间都会广播一遍此次宣讲会的相关信息，连续播放了一个星期。有一次在吃饭的时候，学校的喇叭又响了起来，赵龙对女朋友说，要不咱们去试试？女友表示同意，两个人随即打定了主意去宣讲会看看。去不去北京先不说，至少远道而来的北京名企 CEO，总要去见见是个什么样的人。这一见，可就从此踏上另一条路。郭总的个人魅力深深折服了当年还是大学生的赵龙，冥冥之中赵龙感觉自己的机会来了，就是与这个人有关，仿佛自己苦读 4 年书等的就是这样一场宣讲会。

北京会是什么样子呢？与赵龙生活的鄂尔多斯市会有哪些不同呢？路会不会更宽，楼会不会更高，那里的人各个都身怀绝技，和自己一样有些“自命不凡”吧？一定要到北京去看看，一定不能放弃这次机会。赵龙默默在心里打定主意，他挤在同学们的队伍中，从郭总的助理手里拿了两份应聘申请表，一份递给女友，另一份留给自己，他告诉女友，晚上我们都跟家人商量一下，明天决定要不要交上去。女友点点头，太阳已经西下，礼堂里还簇拥着询问的人群，郭凡生被人群层层围住，赵龙走之前回头看了郭总一眼，他觉得郭总也看到了他，似乎还笑了一下，也许是他的错觉，但是不重要了，赵龙觉得自己将来一定会有机会再见到他。

赵龙生在草原和天空一样辽阔的内蒙古鄂尔多斯市，沿袭内蒙古人的性格特点——真诚豪爽、说一不二。父母为他取名为龙，是有中华民族望子成龙的传统期许。而赵龙从小就做事认真、爱钻研，有着高远的理想抱负，不甘平凡。但是与他不相熟的人又会觉得他性格内敛，不张扬，是个凡事会多想一步的人。赵龙的父母一向尊重儿子的选择，觉得他是一个有主见的孩子，但是这一次听到赵龙说要去北京闯荡，从没出过远门的儿子一下子要跑到那么远的地方独自生活，父母还是迟疑了。

不过好在经过赵龙一番争取、解释，父母还是同意了他的决定，只嘱咐他要照顾好自己，事事谨慎、多考虑，不要冲动行事。1999 年手机还是新鲜事物，赵龙半夜睡不着，一方面他想到要去北京就兴奋不已，另一方面又怕女朋友家人反对，两个人从此要异地相守，所以他一整宿都没睡着。

第二天一早，天还没亮，赵龙就在女友去学校的路上等她，远远看到她走过来，赵龙跑近她。女友看到他的样子就猜到他要说什么，本来想要骗骗他，看看他的反应，结果还是没忍心，直截了当地告诉赵龙，他们下一站就去北京。赵龙开心得不知如何是好，脑海里充斥着许多美好的画面，仿佛北京是个万花筒，他已经置身其中。然而，两个月之后，天气更热了，火车缓缓驶入站台，人们纷纷从开启的车门往外挤，赵龙和女友两个人拎着大包小包随着人潮往前行，想要依照事先查好的路线去慧聪网报到，却因为人太多、路又难找，竟然险些迟到。走进慧聪网的大门，两个人皆因疲惫和汗水而显得狼狈不堪，这时两个年轻人才明白过来，这与在学校里舒舒服服地读书相比真不一样，北京给他们留下的第一感觉就是大，未来还会发生什么真的预测不了，却又充满好奇。

赵龙和女友被分配到两个组，女友在业务组，赵龙在数据分析组，其实在过去的两个月里，两个人都是经过了层层选拔才进入慧聪网，先是笔试，再是一轮轮面试，这期间很多同学都被淘汰了，但幸运的是两个人都坚持到了最后，拿到了仅有的名额，也成为同学们艳羡的目标。可是这还只是开始，慧聪网对于刚毕业的学生都是要实行轮岗制的，从最基层的工作做起，一点点熟悉业务，只有这样才能找到适合自己的职位，并且将业务做好。所以，赵龙他们最早的一份工作就是卖报纸，每人每天几百份报纸，根据销售数量算成绩，并且每天都要写一份工作总结。

卖报纸对于赵龙来说是个新奇的体验，虽然知道这并不是最终的工作，只是培训的一部分，但是赵龙还是秉着认真负责的态度，想要将这份工作做到最好。所以，他心里暗暗在想：即使是卖报纸，也要争取做出成绩来。但是令赵龙不解的是，卖报纸为什么还要写工作总结呢？这有什么好总结的？

事实上，赵龙真低估了卖报纸这份工作，报纸远远没有他想象中的这么容易，而工作中也确实每天都有可以总结的地方，有的是感触，有的是经验，可说的话很多。两个星期的卖报纸体验，竟然奠定了赵龙未来从事数据分析行业的基础，给了他寻找源头的思考习惯。

起初，赵龙只是站在街上，手里拿着一份报纸，朝来往的人群招呼，“卖报纸了，看报纸了。”声音极不高亢，甚至还有点怕被别人听到的感觉。

原因很简单，一个大学生跑到街边卖报纸，心理上多少有点包袱，放不开。第一天，赵龙和所有同伴一样，成绩很不好，草草收场。在第一天的总结里，赵龙写上：心理负担太重，拉不下面子，要改！

过了两天，大家很快都适应了这个工作，不再觉得没有颜面，还有人在每天早上领报纸的队伍里大声地自言自语："卖报纸怎么了，有啥丢人的，又没偷没抢，劳动人民最光荣！"渐渐地，大家都比较放得开，但是成绩依然平平，每次工作结束后，大家都会凑在一起讨论一下，主要是分享各自的经验，什么地方人流多，什么样的人爱买报纸，要用什么样的语气吆喝之类的。赵龙也在其中，他每次都认真听大家的讲话，然后回去积极地写总结。

就这样磨合了一个星期，赵龙的成绩有了显著提升，这源于他找到一个对的地方，北辰桥那边的天桥上总是有很多白领来来往往，相对于其他地方，报纸更容易销售出去，赵龙也是尝试了很多地方才找到这样一个宝地，起初赵龙为了多卖几份报纸，总是从早到晚在外面四处奔波，在地图上方圆几里重要的办公区域全部划上红圈圈，轮番走一遍之后选择了北辰桥。并且赵龙发现，自己没有必要一天都耗在这里，最好的时间段其实就是早高峰，只要踩准了时间点，在大家上班的路上驻守，报纸很快就卖得差不多了。如果没有卖完也不用担心，回家休息一下，下午下班的高峰期再来，一准能卖光。

经过两次实践，赵龙成功地完成了任务，还有了更多休息的时间。并且在与顾客交谈的过程中，他掌握了更多的规律，什么样的人喜欢买《商情》，男的还是女的？什么样的打扮？匆匆赶路的人似乎不会买，而步履太悠闲的人似乎也不是重点客户，而那些正常速度的上班族才是最有可能买报纸的人，尤其是在路边摊等着买早餐的队伍里，大家往往会愿意拿出零钱买份报纸边看边等。虽然这份工作赵龙做的时间并不久，但竟然也积累了老客户、熟面孔，这都要归功于赵龙与人交谈的技巧，话不能太多，也不能不说，投其所好地讲两句，给人留下好印象，下次自然还会光顾。

赵龙觉得这份工作其实很有意思，表面上卖报纸，实则包含了很多学问，例如市场研究、统计学、心理学、记忆力、沟通技巧、时间统筹管理等。赵龙终于明白为什么慧聪网让他们边卖报纸边写报告了，这真的是一项很锻炼人的事情。同时，赵龙也因此对观察、研究人的行为和思维产生了很大的兴趣，他觉得这似乎可以总结出一套理论，套用在其他各行各业，帮助他们提升销售额，提高收入，就像一双慧眼，洞察到市场的奥妙。

8年升8级

完成了轮岗任务后，赵龙正式成为一名助理研究员，在慧聪网研究院从事市场研究的工作。当时慧聪网在业界有相当响亮的声誉，除了行业资讯以外，那时候也会有一些企业需要较深入的行业分析，于是就有了市场研究业务。

20岁出头的赵龙，可谓意气风发，在北京这个大城市里，和很多同龄人一样，怀抱着梦想跋山涉水离开家乡，成为了早期北漂的一员。现在回想起来，那段岁月是赵龙感觉最轻松的时光，每天心里只有一件事，就是努力上班，尽可能地升职加薪，改善个人生活。当时北京的物价虽然没有飞涨，但是工资也低，每个月拿980元工资的赵龙，过起日子来还是很会精打细算的。这可能与他从事的职业有关——市场研究。这是一项需要静下心来、细心钻研的工作。

赵龙跟女友虽然是同事，但平时见面的机会却不多，因为各自工作都很忙，加班是常有的事。有一次，赵龙为了做一个联想的业务方案加班到很晚。中间因为一个问题，需要打电话给客户确认，看时间已经接近零点，赵龙犹豫了一下，决定给客户发个消息，以免过分打扰。结果没想到，客户也在公司加班，看到赵龙的消息，竟然秒回了短信。自此之后，赵龙认真的工作态度给客户留下了深刻的印象，当然，赵龙也意识到，甲方也有甲方的难处，每个人都需要对自己的工作负责，而作为一个咨询服务工作者，更应该站在客户的角度去考虑问题，只有解决根本的业务需求，才能让客户真心信任你。

慧聪网研究院是慧聪网的一个事业部，大约有50位研究人员，里面不乏年轻人，也有经验丰富的前辈。赵龙来到这个部门时，部门已经成立6年，这期间的业务属于稳中求胜，没有低谷，也没有高峰。乍看起来，是份稳当的养家糊口的差事。然而，赵龙心里却没有因此而失去热情与斗志，他每天比别人来得早，走得晚，虽然起初很长一段时间里总是默默地工作，没有过多的存在感，但是心里的想法却是一时一刻都没停下。他没有选择在入职的热情退却后混日子，在和客户沟通的时候，他总是细心地观察揣摩客户说的话。

联想是赵龙起初唯一的客户，一开始也只有几万元的订单，谁也没有想到，赵龙就是这样一点一滴，用了几年的时间，把联想做到上千万的订单量，第一年汇报工作的时候，赵龙就给了管理层一个惊喜。他不仅将联想的客户服务得很好，还拓展了行业内的其他客户，惠普、戴尔等都被赵龙敲开了门。在总结大会上，赵龙给大家分享这一年的成功经验，他说自己其实没有做什么了不起的事，只是把每一件事情尽量做到最好，他觉得自己每一天的工作都有收获。是啊，机会都是给有准备的人。赵龙就是喜欢凡事刨根问底，把握细节，勤于思考，而不是得过且过，这就是他能够在新员工中脱颖而出的原因。

听了这样的总结，郭凡生也很激动，他亲自决定给这个初来乍到的小伙子一次升职的机会。从此以后，赵龙不再是级别最低的员工，并且很快凭借自己的勤奋努力连升三级，当上了研究经理。这么年轻就当上研究经理，很自然地在慧聪网成为大家关注的焦点。

为了庆祝自己的努力得到回报，赵龙拿着积攒的工资，给女朋友买了一部最新款诺基亚手机，现在的他回想起当时的场景依然觉得无比满足。自此以后，从研究经理到研究所所长，再到研究院副院长，赵龙用 8 年的时间连升 8 级，将自己从一名打工仔晋级成为高层领导，一路顺风顺水，当然这也离不开他多年如一日的奋斗。

得到如此成绩之后，赵龙依然勤勤恳恳地奋斗在自己的岗位上，不敢有半点骄傲和马虎。他在北京买了自己的第一套房子，虽然不大，但却是一个温暖的家。刚刚搬进去的时候，赵龙总是喜欢在夜深人静时静静地站在窗边，思绪万千。有一次，他望着北京的街道，已经过了夜间 12 点，但大街上依然车水马龙，他回忆起自己初到北京的情景，那时生活真的很辛苦，为了节省开销，赵龙在回龙观租了间小平房，只有 20 平方米。冬天没有暖气，夏天蚊子多。

赵龙还记得 2000 年跨年的时候，因为是千禧之年，街上到处都是庆祝跨年的队伍，男男女女熙熙攘攘，热闹非凡，时不时有人跳起来，或者呼喊着什么。那是赵龙第一次来到王府井，他也在队伍里兴奋地笑着走着，他觉得自己真幸运，可以在北京这样的城市里工作生活，但是下一瞬间他又悲从中来，自己什么时候才能闯出一番事业，真正地在北京立足呢？多年过去了，赵龙还时常想起那天跨年倒计时的场景，所有的人都抬头仰望着广场上的大屏幕，仿佛即将经历一个神圣的时刻。5、4、3、2、1，当时钟敲响进入了2000年，人群一下子沸腾了，世界也仿佛一下子焕然一新，整个大地都在震动。赵龙激动地和四周的陌生人相互拥抱，问候新年快乐，但是广场上的声浪太大，每个人的声音都被淹没其中，即使扯着嗓子喊也无济于事，而就在此时此刻，赵龙却清清楚楚地听到自己内心的呼唤，有一个声音在对自己说：加油！赵龙，一定要在北京混出个模样来。

后来赵龙回忆自己当年的经历，总是说："我是幸运的，真的是幸运的，一开始就能够在慧聪网这样的平台学习，遇到了很多贵人，才有了机遇。"当上副院长并没有让赵龙自满，他在心里默默绘制着事业的蓝图，等待着幸运女神的再次眷顾。

HCR 慧辰资讯掌门人

在2007年时，身为慧聪研究院副院长的赵龙，掌握了慧聪研究院超过70%的业务和收入。当时的院长性格偏保守，赵龙的很多想法得不到太多的支持，内心时常有些沮丧。

而就在此时，慧聪国际的接班人、慧聪创始人郭凡生的侄子郭江，看出了赵龙的创业冲动和野心，在2008年1月的时候，郭江干脆把赵龙正式任命为院长，让他独自挑起慧聪研究院的大旗，并承诺给其股份。

股份，这个词因为郭江的一番话深深扎根在赵龙的心中。此前自己只是想将业务做好做大，没想过成为公司的股东。这个词似乎离自己很远，但如今，却也似乎不是不可能。人的一生，重要的机遇没有几次，抓住一次就能改变一生，此话一点不假。想到这里，赵龙陷入了深深的沉思，一定要拿到股份，不仅要拿到股份，还要让和自己一起奋斗出来的弟兄们也享受到这项福利，只有这样，大家才能拧成一股绳，继续跟着自己干。

而对于承诺的股份，当时的赵龙也是有自己的目标。他跟郭江表示，希望自己和管理团队能够持股20%。但赵龙也很清楚，如果还在上市公司慧聪国际的母体内，这个目标很难实现，必须要先把慧聪研究的业务独立出去，再让外部资本进来才可能有机会。但如何独立，其实赵龙还没有具体的计划，也只是停留在想法上而已。

但是命运就是这么有趣，很多事回想起来如同写好的剧本，总有那么一两个看似巧合的事情发生，推动剧情进展。

在那段时间里，赵龙第一次完全独立负责研究院这块业务，身上的担子一下子重了不少，虽然股份的事还是在他心头盘旋，但是处理好眼前的工作成为他每天的重心，暂时只能先把这件事搁置下来。

突然有一天，赵龙接到一个电话，电话那头的人声称是著名的美国企业邓白氏集团的，对方开诚布公地说想和慧聪研究院谈谈合作，怀着半信半疑的心情，赵龙答应下周在办公室与他们会面。这期间，赵龙设想过各种合作的可能，但是他没料到对方早已有备而来。

成立合资公司。这简直是天赐良机。当邓白氏的管理层抛出这样的橄榄枝，赵龙竟觉得自己仿佛一直在为这一刻准备着。剧情水到渠成般地照着赵龙的期望演变，郭江同意先成立合资公司，过一两年再把股份划到赵龙和他的团队名下。

2008 年 12 月 1 日，合资公司成立，慧聪和邓白氏各占 50% 的股份，赵龙担任总经理。一时之间，慧聪邓白氏合资的新闻铺天盖地，团队的整合，业务的梳理，让赵龙在之后的几个月里忙得昏天黑地。

邓白氏集团是国际著名、历史悠久的企业资信调查类的信用管理公司，就其规模而言，堪称国际企业征信和信用管理行业的巨头。慧聪研究院的每一个人都没有想到，在研究院成立 15 年之后，能够迎来这样大的喜讯。虽然这几年公司业务发展迅猛，但是被国外的大企业看中还是让很多人感到震惊。邓白氏公司于1841年在美国成立，是世界著名的商业信息服务机构。总部设在新泽西州的小城 Short Hills，有 170 多年的历史。赵龙经常和他的员工开玩笑说："我们不用 170 年，再过 10 年，我们就可以考虑去海外并购公司了。"

在邓白氏集团任总经理的期间，赵龙深刻地体会到在外企上班的感觉，出门必住五星级酒店，动辄商务高尔夫会面，赵龙越来越清晰地意识到，只有自己真正变成公司的股东才能抓住市场研究行业给中国企业的机会。而此时的他一边耐心地等待"股权"的靴子掉下来，一边做整合、做收入，到 2011 年，合资公司营收已超过 1 亿元。这样优异的成绩成为赵龙与双方大股东谈判的资本。

想想自己，从一个刚毕业的大学生，一下子面临与中外两大企业老总谈判的局面，短短不到10年，赵龙不禁感慨万千。机会总是给有准备的人，这一次，赵龙觉得他准备好了，他不知道他人生中一次相当重要的谈话即将开始，而此时打定主意全力以赴的赵龙，犹如武侠小说里的侠客，孤身上阵。

其实在这次谈话之前，赵龙已经尝试过和双方沟通股权的问题。慧聪因为郭江之前的承诺，加上对赵龙业绩的肯定，是站在赵龙这一边的，但邓白氏那边不同意，他们希望赵龙贡献更漂亮的财务报表，然后再来谈。

但没过多久，邓白氏集团亚太区更换了负责人，邓白氏在中国的业务有了新的战略定位，整体偏保守和收敛，这是一个机遇，赵龙隐隐觉得这次一定能成功说服他们，将股权揽回来。

“那是一个晴朗的周一早晨，”赵龙回忆说，“走进会议室大门，我先是和双方寒暄了一下，落座后没有浪费时间，直接谈到了股份购买计划，以及邓白氏后续的退出方案。”

邓白氏的老大是个美国人，在听翻译说到赵龙关于退出方案的设计时，眼睛一亮。随后，他仔细翻看了退出计划，提到了几个细节问题，几乎没有任何迟疑地就答应了赵龙的计划。

赵龙知道，一定会是这样的结果，因为他在做整个计划的过程中，一直秉承着一个想法，那就是对每一位投资人负责，才能有投资的后来者。

邓白氏签署协议之后，老郭总和小郭总走到赵龙身边，说要跟他再开个小会，有重要的事情跟他谈。赵龙一惊，事先也没听到两位提出什么其他的想法，这煞有介事的模样让他感到一丝不安。然而，也就是这次谈话，成为赵龙未来事业蓬勃发展的一个开始，成为他人生中最重要的一次谈话。

会客室很小，一张沙发，两把椅子，一个茶几，茶几上摆着一壶刚刚沏好的茶，还冒着热气。阳光把屋子照得很明亮。老郭总和小郭总神情泰然自若，反而显得赵龙有些紧张。

老郭总先开口：“赵龙啊，公司发展到今天很感谢你，这一次的邓白氏股份购买计划也做得很到位，10年前我没看错，你是个有野心的孩子啊。”赵龙听了这话心里直打鼓，不太明白这开场白是什么意思，不过这么多年和两位郭总相处下来，彼此的关系早就已经胜似亲人，所以赵龙对两位郭总向来是坦诚相见，也没什么好拐弯抹角的，更何况大家都是内蒙古老乡，说话做事都是果断直接的个性。

“郭总，您有什么想法可以直接跟我说。”

“这样吧，”郭总抬起手在桌子点了点，“这件事你想干，你就一步到位做大股东，既然封王就封你做真王。”这让赵龙大吃一惊，他见过打工打成股东的，但没见过能打成大股东和实际控制人的，这个馅饼砸下来差点没把他砸晕了。

看赵龙半天没说话，郭江顺势给出了他们给赵龙准备的股权激励方案，这样看来，两位郭总是早有准备，这下赵龙是真的相信自己刚刚不是做梦了，这是一个对赌计划，成与败都取决于自己，今天来谈判赵龙做了充足的准备，却没有料想到会有这样更艰难的抉择出现。该怎么办？答应还是拒绝？赵龙觉得自己从来没有那么难以抉择过。

郭江的计划是赵龙拿出几千万元控股公司，两位郭总再拿出几千万元购买一部分股份，其他管理团队购买剩余的股份。现在回想起来，赵龙认为这种方案是最好的：“这个事要成，必须靠我和我的管理团队，就应该把最大化的利益和责任都给我和我的管理团队。如果这事我干得好，我就是最大的受益者，如果我干不好，我也承担最大的风险，因为我投入最多。”赵龙认为，郭凡生 2008 年开始做股权激励培训，对于如何用股权激励推动公司前进有深度的认知。

被逼到那个境地了：敢不敢对赌一把？赵龙在心里问了自己好多遍，眉头紧锁，他甚至有一瞬间回想起自己当年来北京时的豪言壮语和一腔热血，有一个声音一直不断地鼓励他去试一试，他知道那是自己内心的呼唤，既然这样，就遵从自己的心，没什么好怕的，想想这十年的奋斗，赵龙变得自信起来。

一口答应下来之后，两位郭总相视而笑，以他们驰骋商界几十年的独到慧眼，他们坚信赵龙会带领公司越战越勇，成就一番事业。

然而刚刚答应下来，赵龙又露出了为难的表情。他说：“自己的钱不够，刚刚一心想着怎么做选择，竟然忽略了钱的问题。”

然而两位郭总对这位在慧聪奋斗了十来年的老乡也十分信任，他们说，可以借钱给赵龙，只要赵龙承诺，等他持有的慧聪期权涨到相应的价格卖掉还上，而不是到时候把期权套现跑路，不管现在这摊业务。

赵龙说，没问题。

就这样，MBO（管理层收购）之后，赵龙成了大股东，慧聪网的行政总裁郭江、主席郭凡生以及另外几位管理成员持股剩余的部分。2011 年 12

月 1 日，赵龙荣升成为 HCR 慧辰资讯的真正老板，慧聪研究正式更名为 HCR 慧辰资讯，公司遍布北京、上海、广州，总员工人数达到 400 余人。随后，赵龙开始描绘公司的未来版图——研究与技术结合，收购公司，引入资本。

说到市场研究行业这个细分领域，在国外有很悠久的历史，但是在中国，市场研究起步相对较晚。起源于慧聪研究的 HCR 慧辰资讯，从 20 世纪 90 年代初就专注于做市场调研，算是最早一批国内调研公司之一。

怎样看待市场调研这个行业，赵龙有自己的看法："其实市场调研行业在中国还是有历史的，应该说它的历史比互联网更长一些，在国外，市场调研是非常传统的行业，早期宝洁、联合利华和其他一些大型跨国公司进来以后，市场调研在中国市场就有了很好的发展基础。"

在 HCR 慧辰资讯建立后的最初几年，签单和收入是赵龙最看重的。能够拿到更多的项目，拓展更多的客户，对于公司来说在当时比什么都重要。

因此，赵龙在夯实原有业务的基础上，开始寻找新领域的合作机会，相继并入上海 DNA、上海汇知意德公司等行业相关的企业。很快，公司累计客户数量发展到 240 余家，业务覆盖通信、奢侈品、医疗、汽车等行业。

其中最主要是消费行业，包括汽车等耐用消费品，数码、电脑、彩电、冰箱等 3C 科技类固定消费品，以及化妆品、牙膏、牛奶等日用消费品。据悉，公司在消费类行业每年有 400 到 500 个案例的积累。像联想、海尔、奔驰、联合利华、戴尔等前十位的客户每家每年为 HCR 慧辰资讯带来 500 万到 1000 万的收益，所有客户的平均值在 80 万左右。在这个领域里，可以说是非常可观的数字。

"市场研究这个行业在中国每年有超过 10% 的增长，目前大的市场研究公司的份额加起来也就 20% 多一点，行业最大公司的份额也不超过 10%。这意味着 70% 以上的市场还是小公司在做，且较为分散。"赵龙觉得市场还是充满机遇，随着业务面的扩展，HCR 慧辰资讯能够很快在业内拥有一席之地，甚至超越海外百年以上历史的大公司也完全有可能。

此时，赵龙的新目标是把 HCR 慧辰资讯做成世界级的市场研究公司。对此他充满信心，因为他预判，随着中国本土企业的崛起，外企的式微，外企市场研究公司迟早要被本土公司超越。赵龙认为中国市场研究行业依旧存在很大潜力。他怀揣着这种民族自豪感，对他的员工侃侃而谈。

在赵龙任 HCR 慧辰资讯 CEO 的第一年，他就遇到了事业上最重要的合作伙伴之一——刘晓葵。刘晓葵当时是 IPSOS 的副总裁，在市场研究领域里很知名，这个行业的很多方法论都是出自他手，而在当年，在外企任高职的刘晓葵正在为自己未来的职业规划做着谨慎的打算，在一次工作机会中，赵龙结识了他。两个人相谈甚欢，把酒论人生，刘晓葵是南方人，赵龙来自北方，但是两个人在事业上的很多见地相同，这让两个人的交谈异常愉快。赵龙是个敏感的人，在字里行间中他猜测到刘晓葵可能正在面临一些跳槽或者创业的机会，他想如果能够把他挖过来，对于慧辰来说可是一件大好事，但是又不方便直说。

经过那次把酒言欢后，赵龙又约了刘晓葵几次，对他也有了更深的了解，后来赵龙决定直截了当摊牌，承诺刘晓葵如果一同来公司创业，则可以分一笔股份给他，相当于半创业，风险降低，利益更大。刘晓葵听了赵龙的建议，也不禁动了心，看赵龙是个诚恳讲信用的人，未尝不可一试。最终，刘晓葵经过慎重的考虑，还是接住了这个橄榄枝，来到 HCR 慧辰资讯担任 COO。

并购公司，挖掘人才，赵龙一刻也没闲着，他在广州、上海设立的分公司也日益壮大起来。为了让分公司的同事能够更多地了解公司、了解他，他经常南下出差。他组织内部宣讲会，去上海、广州给当地员工做内部培训，将自己的想法亲口传达给每一位基层员工。虽然做领导已经很多年，但是赵龙一点架子也没有，如果不是出席正式会议要求，他平时几乎不穿正装，衬衣牛仔裤是他的标配。

他和员工一起吃饭聊天，鼓励大家畅所欲言。在宣讲会结束的很长一段时间里，外地的员工还经常发邮件给赵龙，向他提出自己的看法和意见。赵龙都很耐心地一一作答，他很坚持自己的这种管理风格，不喜欢虚无缥缈的东西，原先只有慧聪的老员工称呼他为“龙哥”，现在全公司都喜欢这么叫。连新来报到的实习生都知道公司里有个龙哥，人很好。

然而，在发展过程中，也会面临很多问题，例如公司团队不断扩充。人一多，地方就不够用；人一多，就需要更高的收入来发工资；人一多，文化就成了头等大事。怎样把大家都调整到一个频率，赵龙觉得，价值观很重要，归属感也很重要，然而，这些都成为公司从小到大发展过程中必须要面临的问题。

有一次，人事行政总监 Kelly 来到赵龙的办公室，她告诉赵龙，因为公司近两年团队不断扩充，考虑到未来一年的招聘计划，办公区恐怕已经容不下这么多人集体办公。听到这话，赵龙才突然发觉，原来自己只顾做业务和并购公司，竟然没有注意到如今公司的规模已经是从前的好几倍，从玻璃窗望出去，有很多陌生的面孔。

自那次以后，HCR 慧辰资讯就搬家到酒仙桥路的一个 LOFT 里，工业风的 LOFT 是当时时髦的装修风格，天花板全是裸露的空调、电线和管道，很有范儿。但是，如何将工业风的冰冷感去掉，让大家在工作环境感受到家的温暖，赵龙和公司的后勤部门也着实费了一番心思。

“我们需要让专业的人做专业的事。”赵龙觉得一定要请懂企业文化建设的人来设计打造，不能自己拍脑袋想。

于是，公司请来了专业的企业文化建设公司，在经过一番磨合与沟通之后，为 HCR 慧辰资讯设计了一套完整的企业文化体系。从理念精神，到环境设计，再到制度价值观等，完全规范化。

如今 HCR 慧辰资讯的办公区主要以蓝色和灰色为主，开放式的办公区，一排排 LED 方形吊灯简约大方。另有休息区、休闲区和很多形式各异的会议室。员工在这里可以购买零食、健身娱乐、参加各种员工生活文化培训。公司还为员工准备了免费的早晚餐、下午茶，让大家在工作之余有了更多美好的体验。这也是赵龙希望看到的，是他理想中公司的样子。

有时赵龙在想，公司一定要有激励员工的方法，让他们的努力不会白白付出，也让公司能够留住这些人才。毕竟，这些年来，HCR 慧辰资讯不仅迎来了很多有经验的从业者，同时也培养了很多从校园走出来的年轻人，将他们一步步变成专业的分析人才，赵龙希望用更好的未来规划给这些人希望，让他们能够得到更多的财富回报。

有一次开大会，公司一位业绩优异的高层管理者发言。他说最近部门里走了两个年轻的下属，让他很有感触。第一位已然是一个优秀的数据分析人才，大学毕业就在公司，培养了 3 年，已经初露端倪，做过一些成功的项目，很有潜力，前段时间突然提出离职。追问之下才知道是员工的母亲生了重病，需要钱，所以这位员工只能去找薪资更高的工作解决燃眉之急，虽然对公司很有感情也不愿意放弃本职工作，但是经济的压力确实无法负担。

另一位员工是一个大学毕业生，来公司不到一年，在当时所有的实习生中，这名员工悟性最高，工作态度也最积极，但是前段时间也是提出了离职。坐下来聊过之后才知道，这名员工要离开北京回老家生活，刚毕业的学生，薪资待遇难以支撑北京高昂的生活费，所以课余时间还要做兼职，便有了回老家的想法。之前犹豫了很久要不要提，结果在一个加班回家的晚上，在超市买酸奶的时候，在两种相差1元钱的酸奶中间犹豫不决，员工称自己突然就下定了离开北京的决心。

讲到这里，这名管理者语重心长地说，对于这种有潜力又认真做事的年轻人，当他们要离开的时候，真的让人觉得很痛心。所以希望公司能够为这些人提供更多的生活帮助和建立更有效的福利体系。

听到这里，赵龙也不禁陷入沉思之中。

赵龙从打工仔一路走到现在CEO的位置，是典型从基层做起来的，所以他认为自己比别人更能体会这些基层员工的感受。为此，他创建了股权分享激励体制，让与公司共同奋斗的这些努力优秀的人才都能一定程度地持有股份。这个制度一下来，在员工中掀起了波澜，毕竟从纯打工到自己做主人的感觉，赵龙自己也是体验过的。

要说财富自由，赵龙早就自由了，但是他认为人生的意义就在于你还有梦可做。曾经有人给赵龙讲了一个故事：

一个渔民在海边晒太阳，一位商人走过来对他说："天气这么好你为什么不去捕鱼呢？"渔夫说："先生，捕鱼干什么呢？""捕鱼你就能挣很多钱啊！"渔夫说："挣钱又为了做什么呢？""挣钱你就可以买一艘更大的船""先生，买大船又做什么呢？""这样你就可以打更多的鱼，挣更多的钱。""那又能怎么样呢？""这样你就可以像我这样，在海边晒太阳。"渔夫说："先生，我现在正在这样做呢！"

读完这个故事，很多人也许都会觉得渔夫说得对呀，渔夫很有智慧，理解了生活的真谛。我们努力挣钱不就是为了享受生活吗？而渔夫不需要努力，就已经在享受生活了。

然而，当赵龙听完这个故事之后，他笑了笑对他的朋友说："渔夫和商人晒着同样的太阳，却体会了不同的人生经历，人生的选择没有对错，只取决于你认为什么更有价值。"

在赵龙的心里，没什么比把HCR慧辰资讯做成行业领头企业更有价值。

功夫不负有心人，转眼到了2014年，HCR慧辰资讯荣升为中国市场调研行业前五名的企业，与其比肩的全是拥有100多年历史的外国公司，例如尼尔森、益普索、捷孚凯等。在本土的市场调研公司领域里，HCR慧辰资讯当数第一位。

世界级数据智能公司

随着HCR慧辰资讯日渐壮大，赵龙内心的感触也越来越多。他开始读王阳明的书，王阳明在《教条示龙场诸生》中写明，圣贤之路，唯有四事相规：（1）立志："志不立，天下无可成之事"；（2）勤学："不以聪慧警捷为高，而以勤确谦抑为上"；（3）改过："不贵于无过，而贵于能改过"；（4）责善："朋友之道，忠告而善道"。

赵龙坦言："在奋斗的路上，自己也会有沮丧失落，甚至想要放弃的时候，但是一想到明天，想到跟自己一起奋斗的兄弟们，还是决定振作精神，勇往直前，毕竟未来会更美好，付出一定会有收获。"

接下来的路该怎么走，赵龙认为，坚持专业化是企业发展的根本。把业务做大、做稳、做扎实，企业的路才能越走越宽。这就如同一棵参天大树的生长过程，在我们能看到的画面里它枝叶茂盛，笔直挺立地伸向天空，而在我们看不到的地下部分，它的根茎更是延伸到地层深处，牢牢地抓住泥土吸收养分，如果我们有一双透视的眼睛，就可以发现树木的生长是双向进行的，根稳固了，才无畏风雨。

然而不久后，一次有趣的邂逅开启了赵龙事业的新巅峰，一切来得太快。

一次偶然的机会，赵龙在朋友的建议下，参加了去往以色列的创业考察团，目的是了解以色列先进的科学技术，看看能否运用到传统的市场研究工作中。

在这次创业考察项目中，赵龙认识了后来跟他成为朋友的另一名创业者。这名创业者之前一直任职于美国谷歌公司，专攻人工智能的图像处理技术，近期打算回国创业。赵龙被分配到和他同屋，夜里两个人在倒时差之余开启了一段有趣的科学探讨。

据这名创业者描述，人脸识别技术应该在不久后会广泛应用于商业领域，到时候零售行业可能会有翻天覆地的变化，例如人们付款不再需要任何支付手段，而是直接刷脸就可以。摄像头背后的算法可以直接识别出年龄、性别、体貌特征等标签，国际上早已经将这项技术用于刑侦、安防等领域，未来商业领域也会拓展出很多玩法，但是据他所知，现在还没有一家技术公司可以深入到商业领域的具体场景中。

听到这里，赵龙脑海里突然闪现出一些想法。他和这位创业者攀谈起来。

“大数据可以采集到每个进店客人的脸部信息，然后呢，这些信息用来做什么？”

“这个现在还没有具体的方案，暂时可以想到的是，比如知道哪些是老客户，老客户喜欢买什么，结账时可以恰到好处地推荐。”

“但是这个老练一点的营业员也可以做到，如果真的是熟客，总归会记住对方的一两点购物喜好吧。”

“是的，但是如果店很大，来的客人很多，营业员总是更换呢？一个人记忆力再好也有记错的时候吧，但是机器不会，算法不会。”

赵龙点点头。

“我倒是想到一些其他的用途。”

“什么用途？”

“我们做零售店相关的市场调研项目，时常需要计算客人在店里的路线，然后通过计算判断出不同种类人群的购买行为特征。我们还要根据他在柜台前站立的时间以及挑选商品的行为来判断出一些品牌客户想要知道的结论性建议。这需要大量的人力成本去做这件事，看似简单，实际上却需要耗费很多时间和精力。如果在店铺里布上这种人脸识别的摄像头，会不会能够部分替代人力，高效地完成工作任务呢？”

“对，我们甚至可以实时传回数据到后台，客户只需要登录系统就可以随时查看数据的变化、产生报告等。”

“如果能做到这一点，那就太棒了，但是这个摄像头成本高吗？”

“现阶段偏高一些，主要是实时传输和算法的成本，但是未来一定会解决这个问题，如果到时候你们如果采用了，应该会解放一批劳动力吧？”

“哈哈，对，未来什么高科技都有了，人类就都等着失业吧。”

这位创业者还给赵龙普及了很多当时最新的大数据、人工智能的科学知识，两个人欢声笑语地聊了半宿，想起来第二天还有考察任务，这才赶紧睡下。

这次谈话之后，赵龙迫不及待地想要把自己的想法当面和管理团队分享，回国后，他便召集公司的领导层，讲述了一下自己的所见所闻。

“市场调研的未来一定会面临变革，在漫长的发展过程中，我们凭借一点一滴的努力、人才技术的积累，摸爬滚打有了今天的成就。公司集中于做 B2B（企业对企业）业务，服务很多世界 500 强、中国 500 强企业，这类客户往往以产品化和技术化服务为主，他们对服务的要求更加严格。尽管慧辰在多年的调研经验中积累出一些市场调查的基本问卷，但光是卖这些问卷调查是没有意义的。因为每个公司都有自己的特点，所以我们也会作相应的调整，要与时俱进，才能不被淘汰。”

在会议上，赵龙激动地阐述着。

“其实，从 2012 年，就有一个词一直在我的脑海里回荡，这就是大数据。咱们公司的业务以市场调研和市场咨询为主，基于数据做出分析应用，对数据的分析和行业的洞察，和大数据分析有一些共同点。而大数据因为其形式的多元化和数据量的巨大，对技术的要求也会更高。所以，我明白短期内实现转型并不容易，但未来大数据一定是发展方向，尽早启动这块业务才能让慧辰持续走在行业的前端！”

赵龙看到所有人的脸上还有一些困惑，心想自己一定要坚定目标，这条路也许短期内看不到太大的成效，但是一旦走通，无论是对公司还是客户，都是回馈无穷。

“我们要做‘互联网 +’时代下的数据智能公司，我们要组建技术团队，研发大数据产品，和传统业务做融合。我们不仅要改变自己，还要引导客户接受新的工具。等我们把市场培育出来一些之后，最终我们要完善大数据的整套体系，从数据融合到分析和应用全部在一个平台上完成。真正实现一站式的数据智能解决方案。”赵龙说，“这势必会让我们开启一段新篇章，挖掘更大的潜力，并且，我敢打赌，未来无论是中国本土企业还是外资企业，咱们的竞争对手也都会朝着这个方向发展，这是迟早的事，先行动一定比后行动好！”

此时的赵龙感觉自己似乎又找回当年在慧聪对赌时候的热血豪情，虽然现在的一切还只是一个想法，需要很长时间的积累和实践，也许这不是一条平坦的路，但是却一定是正确的路。赵龙觉得，这次在以色列的灵感启发像是冥冥中注定一样。

一次漫不经心的闲聊，却给了赵龙以及 HCR 慧辰资讯一个全新的开始。

得到管理层的一致同意后，赵龙开始组建技术团队，吸纳大数据和人工智能方面的人才，重新调整战略，并且成立投资部，专门负责融资和并购的业务。

这个时候，赵龙遇到了他事业上的第二个重要合作伙伴——马亮。马亮是毕业于清华的博士，在遇到赵龙之前一直从事大数据和人工智能的研究开发，期间也服务了很多大型国企和外资企业，是一名很资深的技术精英，但是想要单干的想法始终在他心中酝酿。赵龙第一次见到马亮是在一次公开会议上，他看到这个人一副典型的 IT 男打扮，在台上讲话时露出做技术的人特有的专注精神，就很想认识他。当时赵龙正苦于寻找一位技术骨干，帮他把数据智能的目标加速实现，所以他每次遇到技术人才总要找机会聊两句。马亮与他之前见到的人不同，他不仅是一个踏实肯干的技术大咖，还是一个有自己想法、有创业热情的好青年。赵龙觉得自己在对的时间与他相遇，是上天的安排。同样没有经过太久考虑，马亮就同意加入慧辰，成为了 HCR 慧辰资讯的 CTO（首席技术官）。

随着技术部门的日益壮大，大数据的产品研发也如火如荼地开始了。赵龙带领着投资团队四处寻访先进的技术公司，寻找可以合作的机会，了解市场的行情。

在此期间，他接触了很多优秀的技术公司，赵龙发现他们大部分都有一个共同的特点。那就是这些技术公司的创始人普遍来自 IT 行业，他们虽然技术很牛，但是却并不清楚商业环境下甲方公司的真实需求。这就造成了闭门造车的窘境，很多公司的技术水平已经非常高，甚至远远超出商业领域的要求，但是做出来的产品系统，并不能直接运用到商业场景中去。而赵龙认为，HCR 慧辰资讯的优势就在于我们对于各行业商业场景的丰富积累，以及对于客户需求的精准把握，从这个角度出发去研发产品，势必会成功获取客户的认可。

在大数据这个领域接触的公司越多，就越坚定了赵龙要走这条路的决心。赵龙要将 HCR 慧辰资讯从一家传统的市场调研公司转型成为一家数据智能公司。从以前只是做小数据的采集和分析，变成大小数据结合的分析和应用；将传统的纸质报告变成互联网 SaaS 系统，客户可以轻松登录，一键获取所需。

随着大数据人才团队和技术资源的纳入，HCR 慧辰资讯的内部建设已经达到一定水平，而就在此时，客户对于大数据的需求也顺势体现出来，最早合作的是一家知名的汽车品牌，说起这次合作，还真算是事出巧合。

当时 HCR 慧辰资讯的大数据平台已经趋向成熟，但是因为合作的企业普遍都是已经合作了好几年的企业，新合作的企业也都是冲着慧辰资讯市场调研的名气而来，所以前期的产品推广遇到了瓶颈。要怎样才能让想来你这买苹果的客人改买梨呢？为了这个，公司也做了一些宣传和培训，但是收效甚微，毕竟谁也不愿意成为第一个吃螃蟹的人。

然而在一次签约的会议上，一个合作多年的汽车客户无意中向慧辰的研究经理吐苦水，说现在市场竞争压力很大，公司推出的新车型与同类别的竞争也是非常激烈，老板需要他们给出切实有效的营销计划，并且将结果记入到 KPI 考核中去，相比往年，这次的考验特别严苛，指标也非常高，整个团队都陷入低落的情绪中，却没有什么对策。

听到这里，研究经理提议说："要不然试试我们公司的 DIP 系统吧，现在是网络时代，想要了解新车型的目标用户，了解他们的心声，不通过网络大数据是不行的，我们的 DIP 系统可以抓取与产品或竞品有关的全部信息，通过自然语言分析技术，给客户呈现最全面的数据分析结果，如果配合市场调研的小数据分析，效果就更好了，无论广度和深度都能满足需求。"

客户听了之后很心动，很快就约慧辰的大数据团队开了一次详细的技术讨论会，慧辰用十分优惠的价格给客户做了一个方案出来。然而在实际工作中，因为是第一次正式服务客户，团队在时间把控上还是出了点小问题，险些误工，但是因为这是第一个大数据的单子，团队上上下下都对这次的结果充满了信心和期望，所以大家日夜加班，总算按时完成了工作。事后，客户表示非常满意，并立即决定签署未来 3 年的合作框架协议。之所以客户能够如此满意，说到底是因为慧辰如今提供给客户的不单纯是一份意见报告，而是一个实实在在可以提升客户收入的执行报告，可以很快看到收入的数字变化，这便是互联网时代对营销的新需求。

有了这次成功的经历，赵龙和他的员工们才算是真的吃了颗定心丸，看来这么多年的努力没有白费，公司的发展方向也是完全正确，这么快就已经有客户愿意为此买单了。赵龙决定加大宣传力度，让更多不同行业的客户接受我们的新服务。果然，没多久，一家知名的手机品牌就找到了慧辰资讯，紧接着医药的品牌、化妆品的品牌……各种各样的品牌都来了。

随着大数据项目的增多、技术团队的成熟，以及在实践中获取的经验，经过两三年摸索，如今的HCR慧辰资讯正式形成了“数据智能”的服务模式。在此期间，HCR慧辰资讯相继拿下了汽车、医疗、快消、教育、旅游等领域诸多大型企业的大数据项目，做得可谓风生水起，很快在业界掀起一股浪潮。传统的市场调研企业都知道HCR慧辰资讯现在玩的花样是越来越多，大数据领域的企业机构却认为HCR慧辰资讯是一家做大数据分析的新秀企业，能力不可小觑，合作的客户都是大品牌，让人艳羡。就这样，截止到2018年，HCR慧辰资讯已经获奖无数，成为了响当当的品牌。

与此同时，HCR慧辰资讯还加大了与政府部门的合作，从之前的市场调研业务，拓展为智慧城市的一揽子服务，政府大数据平台的搭建和运营、生态环境治理、安全生产、宏观经济等数据分析应用全部都有涉猎。

此时的赵龙也与之前完全不同，这几年的学习和熏陶让他俨然成为了大数据领域的“半个专家”，对于大数据的商业应用有了自己独到的见解，对HCR慧辰资讯的未来，他始终充满着希望和热忱。他相信，在不久的将来，HCR慧辰资讯一定可以成为一家受人尊敬的世界级数据智能公司，服务来自全球各地的客户，成为中国人的骄傲！

在最近的一次采访中，记者问赵龙：“您觉得人生的意义在于什么？”

赵龙说：“每个人对人生都有不同的体会，这与你的阅历有关，意义自然也不同。对我而言，可以用一个词来回答：知行合一。这出自我最近在读的王阳明的一本书，所谓知行合一，就是遵循内心的良知，便能达到宁静于内、无敌于外的境界。知行合一并非得自顿悟，而是在磨难中不断反思、修练，最终得出的一种生命境界。这也是我自己很推崇的人生观，我希望在不久的将来，我和我的团队能够共同分享公司成功上市的喜悦，觥筹交错之际，感慨一路走来的点点滴滴。金钱并不能让人生变得充盈，真正的财富来自内心，在有生之年和一群志同道合的人一起做一件事，从而改变世界，还有什么比这更让人向往的呢？”

把几块钱的粥卖到5个亿的女掌门

——嘉和一品　刘京京

“要让到店吃饭的每一位顾客都能像回家吃饭一样安心放心。”这是嘉和一品创始人刘京京经常和员工说的一句话，也正是这样的初心与坚守让这位餐饮行业少有的“女掌门”把几块钱的粥卖到5个亿。

《孙子兵法》云：“践墨随敌，以决战事。”即是要根据市场情况的变化、顾客的需求变动等一系列现实情境的改变而随时调整自己的经营方略，以此保证企业的生存和长足发展。而这位业界的女企业家在经营过程中针对核心消费者的变化自内而外地灵活应变，紧跟时代的浪潮，无不是对此法的践行和现代化诠释。除此之外，嘉和一品这艘餐饮业之“舟”的掌舵人不仅经营有道，而且无论面临多么严酷的考验，都始终坚守“信誉为先”的准则，十多年如一日，专注熬好粥，亦始终秉持“嘉和如家，和贵天下”的理念，带领嘉和一品不断探索、精进，勇立于餐饮行业滚滚的竞争浪潮中，向更多人传递一碗好粥的温度。

在越来越多的商人选择用火锅、创意菜吸引消费者的时代，在北京，有一个卓尔不群、主打养生粥品的品牌总是出现在繁华商圈的街边，它就是嘉和一品。董事长刘京京是餐饮行业少数的女企业家，经营嘉和一品已经13年了，在刘京京的带领下，嘉和一品已经拥有门店160家，2016年的营业额突破5亿元。行业内有人说，这位女企业家好像有一套传自皇帝的秘籍，指引着她做最正确的决策。一路走来，在北京餐饮行业的竞争浪潮中，嘉和一品不但没有受竞争影响，近三年的营业额反而一直保持稳健增长。

始于19岁的创业之路

1992年，刘京京考入首都经济贸易大学学习贸易经济、企业管理，19岁还在上大学的她，就利用课余时间开始创业，自己做老板开礼品店，毕业时已经拥有了十几家店。

与此同时，她也希望到大型集团公司锻炼自己，刘京京进入中国国际期货经纪有限公司，还以优异的业绩成为了全国第一位女性期货基金交易员。

从事期货交易三年，刘京京在餐饮业中发现了商机，除了开酒楼，她还开过精品店、台球厅、书店、装饰设计公司……2003 年，成府路上不足 200 米的距离内，就有刘京京开的茶餐厅、陕西风味餐厅、网吧、美发店等十来个店。

沉重打击后诞生的专注经营

正当刘京京踌躇满志的时候，“非典”势不可挡地袭来，一下子，北京市所有人员聚集的场所全部歇业，其中包括她开的餐厅。电视机里天天播报着死亡人数的增加，没有人知道灾难什么时间可以过去，也无法预测她所有的买卖什么时候能够恢复。刘京京刚刚投资的几家新店几乎用光了她所有的积蓄，原本以为每天都会有更多的流水进账，因为猝不及防的停业，美梦瞬间破碎了。刘京京面对的是十几家店几百个员工每天的吃住开销和每天都在增长的房租和货款，怀里还有嗷嗷待哺的女儿。无奈之下，刘京京向别人以 10% 的月息借钱，承担员工的一日三餐，组织他们在店里看书、培训、做游戏。她仍一分不差地给员工发工资，供应商的款项也没有拖欠。关门一个月后，疫情终于得到缓解，各个门店相继复业了。刘京京终于扛了过来，虽然元气大伤但也不至于倒闭破产。

所有的路都不会白走。三年期货交易的锤炼和多年商海经营的成败让刘京京的内心更加强大，也让她学会了承担责任，学会了面临危机时该有的沉稳和冷静。这次非典的经历让刘京京意识到，必须把有限的资金和精力专注在一件事上，成功的概率才会更高一些。刘京京认真分析了中西式餐饮市场的发展和模式的优劣。她发现，随着人们收入的提高、生活节奏的加快，面向百姓的餐饮市场一定会越来越红火。而且，经过了非典的洗礼，人们一定会更加重视营养、健康。种种分析告诉她，应该开一家以健康养生为特色的、大家都能吃得起的餐厅。

刘京京从《黄帝内经》到宫廷御膳，查遍了药典古籍和药膳医方，发现自古以来，“喝粥”是最广为认同而又有效易行的食补养生之道。于是在 2004 年，她决定打造一个以养生粥为特色的品牌，在当时的北京，已有的宏状元、百粥乡等粥店培养了顾客到店喝粥的习惯，她就在清华南门开了自己的第一家粥点餐厅，取名“嘉和一品”。

■ 嘉和一品第一家店——清华店

旧经验指导新事业

“非典”时积累的诚信，使一些供应商甚至愿意以低于市场的价格给嘉和一品供货：“跟刘总合作踏实、没风险、不会赖账，就当是每月一份稳定的工资了。”

俗话说隔行如隔山，但隔行不隔理。不再跨界多种经营，但刘京京把原来做过的所有行业的经验、理念都应用在这个事业上。刘京京告诉自己：首先要放眼长远，正视现实，分析客观优劣，扬长避短，制订战略；然后，再利用科学的技术手段和方法，强化细节管理，从而提高效益。

2005 年，为了实现“百店一味”，刘京京在大兴设立了第一代中央厨房，开始进行标准化生产，但在执行的过程中产生了诸多难题。一方面，中餐的标准化生产远比西餐难度大，这给嘉和一品菜品的标准化带来了很大障碍；另一方面，当时国内很少有餐饮企业使用中央工厂标准化生产，而嘉和一品当时只有六家店，标准化生产之后，由于增加了人员成本和物流成本，原本盈利的嘉和一品又开始面临亏损。除此以外，推行标准化最大的难题是让人改变以前的习惯，员工多是常年直接凭经验在厨房制作的师傅，他们不习惯重量精确到克、时间精确到秒的标准化生产方式，当嘉和一品发展到20家门店的时候，当时的粥制作还没有完全实现标准化，大部分粥的熬制由店铺的粥档师傅来把控。在内部人员有些抵触标准化，外部激烈竞争的环境下，突然间，整个公司一半的粥档厨师提出辞职，一夜之间离开了嘉和一品。

因为竞争对手欲模仿嘉和一品的模式，挖走了嘉和一品的一位大师傅，结果师傅手下所有的徒弟都跟着大厨离开了嘉和一品。还好刘京京把控风险的前瞻性让她早已安排公司管理干部和门店其他岗位的员工也在菜品、粥品制作方面接受过培训，在关键时刻所有干部全员补充到粥档一线，成功顶替了离开的厨师，然后强化培训新人，渡过了难关。这件事更是让她下定决心生产环节绝不能过于依赖个人，更验证了标准化生产的重要性，从此，刘京京要求配方、底粥、菜品腌制都要在中央厨房进行标准化生产。

早在2002年，刘京京在清华南门开的茶餐厅就成了我国第一个为顾客提供无线上网服务的公共场所。因为刘京京以前做过期货交易员，又开过网吧、做过网站，她知道数据化、信息化系统可以让信息突破空间的束缚，所以她将嘉和一品打造成全国第一家全面实现信息化、远程管理的餐饮企业。

首先，流程化的管理。从选材、采购、订货、加工、配送、出品、反馈、质检全流程可追溯管理，实现最佳路径，每一步骤都有对应责任人，在流程化管理中，原本需要多人、多次的管理，变为信息化终端的统一管控，直接提高了出品效率和应急能力。从优化采购、加工、配送，再到餐厅终端，全过程ERP（企业资源计划）系统追随跟踪。

其次，精准化。嘉和一品自主研发的成本核算系统已经相当精准：材料的消耗可以精确到克，保鲜时间精确到小时。可以反馈到订货量，杜绝成本浪费。

最后，远程化。在总部办公室通过远程监控中心，可以随时看到各门店的运营情况，如顾客就座率、顾客点的菜品、人均消费等。通过这些原始数据可以分析出菜品排名，精准的数据分析也有利于营销及成本战略的管理。在门店里的屏幕上也可以看到后厨的监控视频。信息化还体现在OA（办公自动化）系统、文件审批、人脸识别等细节中。

但是全方位的信息化普及对很多老员工来说困难较大，他们对信息系统的使用有很大抵触心理，有的员工甚至选择离职，对此，刘京京颁布奖惩制度，对信息化执行到位的员工给予奖励，相反则淘汰。

在后来的 8 年时间里，中央厨房进行了两次更新迭代，如今，嘉和一品的中央厨房已经处于行业领先位置，也为其他餐饮企业代工生产食品，嘉和一品菜单上制作工序再复杂的菜品，也能在中央厨房进行部分或全部的标准化加工。

2009 年嘉和一品得到天津红杉等几家企业的入资；2011 年嘉和一品从上海云锋再获融资。到 2013 年，嘉和一品已经突破 100 家门店，年营业额达到 3.3 亿元。

降临在刘京京身上的致命考验

企业发展蒸蒸日上，而在这时，刘京京遇到了一个意想不到的致命考验。2013 年 12 月初，刘京京因为身体有点儿异常，到医院就诊，被要求做病理切片检查，当她一周后取完检查结果找医生询问的时候，医生竟然告诉她：“你这是滋养细胞肿瘤，转移最快的一种癌症。如果转移了，生命也就半年了，要马上开始化疗。”刘京京当时愣住了，感觉医生在跟她开玩笑，“电影里演的不是这样的，即使真是得了癌症，医生也会偷偷告诉家人，不会这样直接告诉病人的，这不是真的吧……”但现实却是，刘京京真的得了癌症。

当时留给她的只有两种选择和并不多的抉择时间。一种是进行化疗，需要较长的治疗时间；另一种是手术切除，但是风险性大，可能会有生命危险，如果切不干净还要进行二次手术。刘京京对当时陪伴她检查的丈夫说：“我不想让我憔悴的面容、病弱的身体影响团队的士气，所以，我绝不能化疗，我选择直接切除，要在能爬起来的时候，精神饱满地站在我的员工面前。嘉和一品永葆激情、奋勇拼搏的斗志不能散。”不用去医院检查的日子里，刘京京坚持工作，关于病情，她跟公司员工只字未提，甚至隐瞒着自己的家人。

手术前夕正赶上她的小女儿两岁生日，女儿哭着闹着想找妈妈，而刘京京并不想让女儿看到病房中的自己，无奈之下丈夫将女儿带到医院旁的商场买蛋糕。看着小女儿满脸泪水，一步一回头地被爸爸拉走的背影，刘京京的眼泪再也忍不住了，她觉得自己也许没有机会看到女儿三岁的生日了。这也是她知道自己得病后第一次流泪。在与生命赛跑的二十多天里，她顾不上流泪，脑子里想的全都是如果自己不在了，嘉和一品的未来该如何安排，而这二十天她竟然没有想过，没有了妈妈的孩子们，未来生活会是什么样。刘京京知道，孩子还有爸爸可以照顾，可是她难以想象嘉和一品如果没有她，会朝怎样的方向发展。与生命赛跑的时间里，对于嘉和一品未来的规划，她写了几十页纸，直到进入手术室的前一秒还在不断思考，她把写满未来规划的一沓纸留在了抽屉里，之后就被推进了手术室。

幸运的是，手术很成功，如今她已经完全康复了。丝毫没有耽误她的事业，她又重新扛起了嘉和一品的大梁。

针对核心消费群，灵活应变

大病初愈，刘京京只想一心一意地经营好嘉和一品，让企业的优质品牌形象在行业内根深蒂固，而外面的世界却在一刻不停地变化着。近年来，各种创意性网红餐饮品牌在北京层出不穷，单是 2016 年的人气餐饮品牌前 50 中，创新餐饮上榜比例就接近 40%，其中休闲餐最受欢迎。粥作为一种传统食品，在中国已经有几千年的历史，在刘京京看来，当细腻温软进入口中，方能体味“莫言淡薄少滋味，淡薄之中滋味长”，对于粥这种温润的食物，最初嘉和一品的店面采用了素雅的中式古典风格，可后来通过市场对比，刘京京发现传统中式风格并不能吸引太多的年轻消费者，而以“90 后”为主的年轻消费群正是未来餐饮消费的主力军，随着养生理念在时尚群体中的深入，为了扩大消费群，刘京京把目标锁定在喜爱时尚的年轻人身上，于是店面形象在 2013 年到 2014 年进行了翻天覆地的改造。

刘京京专门聘请了品牌设计公司打造了第四代店面形象，决定彻底改中式风格为小清新风格。对于这一尝试，员工们并不知道会对店面营业情况有多大改变，但是刘京京坚信自己抓准了市场，改造结果会有助于抓住核心消费群，这对企业未来的发展是至关重要的。

而长期大范围的店面改造使很多店面无法开张，这让 2014 年的销售额增长缓慢。于是对于维持营业的店面，刘京京在菜品上狠下功夫，目标同样锁定以年轻人为主的核心消费群体，让店铺从菜品到环境，自内而外地适应核心消费群。

菜品研发部门负责针对目标顾客进行创新研发，每个月都会开展新菜品品鉴会，品鉴的员工们给研发出的菜品打分，每次品鉴20道左右的菜品，而真正能通过刘京京这一关上市的最多只有两三道，其中大部分都已经过四五次的品鉴。

菜品研发总监王福建是四川人，研发了多道麻辣口味的创意菜，蜀都冒菜是他研发的辣口味创意菜之一，没想到上市之后受到广大年轻消费者的欢迎。餐厅每天一开火就会预先准备出二十份蜀都冒菜给外卖备用，随后还要准备二十份给堂食。

在王总监的印象中，有一道家喻户晓的家常菜——鱼香茄子，看似简单的菜品，他们当时却研发改进了不下三十次。为了让这道菜在市场中脱颖而出，他们在刘京京的要求下不断对比其他餐厅的鱼香茄子，根据品鉴的改进意见一次次在口味上进行微调。

刘京京经常和员工们说，要让到店吃饭的每一位顾客都能像回家吃饭一样安心放心。嘉和拌菜是嘉和一品菜单中的一道普通凉菜，对于原材料的选择，嘉和一品起初就选用一级品豆干，在菜品上市一段时间之后，刘京京偶然听说这种豆干还有特级品，她立刻要求采购部门改用特级品。当时员工们有些迟疑，因为从一级品调整到特级品意味着仅这一种配料，一年就会增加几十万的成本，而由于对品质要求近乎完美，要给顾客向家人一样用最好的食材，她坚持改用特级品。

事后，刘京京坦言，换成特级品之后，也许顾客未必尝得出太大的区别，在销售上也没有太明显差异，但是她认为对品质的坚守不关乎事情大小，而是一种诚心，丝毫不可以懈怠。

为了严把食品安全，刘京京要求嘉和一品采用保鲜期的管理方法，而不是保质期，即一个食材的保质期如果是7天，那么保鲜期也许是4～48小时，所有食材都会在生产时贴上时间标签，一经超时，马上废弃，从而确保所有食物都在最佳口感期内奉客。

几个月后，第四代店面改造全面完成，中式粥店摇身一变休闲餐厅，由于嘉和一品品牌崇尚“和文化”，谐音“荷文化”，因此荷花元素也被恰当地融入设计当中。讲究养生、注重清淡饮食、保持身材的时尚年轻群体果然被明亮大方的店面环境吸引，嘉和一品2015年的营业额实现了11.5%的增长。

企业信誉绝不能蒙尘

做企业如大海行舟，总是一波未平一波又起。2012 年嘉和一品贷款 1.8 亿元建设了 35000 平方米的研发及配送中心。2015 年年底，原本每年都很顺利的续贷突然需要增加一个房产证更名手续，但当时恰逢北京市住建委合并，暂停一切办理。这种突发情况导致刘京京必须一个月内还清 7000 万元贷款，如果逾期还款，将会直接影响嘉和一品的信誉，这也是刘京京最担心的问题，庞大的金额压得她喘不过气来，焦虑得 20 多天睡不着觉，得了严重的抑郁症。

刘京京彻夜难眠，身体状况也是越来越糟糕，站立五分钟都会颤抖不已。一贯清晰的思路似乎也在离她而去。一次去接女儿回家的路上，刘京京中途不得不把车停在紧急停车带，之前去过无数次的地方，熟悉得不能再熟悉的路口，她竟然不知道该往哪走。姐姐和弟弟强行送她去住院。通过药物治疗，睡眠状况得到了缓解。刘京京虽没告诉家人自己遇到了什么困难，但他们猜到可能是因为缺钱，她的母亲和姐姐在明知房价还将大幅上涨的情况下，毅然决然把房子挂牌出售，为了马上得到现金，她们的两套房子分别以低于市场价的价格卖了出去，收到的全部现金在第一时间给了刘京京。家人衣不解带、寸步不离地在医院看护她。后来她才知道，是因为医生提醒家属，抑郁症病人可能会有自杀的倾向。其实，刘京京从没想过自杀，因为如果她倒下了，这几千万元的贷款也许就真的无法还上，她也更放不下嘉和一品。刘京京想得更多的是该如何解决问题。终于，通过向朋友、家人借钱，她凑齐了还贷款的钱。刘京京最终凑齐 7000 万元，一个星期后，房产证也变更完成，新的贷款也批下来了，危机渡过去了，但家人的房子也再也收不回来了。

这次经历更是让她认识到：不是考虑了所有情况、没有犯错，就不会失败，就不会有风险。天灾人祸，不可抗力，时时都可能降临，而越当面临绝境的时候，才越考验你的品行、坚守。无论再难，我都绝不会失信、失去底线，不会碰触任何灰色地带，无论付出多大的代价，都绝不能让嘉和一品的信誉蒙尘。

外卖中的商机

随着移动端支付的普及和物流的飞速发展，2014 年，三大外卖平台崛起，手机点外卖已经成为国人新的消费方式以及餐饮商家们的重要盈利渠道，嘉和一品外卖的营业额也从 2008 年日均 15 万元左右，到 2015 年实现了 344% 的增长。到 2016 年，外卖的营业额占比高达 41%。

在铺天盖地的外卖竞争中，嘉和一品再次敢为人先，把外卖送到高铁上。2017 年 7 月，12306 平台与嘉和一品达成合作，嘉和一品入选成为第一批往高铁上送外卖的商家，乘客只要通过 12306 手机客户端下单，外卖便可在沿途站被送上高铁。以嘉和一品石家庄火车站店为例，2017 年 9 月的网络订餐外送收入占营业额的 10.5% 左右，每天石家庄火车站所有餐饮商家的高铁外卖订单量在 90 单左右，嘉和一品高铁外卖的日均送单数是 21 单。

刘京京认为高铁在外卖领域还是一片空白，市场前景是非常好的，有需求就有市场。今后刘京京还打算针对高铁订餐定向研发产品，她考虑到火车是一个封闭的空间，提供的菜品味道不能太浓郁而且要实现保温，她还细致地考虑到不要有太多的包装物，因为在封闭空间里清理垃圾毕竟是麻烦的。另外在旅途中需要吃一些软糯的、比较养胃的食物。嘉和一品将针对这些问题研发更多的高铁外卖套餐，还将改进在各个火车站的门店布局。

其实早在 2008 年，刘京京就嗅到了外卖的商机。她通过对写字楼附近商圈店铺的观察，率先启动了一个大胆的尝试，而这一尝试竟代替了 8 家店的营业收入。刘京京发现，店里用餐的顾客多是附近写字楼的白领，中午吃饭时间短，没有时间等，于是刘京京就考虑到了发展送餐服务的商机，减少因为没时间造成的客人流失。当年刘京京从订飞机票、火车票的订票话务系统得到启发，带领公司团队自主研发了 co-center 话务中心，开展网上订餐和电话订餐，每天可以有 15 万元的外卖收入，这个量相当于开了 8 家门店。

网络及电话订餐当时带来了可观的收益，可没想到的是顾客满意度却下降了。原来，外卖单数多了以后，由于送餐员要一单一单送餐上楼，送到后面客人手里的餐已经变凉且等待时间很长，尤其是在用餐高峰时段。同时，堂食也受到了外卖的影响，堂食和外卖之间产生了冲突。刘京京知道外卖送餐是商机，这个生意不能停，所以减少配送时间、物流成本，以及想办法保温，是最紧要的。刘京京就思考，可不可以有一个柜子，能把套餐提前做好之后放入柜子里，顾客按约定时间来取餐，而且取出来的套餐总是温度恰好能食用的。于是 2013 年，她找到格力公司，合作研发了一款智能设备——乐栈智能柜。这个柜子既能做到 60℃恒温保存，允许商家错开用餐高峰提前做好套餐放入柜子，又能使物流成本降低。2014 年投入使用后，嘉和一品外卖的问题迎刃而解。乐栈智能柜一直沿用至今，并作为三大外卖平台的外卖存储工具使用。

嘉和如家，和贵天下

企业文化是一个企业的灵魂、支柱，是企业在商海中航行的灯塔。嘉和一品非常重视企业文化的建设，始终弘扬“嘉和如家，和贵天下”的企业文化。

在员工眼里，刘京京除了有企业家精明干练的一面，对待员工也总能流露出女性温暖细腻的另一面。员工大部分都是外地人，他们漂泊在北京。刘京京希望能够给他们一种安全感、温暖感，把员工当作自己的家人来对待，因为自己也曾经一个人支撑一家小店，她能设身处地地体会员工的辛苦与难处，力图为员工们创造一个幸福的大家庭。和谐健康的文化使得嘉和一品的员工流失率很低，并获得了“最受员工喜爱的企业”荣誉。刘京京在企业内成立了爱心基金，为员工提供无息贷款；为家里有困难、遭遇重大疾病的员工提供经济支持；每到过年，会给员工的家人寄一封信。有些员工甚至已经跟随刘京京十多年了。肖建雄在 2000 年成为了刘京京餐厅里的一名员工，刚来的前两年，几乎做遍了从前厅到后厨的每一个岗位，包括保洁、服务员、调酒师，后来做到领班、库管、收银主管，如今他已是嘉和一品餐饮管理有限公司的督导总监，他认为自己跟随刘京京工作的十几年，自己获得了很多能力上的成长，生活条件也得到了明显改善。近几年有很多企业以更好的待遇为条件挖他跳槽，但是对肖建雄来说，嘉和一品给予了他太多培养、机会与归属感，嘉和一品不仅仅是一家公司，已经是他不愿离开的港湾。

刘京京常说，每次在公司的楼道里碰到老员工，就像看到自己的家人一样，满满的幸福感。

整个企业像家一样的同时，刘京京也要求员工对待每一位顾客都像家人一样，用发自内心的微笑来面对顾客，用最好的服务态度对待顾客，不是说出“欢迎光临”或者微笑要露出几颗牙齿的刻板标准，而是能够像员工自己的家人来了一样，搀扶着老人，逗逗孩子，更亲切、自然地让顾客觉得很自在，吃着舒服的清粥小菜，让每位顾客进店后都有种回家吃饭的感觉。嘉和一品的很多菜品都是清淡的家常口味粥点，在招待顾客的食品上，刘京京要求后厨的员工就像给家人做饭一样，“如果这个东西你不会给你的家人吃，就不要用”，让顾客可以完全放心地用餐。

近年来随着城市化的推进和消费升级，北京的餐饮竞争环境越发恶劣，不少餐厅在竞争中濒临倒闭。截至2016年12月31日的统计，北京市的餐厅存量为147575家，相较年初的餐厅存量减少了25001家，减幅达14.5%，日均减少68家。

在北京餐饮竞争白热化的浪潮中，能够不受竞争影响出现亏损已经不是一项容易的事，相反，近三年，嘉和一品一直在保持稳健增长。面对外界的竞争，刘京京的心态十分平和，也许是因为她丰富的人生阅历，也许是因为嘉和一品一直以来所推崇的“嘉和如家，和贵天下”的企业文化。刘京京说：“餐饮业是百花齐放的市场，你做得再好吃，顾客也不可能天天喝粥，他可能也需要调剂，今天吃米饭，明天吃面条，我觉得大家合作共赢。”

不断探索，填充蓝图

刘京京深知面对竞争，只有不断改变，不断探索。从2016年开始，为了适应年轻人的生活方式，店内还增加了微信点餐功能，不仅提高了顾客满意度，还缓解了高峰时段的人力紧张。来店用餐的顾客中不乏家长和小朋友，嘉和一品还研发了童趣套餐和小熊包等针对儿童的面点和菜品，并在店内橱窗里提供一些供小朋友玩耍的气球，全方位提升顾客用餐体验。

2017年，刘京京又提出“时尚轻养生”的理念，在第四代店面的基础上注重打造原生态用餐环境，突出品牌文化，刘京京从法国香榭丽舍大街的时尚橱窗获得灵感，在新一代店面改造中增加了蜻蜓、流水、荷花等元素，做成荷塘月色场景化橱窗，突出了纯净、自然、和谐的品牌文化，给顾客带来了更享受的用餐体验。

总经理助理范红梅跟随刘京京工作十多年，对于嘉和一品企业的逐步发展，她认为关键在于：在董事长刘京京的带领下，她具有前瞻性的眼光使得企业“每一步决策都走得很对”，所以企业近几年几乎没有经历很大的坎坷，基本上一直保持平稳向上的发展。

经营嘉和一品十几年来，刘京京曾多次登上餐饮十大风云人物榜单，也曾被多次邀请担任餐饮创业导师，将自己的创业及经营心得分享给想要创业的人。为了让自己的餐饮经验给更多人带去帮助，刘京京联合 15 位餐饮界极具影响力的领军者，共同发起了一个行业服务平台——餐讯网，2018 年 5 月 7 日上线。餐讯网是一个凝聚了餐饮人数十年的经验和智慧、提供餐饮业业内资讯与指导的网站，也可以在手机客户端了解行业动态、法律法规、价格公示，还有行业会议直播、在线课堂等。未来，刘京京希望餐讯网能够发展成为中国餐饮人通用的掌上宝典，以先进的互联网信息技术，让餐饮人凝势聚力，互帮互助；让每一位餐饮创业者，都能在这个掌上宝典里轻松学习法规制度、经营方略，从而提升整个行业的发展水平，为消费者带来更好的体验。

刘京京说自己不仅要引领行业发展，更希望打造一个幸福的企业，嘉和如家，和贵天下，让每一位员工感受到家一般的温暖和依靠；让他们以阳光的微笑，接待四方来客；以诚信的坚守、品质的匠心，让每一位顾客舒享一碗粥的小幸福。

著名科学家钱学森称“餐饮业是百业之王”，因为要打造一个餐饮品牌，从农业、生产、物流、装修、服务到营销的各环节你都得精通。嘉和一品在 13 年的发展历程中，出色地完成了奥运会及园博会的供餐任务，并且不断地突破、创新，从开放中央厨房、中餐标准化、营养配餐到全面信息化管理，从智能配送到智慧餐饮，开创多项业界先河。

对于嘉和一品未来的发展规划，只有刘京京自己清楚从医院拿回来的几十页纸到底画下了怎样的一张蓝图。接下来她还打算在营销方式、顾客消费心理上有所突破，让更多人把嘉和一品当作一种不可或缺的健康生活方式，并一步一步、脚踏实地地把她的构想变成现实。

行业应用软件工程的开拓者

——中科软　左　春

信息产业是决定21世纪国际竞争地位的先导性和战略性产业，是国民经济的支柱产业之一，软件与信息技术服务产业是信息产业的核心，是国家提高自主创新能力取得突破的关键领域。在我国企业整体的信息化建设中，电信、能源、金融等行业是开展信息化建设比较早、信息化水平比较高的细分行业，也是公司重点服务的客户和行业领域。随着移动互联网、云计算、大数据、物联网、人工智能等技术的不断发展，这些细分行业领域在向互联网转型、建立新型产品和渠道等方面的信息化投入将迎来较快的增长。十几年来，中科软以行业解决方案设计、自主软件产品研发、大型行业应用软件开发、系统集成与服务、技术支持和培训于一体的产品和服务，始终活跃在中国行业信息化建设的前列。

面对客户，左春带领中科软在行业信息化服务中深耕，不断进阶。在为客户的服务中，从横向不断拓宽产品服务到纵向不断深化服务内容，始终以客户为导向，聚焦用户具体应用场景，推出差异化产品，进一步制订解决方案。左春提出了行业应用软件中的进化论思想，应用软件由于受到诸多因素的影响，针对的是一个相对开放的环境。如果仍然采用“完美设计”的方式，无法应对多样化的问题模型，因此，在应用软件研发过程中，需要采用“适应性”的设计。《孙子兵法》有云：“故其战胜不复，而应形于无穷。”意思是：因为每一次作战取胜所采用的战术都不是简单的重复，而是针对不同的敌情（问题和困境）灵活运用、变化无穷。这个道理用在当今的市场同样合适，市场是动态的，变化万千。根据客户对服务的客观反映对战略和服务方式进行有效的调整，时刻保证市场竞争优势和竞争力。

中科软不断开拓创新，调整企业管理机制，丰富自主研发产品内容，增强优质的服务理念，建立极具竞争力的技术体系。公司拥有多项自主研发的核心产品，其中“保险核心业务处理系统”在国内保险行业的信息化建设中居于领先地位。

保险IT正在经历由业务支撑向驱动和引领业务创新的核心引擎转型。随着云计算、大数据、区块链、AI等新技术不断向保险行业渗透，保险行业跨界融合，建立保险生态圈成为行业发展新常态。保险公司正在凭借地域差异化、场景差异化等精准保险产品设计，提升其在保险生态圈中的核心竞争力。保险业在重塑业务运营模式和风险监管模式，利用新技术整合优化业务流程，提升客户体验和运营效率，提高风险管控。中科软与客户共同打造完整的IT支撑能力，为保险行业交付全面的高价值技术能力和解决方案。

面对员工，中科软科技的“组织与协同”思想是这些年来公司发展的关键词之一。没有任何一场战役是仅靠一个人就能胜利的。在军事战役中，优秀的作战方针能够把可用的力量组合成正确的力量，并非武器装备先进的队伍就一定能获胜。充分的融合作战才会使军事能力发挥到最大。实现了整体的组织规划、明确的团队分工，采用多种管理方式，对团队中不同层级的人员进行合理的协同，使其便于跟客户沟通和协调，使客户感知到中科软科技提供了一个“立体”的、分工有序的项目实践和运行团队。

另外，左春鼓励“伙伴关系”思想，即“一个人成功，也要让他的部下成功”的重要观点。它较好地兼顾了公司成长、团队成长及个人成长之间的平衡。“伙伴关系制”吸收了国内外优秀企业的组织管理规则，这是中科软科技企业管理规则的重要组成部分。

楔　子

秋天，是莫斯科一年里最美的季节。那是一片独特的俄式古典秋色，充满文艺复兴的气息，浪漫、唯美，连空气似乎都充满了甜甜的味道。

一年一度的俄罗斯科学节每年都在莫斯科举办。2017年10月，在莫斯科罗蒙诺索夫国立大学的校园里，成片的树木沐浴在细雨下，似乎感受到科学节参加者们求知若渴的心情，将枝头的叶子从原本肆意发挥的绿色，转为带上一抹沉稳的金黄。

俄罗斯科学节历史悠久，它已成为科技创新的科普和传播平台。富有底蕴的学术氛围使左春心旷神怡，他受邀参加此次全俄科学节，向来自全世界的学者和企业家们分享中国在保险科技方面所做的努力。左春带领的中科软科技股份有限公司，在中国行业信息化领域深耕二十多年，一直是中国保险信息化领域的佼佼者，这些年中科软科技一切的工作和积累，都是他向全世界展示中国力量的底气。

“保险科技是金融科技的重要板块，它借助科技手段深入各行业的保险服务变革。中国保险行业在保险科技的创新下，正在经历全面的行业服务转型……‘竞争度’决定水平，中国保险行业高度竞争的态势使保险科技具备肥沃的扎根土壤，‘场景化’业务成为发展方向，跨领域融合成为趋势，新的生态正在形成！”面对科学节上的听众，左春这样说道。与此同时，一种澎湃的激情占据了他的心——他坚信，中国在不远的将来会占据世界级应用软件工程的领先地位，而中科软科技在以保险信息化为代表的行业应用软件工程领域，也将不遗余力地发光发热，在世界舞台上谱出属于中国的美丽新乐章。

科技成果市场化，成为他的奋斗方向

一切要从 20 世纪 80 年代开始说起。那时，左春在美丽的“江城”——武汉学习和工作。武汉对他而言就像是第二个家乡，这里最不缺的就是夏天。即使过去多年，左春仍然能够记得那些在学校图书馆里一边翻阅专业书籍，一边挥汗如雨的日子。

和其他一些迈进校园就开始对学习有所懈怠的同龄人不同，左春始终对学习新知识抱有热情。图书馆是他的“精神食堂”，他在计算机应用领域的理论基础，其中很大一部分就是在那里搭建起来的。

热爱学习的良好习惯一直伴随着他。即使是在三十年后的如今，在忙碌的工作之余，左春仍然把阅读与学习作为休息的方式。这甚至都不应当称为一种坚持，而是源于乐趣。对于喜欢的事物，人们是不需要通过坚持来持续下去的，兴趣本身就足以让人持续。

1988 年的夏天，左春于海军工程学院取得了硕士学位。同年 8 月，他离开武汉，回到从小居住的北京，进入中国科学院软件研究所，在这里开始了他的软件研究之旅。

最初，像所有在科研院所工作的技术人员一样，左春致力于软件技术工具的研究，热衷于跟踪国外最新的技术动态，对技术创新的重视程度大于其他一切。彼时大多数技术人员对技术成果的转化意识和产业化意识都还没有萌芽，认为只要技术够新，就绝不会没有市场；甚至在他们眼中，攻克技术难关的成就感最强烈——他们秉持“酒香不怕巷子深”，热衷于在“巷子深处”将“酒”酿造得足够好——这种对技术精进的执着让人十分敬佩，但如果一直居于深巷，又怎么能有效地了解和判断技术成果是否真正被市场需要呢？

渐渐地，左春认为，软件技术的研究不能只局限在象牙塔里，科技成果只有得到市场的考验，才可以真正支撑中国软件事业的蓬勃发展。

思想有所转变之后，他积极参与到与行业应用密切相关的软件项目中。在软件所工作期间，他在孙玉芳老师的指导下工作，多次去广州等地出差，参与中国人寿保险广州分公司的系统开发和设计，活跃在一线工作的岗位上。这段经历和积累，为左春之后寻找中科软科技的业务落脚点起到了决定性的作用。

常言道，时势造英雄。英雄的诞生必然与一个能最大限度体现其价值观的时势有关。20 世纪 90 年代，中国科学院积极推行知识创新试点工程，软件研究所推动技术研究及开发主体转制。当时的软件所副所长孙玉芳老师于 1996 年 5 月筹建了北京中科软信息系统有限公司，这是中科软科技股份有限公司的前身。

在成立之初，左春作为首批从软件研究所转入公司、也是最早完成思想转变的成员。公司成为他知行合一、教学相长的平台。

■ 位于中关村的中科软商务楼

当然，并非所有从软件研究所走出的员工，都能顺利地突破思想关。曾经在软件研究所，他们有国家事业单位的“铁饭碗”、有专注技术研发的“优越感”，当面临要实现“知识转化”的任务，创造“经济效益”的目标时，很多技术人员感觉自己被推出了纯粹而舒适的地带，自尊心受到了极大的挑战。

这种复杂的心理冲击，无疑会影响公司的发展。因此，左春与同样是从软件研究所转入公司工作的几位老一代研究员，积极地对正值思想观念冲撞期的员工们进行心理疏导，帮助他们突破难关。

时至今日，左春仍然能回忆起在中科软科技刚成立的那段日子里，他最常向别人说的话，无非是“纸上得来终觉浅，绝知此事要躬行”。

有人对他说：“你讲的道理我明白，但我一直以来并非对书本上的理论全盘接收啊。我在技术研发的过程中结合了实际，也根据应用的实际反过来创新了技术和理论，这难道不叫‘躬行’吗？难道一昧地为了迎合市场而赶项目进度、进行大量的重复劳动，这才叫‘躬行’吗？难道只有创造了经济效益才能叫‘躬行’吗？”

其实，抱有这种怀疑的人不在少数。

左春对此没有直接反驳，因为他知道，进行交流的目的不是为了驳倒对方，而是为了帮助对方解决摆在眼前的困难。这不是辩论赛。

所以他用柔和的语言进行疏导，从更能走进对方内心的例子入手。“在刚接触计算机这门学科的时候，我对它没有太多的想法，没想过一定要做出什么轰轰烈烈的大事来。我只是单纯地觉得，用一段代码、一个程序就能让机器帮你做一些事情，这种感觉很神奇。”左春说，“过去我用大半天时间才能完成的事情，程序很快就能帮我完成，省下来的时间可以让我自由支配，这不是很棒吗？”

对方没说什么，只是默默地听着，虽然他不知道左春为什么会和他说这些，像是励志电影里彼此惺惺相惜的伙伴之间说的话。

似乎感受到了对方的疑惑，左春继续说：“后来，我就不满足于只用程序解决零星的问题了。我开始想，或许我可以下一盘更大的棋，而不是仅停留在走几步、吃几个子的程度。我把之前自己开发的几个小程序整合起来，发现整合之后的程序可以解决更多相对深层次的问题。我那时候觉得它很厉害，甚至笃定它肯定也能解决别人遇到的类似问题。我开始想推销我的成果了……”

“哪会有那么顺利……”一直默默听着的人忍不住插了一句嘴。

总算有了一点互动。左春要的就是互动，互动意味着对方开始接受他的话，而不是他单方面的输出。“没错，你对事情的把握太准确了，的确是我最初的想法太天真。”他说，“把我的程序推销出去，没有我想象得那么简单。首先，不是所有人都需要解决某个问题；其次，就算有需要解决问题的人，也不一定信任你的程序。我一开始先着眼于我的篮球队友，没想到他们都很支持我的想法，也乐意试用我的程序。”

左春在大学期间是学校篮球队的风云人物，每次比赛都有啦啦队成员为他欢呼打气。他个子高，从小就喜欢打篮球，大部分人在第一次见到他的时候，都会对他的身高印象深刻。记得小时候，他经常“以球会友”，日积月累下，篮球打得特别好。在武汉上学期间，左春为学校篮球队赢得了很多荣誉，再加上为人性格爽朗、注重团队合作，大家都很喜欢他。所以，当他提出想让队友帮忙试用程序时，大家都很乐意帮忙。

“但在试用过程中，我发现我的程序存在很多问题，比单纯自己用的时候多了更多的突发状况，这是我始料未及的。我又花了很多的时间去修改和完善它。好在队友对我都很包容，从不打击我，他们给我时间逐步完善，然后再试用我完善后的程序，直到它的效果相对稳定……我当时能遇见他们是很幸运的事情。这种感觉就像咱们在研究所工作时，氛围融洽，相互包容支持，遇到问题相互鼓励，积极解决，共同进步。有这样一帮伙伴陪伴着，我们可以所向披靡，没有什么问题是解决不了的。”

没错，就是这样。对方点头，研究所的氛围是他怀念的——技术创新即使困难，但带来的是无与伦比的成就感，而他也不需要直接面对市场的严苛考验。同事的鼓励让人如沐春风，市场的考验太严峻了。

“后来，我把相对稳定的程序推广到了我队友之外的其他用户群体中，大家对已有的功能都比较满意，我也算收获了一点小名声。如果说我对此不在意，那肯定是假的，在那个年纪谁能做到被夸赞还心如止水呢？但问题是，由于大家对你的认识加深，新的需求也就随之而来，而我之前的程序在应对这些新需求方面是远远不够用的。所以，要不要满足这些新需求呢？”

听到这儿，对方热血沸腾了起来。“当然要满足，经过之前的努力，你的名声已经在同学间打响了，怎么能在此时此刻认输呢？我们搞研究的人可从不认输！”

“可是会很麻烦。提需求的人不是我的队友，他们不像我的队友那般对我包容，甚至语气还很强硬，需求也提得五花八门。有些需求甚至和技术本身没关系，而是和问题涉及的应用领域有关，这可不是单纯靠不断精进技术就能解决的。”

对方不以为然。“兵来将挡，水来土掩。我不信有什么问题是靠努力解决不了的。再说了，软件虽说不能解决所有问题，但如果只是浅尝辄止地解决极有限的问题，那还有什么研究它的必要？我们研究软件，研究它的理论也好、技术也好，不都是为了学以致用吗？既然目标是‘用’，不成规模肯定是不行的，而要成规模，肯定得经过用户的‘千锤百炼’，不能总做温室里的花朵……”说到这里，他突然停住话头。这会儿，他终于明白了左春的意图。

左春微笑，他认为自己的故事已经不需要再讲下去。“谢谢你帮我补全了句子。‘纸上得来终觉浅，绝知此事要躬行’，但‘躬行’也得要经过‘千锤百炼’……或许我们缺少的不是拓展市场的决心，而是拥抱市场的勇气。没关系，在这一方面我也是刚起步，也还在摸索，让我们互相打气，公司不能缺少你。”

万事开头难，思想关这个难题一旦突破，紧接着需要解决的就是市场和效率问题。几千年的中国传统，多少有一点“重工轻商”的味道，中国软件企业的发展一定要先解决商业运作的能力问题。对此，左春也有自己的思考。他认为公司必须有方向地进入国民经济的某个一线领域，与各软件公司一起拼搏，才能获得项目机会，取得市场份额。然后，以该领域为中心进行辐射，将成熟的技术成果和方法论复用到其他行业领域。

但左春也同样明白，绝不能从一开始就试图在各个领域占领先机。

“只从一个窗口观察，终究会便利许多。”对于这个道理，左春很早就已经意识到了，他决定把保险领域作为这个窗口，因为他对这个领域最熟悉，也最有把握。中国人寿保险成为公司在保险领域的第一家客户。

他一步一个脚印，成为保险信息化领军人

在软件研究所和中科软科技工作的日子里，左春还是会抽出一些时间

打篮球。在他看来，打篮球其实不仅要凭体力和技术，有时候更需要用智慧去思考和判断。此外，打篮球能增强团队意识，篮球场上的配合体现出一个团队的凝聚力。打篮球，低头不是认输，是为了看清自己脚下的路；仰头，不是骄傲，是为了看清属于自己的天空。

在公司成立初期，原十一届全国人大常委会副委员长、原中国科学院院长路甬祥给公司题词——“创新软件科技，发展软件产业”。公司秉承这一宗旨和要求，不断地在行业应用软件领域进步提升。

公司成立几年后，新世纪来临了。步入 21 世纪，全国上下都洋溢着喜悦的气息。2001 年 12 月 11 日，中国正式成为世界贸易组织的成员，这标志着中国的产业开放迈入了新阶段。

随着中国加入世界贸易组织，国内保险公司面临了更大的竞争压力，它们纷纷做好充分的准备，迎接国外保险公司和国内同行的严峻挑战。最初，国内的 IT 企业非常重视向国外学习，将国外的先进技术经验因地制宜地用于国内的保险信息化领域，这虽然是一种发展的方式，但绝非长久之计。

公司的领导层向来对市场形势有着精准的把握，这一方面得益于他们对市场需求的敏锐嗅觉；另一方面是由于中科软科技在行业信息化和计算机应用方面有丰富的技术储备和经验积累。左春察觉到，中国的国情问题，使国外软件来到国内难以有良好的表现。国内外的保险公司在工作职能上有很大的差别。

中国的保险公司，很多相当于国外保险公司本身和各种代理机构的联合体。虽然国外的软件可以按功能划分，但应用的方式具有相当大的差别，需要大量的客户化工作。

中国幅员辽阔，保险机构的层级与国外相比更加复杂。比如国有保险公司，一般拥有四级机构，在不同的地区，同一软件需要不同的客户化方法，这是国外软件较少遇到的问题。

此外，客户化问题和巨大的成本投入，也使中国的保险公司很难接受国外软件。客户化的本质是二次开发，如果一个软件需要大量的客户化，这就相当于重新开发，就会引出新的问题，即成本问题。国外软件销售分版权和客户化，一般版权是 100 万美元的软件，客户化的费用是它的 1 ～ 5 倍，外加 15% 的系统维护费用，国外软件为了保证它的通用性，升级的费用是另算的，也有些功能为了保证结构的稳定是拒绝单独定制的。这些行规卖家是不会与你详细讨论的。在国外同样有很多核心应用系统把企业拖垮的例子，因为在国外核心业务软件也是一个巨额奢侈品。

国内的业务模式和产品与国外相比具有很多不同点——国内业务要求更多灵活的业务处理方法。国内外保险业务对销售和业务员管理的处理方法也不同，使国外的系统在进入中国后需要进行很复杂的改造。由于业务层面的不熟悉，国外的 IT 企业很难对此提出建设性的观点。

左春认为，只有国内的IT企业，才能提供具有中国特色的业务咨询服务。

彼时，公司经历了一系列沿革，先于 2000 年变更设立为股份有限公司，后于 2003 年更名为“中科软科技股份有限公司”。保险领域信息化成为中科软科技的主营业务。这一领域的信息化特点，随着时间的推进，先后经历了“全险种、全流程”“全组织、全核算”“小核心、大外围”“双核心”等阶段。

最初，国内的保险公司大多根据不同的险种，建设相对孤立的业务系统进行管理。左春梳理了不同险种的业务特点和数据结构，发现不同险种之间的很多信息要素是相通的，而不同险种业务的处理流程也十分相似，因此可以把这些相通的要素进行概括归纳，通过一套核心业务系统，把所有险种的所有流程管理起来，即“全险种、全流程”，来贯穿企业运营管理的全过程。

中科软科技在保险信息化领域提倡“全险种、全流程”的设计思想，这在当时极具创新意义，是左春和公司保险团队的相关领导们经过多次业务研讨得出的。

左春坚信，处理险种的能力以及业务管理的力度，是系统好坏的重要指标。也就是说，保险业务信息系统应具备全险种及全流程的业务处理能力。全险种要求系统对产品有较好的扩展性，不但满足现有业务险种的处理能力，而且可以通过配置，快速在系统中形成对产品的整个业务处理支撑。业务全流程不仅指业务从承保到理赔的全过程，还包括人员、过程控制等。同时与业务集成系统配合，管理到业务协作单位。

基于这一思想，经过长期的经验积累，公司在保险领域形成了一系列产品储备，包括保险业务产品、外围产品、保险财务系统、社会保险系统等。范围之广和产品之全在当时国内已经是首屈一指，即使放到在国际上也不多见。

中科软科技把在保险信息化领域的丰富经验，积极转化为可以大规模推广应用的产品。

在研发过程中，公司保险团队的核心骨干们认真聆听行业客户的需求，将需求的方方面面综合考虑，结合信息化的经验积累，形成顶层设计。各个团队的工程师们，作为研发活动的中流砥柱，勤奋地研究和开发。每一行代码的增加，每一个功能模块的实现，都凝聚了“中科软人”的心血。

功夫不负有心人。中科软科技研发出了“保险业务综合管理信息系统”，这是国内第一个功能强大、险种管理齐全的大型应用系统。系统于 1997 年获得中国科学院科技进步二等奖，1999 年获得了国家科技进步三等奖，在 1996 年至 1998 年连续三年被中国软件行业协会推荐为优秀软件产品。

2004 年，中科软科技承担的 “新一代综合业务处理系统”在国际计算机 CHP 大赛中脱颖而出，获得“计算机世界荣誉奖 • 二十一世纪贡献大奖”提名奖。这次比赛由来自全球五十多个国家和地区的五百多家企业和组织参加，规模盛大。

2006 年 6 月，中科软科技的“保险行业解决方案”在来自国内外四百多家软件公司参加的第十届中国国际软件博览会上，获得了“最具影响力奖”。

即使获得了这么多奖项，中科软人却不会满足于此。随着对领域理解的加深，中科软科技认为如果只提供优秀的保险应用软件，是无法更深度推进保险领域业务发展的。中科软人希望能为保险机构提供全套的保险业务流程和单证的咨询，协助保险机构建立起优秀的经营管理模式。

随着保险机构业务的不断扩展，竞争力度不断加大。左春认为，一个保险企业要想在竞争中取胜，使其运行在良性的盈利状态，就要进行精细化管理，实际上就需要进行“全组织、全核算”管理。

过去，有的保险机构想用“收 / 付费”结构做扩展，来管理全组织下的各项费用，实现起来比较困难；也有的保险公司用财务明细实现“全组织、全核算”，这当然可以，但这样财务部门的工作量比较大。保险机构的业务痛点是左春所关注的，他认为处理好保险行业财务软件和业务软件的关系，是解决效益管理问题一个比较好的突破口。

保险业务和财务一体化是新一代核心业务系统“全组织、全核算”的基础，也是保险业务系统“管理会计”的主要内容。渐渐地，核心业务系统正在“演化”成一个针对不同业务需求的自治化系统群。财务系统正演化成以业务绩效为新方向的辅助系统群，并构成新的管理会计体系。因此，保险业务和财务一体化的关键是管理认知模型的建立，需要对业务领域和财务领域进行语义一体化的融合设计。

随着保险行业业务规模的不断扩大，早期的全流程系统也越做越大，系统升级换代时，容易牵一发而动全身，再加上各种基础产品和理论也不断出现，如企业总线、SOA、松耦合等。因此，中科软科技提出了“小核心、大外围”的思想，把大的系统拆分形成一个个独立的子系统。“小核心、大外围”的思想并非是对“全险种、全流程”的摒弃，因为它仍然保留核心的保单合同管理，将复合元素多的系统看作“核”，只是将复合元素较少的系统拆分成“外围”。

从工程上看，当一个系统故障或崩溃的时候，它的耦合子系统越多，故障或崩溃的原因越不容易查找。越是松耦合的系统，发生问题时定位越快，把问题的部分“隔离”开，相当于对有病的机体进行局部切除。“小核心、大外围”是一种松耦合的思想。

近几年，“互联网＋”对保险领域的影响开始初见端倪。中科软科技针对互联网业务，对保险公司新兴组织结构与实务流程进行调整，与传统业务共同形成“双核心”。在传统核心业务的基础上，实现互联网商品快速配置和渠道合作管理。

“互联网＋”有一个简单的扩展应用公式：自身行业＋资源平台＋其他行业或方面，而保险也面临着多行业渗透的趋势。2014 年 8 月，国务院发布了《国务院关于加快发展现代保险服务业的若干意见》，被称为保险业新“国十条”。

左春认真研究了这一政策，认为新“国十条”是对保险行业的重新定位。经过在保险行业的长期探索，他发现保险行业已经到了亟须改进商业模式的阶段。在金融行业中，保险行业的商业模式相对来说是最尴尬的，明明有购买需求，但大家都感觉保险像是在做推销。其实，保险的职能是分散和转移风险，而风险又存在于各行各业，所以保险有融入各行各业的总趋势。在左春看来，保险的新“国十条”，实际上是国家在战略层面为各行各业的改革提供的基础风险转移支撑，配合各行各业的全面“稳增长、调结构、惠民生”，让保险起到带动、参与和辐射的作用。

保险业新“国十条”，与中科软科技的“保险+”思想不谋而合。

“保险+”这一名词的正式出现，是在左春2015年关于“新时代的保险行业应用软件系统体系结构”的演讲中。他的灵感来自公司保险团队那几年的信息化实践，得益于业务领导的积极探索。他们从不墨守成规，喜欢研究事物的根本。

中科软科技提出的“保险+”，赋予保险一种提供通用风险转移金融平台的能力。这种能力与跨行业的应用场景密不可分，即各行各业面对风险的时候，商业保险能提供一个通用平台式的帮助。虽然这种帮助目前对公众而言是可选择的，而非必须的。但即使是可选择的，随着经济的发展和人们生活水平的提高，公众对商业保险的关注度越来越高，“保险+”注定会成为保险行业重要的创新分支。

左春提出的方法论和概念始终与行业、应用息息相关，具备很强的实操特质。这种特质不仅源于他成熟的市场观察，更是因为在他内心深处，始终有一种社会责任感。

在他看来，理论的研究不能只停留在“阳春白雪”的阶段。“阳春白雪”应当有，但过分执着于此，反而失去了研究它的意义。不以应用为目的的理论研究，最后难免落于“空中楼阁”的困境。

从解决行业痛点出发，不辜负行业的强烈期望和真挚托付，这才是中科软科技进行研发的动力。

左春深知，IT应用不是“闭门造车”的工程。技术人员之间、技术人员与应用群体之间的交流至关重要。早些年，他积极参加美国等国家关于软件技术交流的国际会议。会议上浓厚的学术交流氛围让左春深受启发，他决心回国创办属于中国自己的、软件领域权威的会议品牌。

这一想法，得到了中科软科技核心管理层的认可和支持。他们对中国软件技术大会的受众定位、主题方向、会场设置等事宜进行了充分的探讨。

“我认为科研院所的技术成果应当在大会上有所体现。”

“主题可以聚焦前沿技术，同时也要与应用结合。”

“前沿技术最好按应用方向进行分类，设置分会场。”

“合作伙伴和行业客户的需求需要得到充分的重视。”

大家各抒己见，脚踏实地地提出了很多富有建设性的建议。他们的支持让左春的决心更加坚定、信心更加充足。

2003年，中科软科技联合中国科学院软件研究所，举办了第一届中国软件技术大会。自那时开始，中国软件技术大会每年都会如期举行，到现在已经举办了十几届。每年，国内外知名软硬件厂商和解决方案提供商的技术研发人员济济一堂，将他们最新一年在各自领域的研发新进展进行分享和交流。

你会看到，每年的中国软件技术大会都座无虚席，不同肤色的参会人员或者在报告厅里聆听，或者在展位附近来回走动参观。在那些热门主题的分会场，观众去晚了，就有可能没有座位。每当遇到这种情况，左春都会叮嘱工作人员想办法加一些椅子，确保每一位勤奋爱学习的技术人员都能在舒适的环境下汲取知识养分。

中国软件技术大会的主题和内容聚焦于相对通用的技术，而具体行业用户的需求也是中科软科技极为重视的。因此，中科软科技想要增加立足于具体行业领域的会议品牌。由于保险信息化领域是中科软科技最先发展出一定规模的重点业务领域，所以中科软科技从2008年开始，在每年的夏天会举办一届中国保险IT应用高峰论坛。近几年中国保险IT应用高峰论坛都在北京密云风景秀丽的古北水镇举行。

保险机构的相关代表在论坛上可以就业务问题畅所欲言，中科软科技及合作伙伴的技术、市场人员也可以借此机会更加直接而迅速地交流用户需求。

除主会场之外，中国保险IT应用高峰论坛会设立寿险领域和财险领域两个应用专题分会场。在分会场上，公司寿险团队和财险团队的主管领导进行中科软科技业务发展的专题报告，将在相关业务领域的心得体会与保险机构的首席信息官们、战略合作伙伴的业务领导们分享，展开技术赋能的高峰对话。

“文不按古，匠心独妙”是中科软科技的业务领导们非常重要的演讲标签。在当今这个时代，人云亦云的人比比皆是。尤其是对一些热门的话题，很多人缺乏自己的独立思考，仅仅满足于成为他人观点的搬运工，仅仅满足于做一个“拾人牙慧”的人。

中科软科技的业务负责人善于将理论和实际融会贯通，具备高屋建瓴的能力。他们在演讲过程中会提出独到的见解，实践恰恰又能证明，这种见解其实是他们洞察全局的成果。

会场内气氛热烈，说者言之有物，听者聚精会神。古北水镇坐落在司马台长城脚下。古北口自古以雄险著称，有诗句“地扼襟喉趋溯漠，天留锁钥枕雄关”来称颂它地势的险峻与重要。了解用户的需求，满足用户的需求，引领用户的需求，同样是保险信息化需要攻克的关隘。

无论是中国软件技术大会，还是中国保险 IT 应用高峰论坛，左春在主会场上的演讲，一直都是这两场盛会的重头戏，也是固定节目。他的演讲内容紧扣行业应用，对新技术如何影响行业应用的方方面面进行阐述。

这种带有实战意义的经验交流和分享一直都是技术人员十分喜欢的方式。他在演讲过程中输出的观点不仅对解决方案提供商有指导意义，对用户群体而言也具备很强的参考价值。

在与时俱进的同时独辟蹊径，是左春演讲的主旋律。“与时俱进”是因为他关注前沿技术，而“独辟蹊径”是基于前沿技术向应用层面的转化，因此在其中增添了很多领域的知识和思想。

这种风格，如若不是对领域有十分深刻的研究，是无法形成的。

例如，“保险科技”是保险信息化领域的热门词汇。近几年，保险行业在“互联网 +”和“保险 +”的大潮冲击下，业务形态发生了巨大的变化，最典型的就是保险科技。在 2017 年的中国保险 IT 应用高峰论坛上，左春作了名为“保险科技是借助科技手段深入各行业的保险服务变革”的演讲，

■ 左春在中国软件技术大会主会场上的演讲

对保险行业用户普遍关心的问题进行解答，同时对中科软科技在保险科技上所做的工作进行了细致的说明。

同年，人工智能的发展如火如荼。中科软科技的客户对此抱有很高的关注度，他们不仅关注新技术的发展，更关注新技术与已有工作之间的关联，这要求中科软科技对新技术要有自己的独立见解。人工智能一般分为两派，包括强人工智能和弱人工智能。强人工智能的关注点在于目前形成的软件成果物，或者软硬件合在一起的成果物，是不是已经和人的智能相匹配了；弱人工智能则认为，现在的人工智能技术，仅仅是在某一个应用方向上训练出比人工强很多的存储和推断能力。

很多人对强人工智能的战斗力进行鼓吹，甚至因此对人工智能产生畏惧心理。左春在那一年冬天的软件技术大会上，进行了主题为“人工智能正加速转向精准计算应用”的演讲，适时地推出了中科软科技针对人工智能的观点。他作为中科软科技的发言人，从商业的角度出发，认为现阶段人工智能相关技术的应用仍处于弱人工智能阶段，即“精准计算”阶段。

“精准计算”是中科软科技的独创名词。它的研究和应用围绕“商业转折线”展开，“商业转折线”是指商业价值的临界线。精准计算在两个方向上作出了延展：一是存储，精准计算实现将不确定性存储和确定性存储放在一起；二是推断，将不确定性推断加在确定性推断上。结合这两点因素可以形成一个人工的标准，工程化地建立可重复使用的成果物。在超过阈值的时候，用软硬件代替人工作，使得成果物在后来的工程使用中的成本更小。

当成果物的研发成本远远低于以后工程应用中所节省的成本时，精准计算就突破了商业价值的临界线，能产生巨大的商业价值。

“商业转折线”的概念不是凭空而来的，提到它，一方面是出于中科软科技对技术成果转化的重视；另一方面是因为过去也有类似的例子——它就是用于训练飞机驾驶员的“飞行模拟器”。

左春第一次对飞机产生兴趣，是在20世纪80年代，这份兴趣源于电影。

那时候他很喜欢看电影，觉得很多电影都具有教育意义。电影在那时候可以看作一种能让观众迅速了解世界的方式。他曾看过一部与飞机有关的电影，从此对航空航天领域萌生了浓厚兴趣。他查阅过许多图书，随着知识的逐渐扩充，对飞行模拟器的了解也就逐渐加深了。

在左春看来，飞行模拟器的研发成本虽然很高——可能是一个飞机的10倍——但模拟器建成以后可以节省上千架飞机的制造费用，这时候模拟器就有了存在的价值。

这个原理也适合当前的精准计算。两件事情之间的距离看似遥远，原理却是相通的。精准计算的成果物相当于“飞行模拟器”，价值体现在应用的规模和效果上，目标在于形成相关应用领域的“优势”。“责任感源于对自己的高要求，”左春说，“如果不立志成为第一，事情永远做不好。”

左春在2018年的中国保险IT应用高峰论坛上，提出了“精准保险是保险产品地域差异化的全新变革”这一观点，将中科软科技在精准计算方面的相关研究成果在保险信息化领域作了延伸。

现今，保险科技已经发展到“精准保险”的阶段。保险公司在互联网层面的竞争，正从“渠道+简单产品”转向“精准保险产品”。精准保险是指将客户需求、客户自身状况与保险产品进行精准匹配，同时也是将区域性群体发生的风险状况与保险产品进行精准匹配。精准保险产品则是指地域差异化、扩大保障范围、客户群体差异化的产品。

只有研发精准保险产品，保险公司才能重新夺回产品定价的主动权，回到主角地位；才能大幅度满足客户群体的个性化需求，避免被边缘化。为此，中科软科技一直在努力，基于自身的研发成果，以科技手段支撑保险公司实现其业务需求，成就其大规模的产品定制能力。

市场和用户也积极肯定了中科软科技。根据IDC（International Data Corporation，国际数据公司）和CCID（China Center for Information Industry Development，中国电子信息产业发展研究院）的相关报告数据，中科软科技在国内保险行业IT解决方案市场中市场份额连续十几年排名第一，在中国保险业软件厂商相关竞争力（市场竞争力、技术竞争力、服务竞争力、渠道竞争力和发展潜力）评估中连续十几年也居于第一位。

渗透各个领域，中科软科技致力于中国行业应用软件的开拓

从小在海淀长大，目睹、参与着中关村翻天覆地的变化，在保险行业取得的市场地位，无法满足左春对中科软科技未来发展的诉求。他将目光投向了需要信息化的政务、医疗、交通等更多行业。

除了保险行业，中科软科技在医疗卫生、电子政务等多个信息化领域辛勤地耕耘着，取得了不错的成绩。

中科软科技是我国医疗卫生信息化市场的重要参与者，早在2003年就参与了公共卫生和疾病控制领域的信息化建设工作，在该年承担的中国疾病预防控制中心“突发公共卫生事件应急机制监测信息系统”的建设工作取得成功，承接了多个大型医疗卫生信息化建设项目，已在业内树立了良好的公司信誉和品牌形象。根据CCID《2016－2017年中国医疗行业IT应用市场研究年度报告》，公司在区域卫生信息化平台市场、公共卫生信息平台市场处于行业领先地位。

在政务信息化领域，中科软科技先后参与多个国家重点电子政务工程的建设，并成功实施了外交签证、环境保护、交通管理、财政决策、智慧城市等领域的多项电子政务项目。

随着中科软科技在保险信息化领域行进得越发扎实，左春逐渐开始对行业应用软件本身展开思考，形成了一些方法论和工程理念。他发现，行业应用软件的开发本身就不是一次到位、一劳永逸的，就像学习管理一样，是逐步完善的迭代过程。

左春认为，行业应用软件不是说仅仅用几名超级研发经理就可以开发出完美的系统，而是需要不同方向的研发群体共同合作完成。软件工程强调的是方法学，没有“灵丹妙药”。任何人（或者大企业）说自己有一套技术或一个成功的模型，照此推广就一定成功，这只是一种高级销售。实践证明，无论企业是引进新的管理方式，还是使用新的技术，都是在现行的管理和系统上做出改进，革命性的方法都是要慎重的。从工程角度看，任何创新都要先做试点，当达到预期效果后，再逐步推广，而且中国这么大，采用单一的成功经验也是困难的。

左春根据多年的业务经验，总结出行业应用软件的主要内容，它涵盖领域知识、支撑技术和工程管理这三个方向。

领域知识是行业应用软件的主要特点，因为行业应用软件就是与该行业领域知识密切相关的应用软件。领域知识的积累可以有效支撑业务建模。

与系统软件和通用型软件不同，行业应用软件的主要对象是有特定含义的领域对象，这些对象庞大而且变化，并构成特定的语义网络。如果开发者采用系统软件开发或一般数学思维，就会命名太多的“变量”，反而增加了理解的难度并降低了处理的效率。

行业应用软件是一个应用型软件，它要频繁、高效地映射程序对象与领域业务（术语）对象的关系，越直接的表达，映射的效率就越高。所以，左春提出将领域术语中稳定的部分做成词根表，以便在行业应用软件中使用起来。

此外，行业应用软件的开发离不开蓝图数据结构。蓝图数据结构是左春经过多年研究提出的一种具有很强的领域操作能力的数据结构，既能克服领域数据参考模型过于通用、对编程指导太弱的问题；也能克服现实程序中成百上千的库表结构无法进行概念梳理的问题。

一般情况下，行业参考数据模型有通用的标准化含义，它是一个蓝图数据库的上位概念结构，也就是说，蓝图数据库受行业参考数据模型的引导，但细节的创新需要很高的领域门槛。

对行业信息化实践得越深刻，左春越意识到标准化的重要性，认为应当将标准化思想运用到软件的开发和设计中去。为此，中科软科技与中国标准化研究中心联合完成了中国标准化体系的建设，这确立了中科软科技在保险信息标准化方面的国内领先地位。在国际上，中科软科技也积极加入国际保险信息化标准协会 ACORD。

左春对行业应用软件涉及的支撑技术也十分关注。支撑技术侧重相对通用的基础技术环境和技术平台以及分层技术架构内容，属于行业应用软件体系架构中的环境层。技术支撑不会涉及应用系统的行业语义模型，只把它们作为通用的内容处理。

在他的带领下，中科软科技的员工们积极关注技术进展，关注 ThoughtWorks 公司的“技术雷达”。技术雷达分成四大类，即技术、工具、平台和语言。在中国软件技术大会上，中科软科技推出与 ThoughtWorks 共同制作的《技术雷达评论》，对相关技术和工具进行了研究和探讨。左春认为，在整个开发应用软件的过程中，开发商要针对技术雷达给出的建议，决定用什么样的开发工具去开发新的应用子系统。

工程管理是行业应用软件的重要内容。行业应用软件成功的主要因素中，大部分强调的是工程管理的内容。工程管理的内容十分丰富，每一项都影响着软件的质量，大量涉及人的管理，技术方面基本上被 CMM（能力成熟度模型）几十个关键过程（KPA）覆盖。软件过程管理的核心，是先定规则，再进行符合度检查和有效性评估。企业过程管理中核心的要求有两点：一是内控机制的建立；二是执行有效性评估。

左春在工程管理方面提出了很多举措，如“样本程序”比赛、“层级管理”、“类 NGO 组织”等。

样本程序是过程管理的重要工具，其核心目标是保证整个行业应用软件的质量和效率，也就是说我们要在样本程序出来后，用管理的手段保证我们的程序员所编的其他程序与样本程序的符合度。最大限度地减少编程者（作者）的差异，只反映业务内容本身的差异。

团队协作离不开人才潜能的发挥。在中科软科技的管理体制下，已经形成了一个层次的责任链条，简单说就是：公司—事业群—事业部—项目组。中科软科技的重要干部支撑点是部门经理和项目经理。他们之所以重要，是因为这两个职务是综合能力要求很高的职务，他们是使价值链最终高效连接的具体执行者和操作者，是知识产品和服务转化的“导演”。这种以“中间层”为主责任链条的运作方式，是中科软科技独特的“工作模式”。

“过去，我还参加过中科院的篮球队，篮球这种运动更讲究队员之间的分工和配合。”左春打比方说道，“篮球赛不应该是个别球员的表演赛，而应该体现整个团体相互配合的过程。”

所以，公司级的管理就不止是局限在第一层的针对“事业部”控制和监管，而是需要向下推进，提高各级经理互动决策和运行管理的水平。它考验中科软科技各级领导主动的、集思广益的管理能力。

在这种体制下，上级领导侧重规则设计，用机制和“综合指标”去管理，强调“治理”的方法；而基层领导更侧重在上层规定内容框架下，完成具体管理和实施方案，并努力完成有关的“综合指标”。

上下级领导形成分权机制和分工侧重，使事业群和事业部领导运用间接管理的方法，“抓大放小”。上层领导的工作重心从关注小项目的实施细节转向关注大项目的合作协同，从具体的项目管理转向平台环境的建设。

这是中科软科技重新定义的“身先士卒”的领导。

同时，这一机制调动了广大项目经理参与管理的积极性，使项目经理成为中科软科技整个管理组织链条上的关键一环。项目经理需要有“全面”的知识积累，除了项目管理的组织能力外，对各种专业分工和协同都有很好的感悟。他们在项目团队中建立专业化的小组，以面对专业化的用户需求，诸如：客户沟通（销售）、领域专家、需求分析、技术支撑、质保等，完善小组的专业创新内容及这些专业小组的分工责任和战术协同机制。

公司自2008年起，每年都会举办“标杆项目”评选活动，以此来调动广大项目经理参与项目管理的积极性，并在此活动中不断地总结和提高、积累点滴经验，为扩大团队、培养骨干和新人做准备。同时，通过活动为各项目搭建自我展示和相互学习的平台，为改进实施过程提供了基础。

“类NGO组织”是指用类似NGO的方式，培养互助协同的管理者，强调人才形成的单位效益。实践证明，开放式的管理，由于相互监督，形成更大范围的矩阵管理机制，它的管理质量反而更高，就像“开源代码”反而比企业的“自有代码”更整洁、更规范。

左春的“双不”法则——不忽视人才，不辜负客户

人才培养是企业发展的重中之重。中科软科技的领导层擅长发掘员工的闪光点，他们坚信每个人都有属于自己的特质，正是人的多样性使得中科软科技这些年来始终生机勃勃。

对人才的培养也应尊重这种多样性。

左春是一个惜才爱才的人，这与他一直以来担任硕士生导师也有关系。左春在中国科学院大学、北京邮电大学教授行业应用软件及软件企业管理等相关课程，作为专家参与硕士学位论文评议。

行业应用软件这一专业是一门相对年轻的学科，它是中科软科技的专长领域。2007年，某大学的软件学院曾向左春征询关于设立实战性强的软件专业学科的建议，左春提出了“行业应用软件”专业，软件企业需要这种专业的毕业生。

教育培训是中科软科技整体服务链中的重要一环。中科软科技内设教育培训中心，与北京邮电大学软件学院合作，联合开设“行业应用软件开发管理”方向的软件工程硕士项目。授课团队由北邮的资深教授、国内大型软件企业的总裁、大型行业企业的信息技术部高管以及专业领域的资深专家组成。

课程模块涵盖行业应用软件开发管理所需的核心领域知识。每年超过百名在职人员参加软件工程硕士项目学习。

像中科软科技这样的软件企业，每年都会面临巨大的人才需求。企业选择的新人专业面很广，如计算机及通信、软件工程、数理化、电子工程、管理信息、金融等。每当左春看到他们的课程表和成绩单时，总有一种欠缺的感觉，他认为从软件企业人才发展的角度出发，应当对这些课程作出某种补充。

市场是敏感的，当时这种补充已经顺势而生了，很多培训机构也推出了一些实战课程，这些课程的确能缩小理论知识与实际应用软件开发的差距，解决了可以“动手”的问题。左春认为动手能力确实重要，但不是根本性的。

很多研究生、企业新员工、技术骨干和项目经理曾向左春咨询，应当学点什么才能使自己有所发展。根据他们的需求，左春写了一篇名为“行业应用软件专业的课程设计”的文章，对行业应用软件专业的知识体系，围绕领域知识、支撑技术和工程管理等方向进行讲解，帮助他们完善和提升。

内部的人才培养，是公司领导层始终关注的问题。人才的培养涵盖多个方向和领域，中科软科技作为一个有机整合的主体，应当成为能容纳百川的大海。要想最终能引领行业应用软件的发展潮流，中科软科技就必须有自己的创新理论体系，必须不断培养既懂技术又懂管理的“领军型人才”，以及既懂软件技术又熟悉各行业领域业务流程的“复合型人才”。

由于中科软科技是以经营为主线、以职能平台为制约、以事业群业务为主体的组织结构，所以事业群业务的技术机动性较大，事业群横向机制的技术管理比较小，这种组织结构像业务技术包产到户，技术上需要不断加强集约化管理。

现阶段，中科软科技推出了类NGO的研发方式，在此基础上实现以事业群为单位的技术集约化。为此，每年4月和10月，公司内部都会举办技术竞赛，以各事业群为参赛主体，开展研发技术的交流，搭建员工展现自我的舞台。

从2002年开始，中科软科技在每年10月都会举办一场关于“行业应用软件”的专题比赛。每年的命题都有所不同，左春本着展示中科软科技的成果、增进技术咨询交流、提高辩论水平和能力、增强公司内部团队荣誉感和合作能力等目的，与公司的技术研发领导认真推敲和商定每年比赛的命题，力图从不同维度出发，呼应领域知识、支撑技术、过程管理这三方面内容。

在命题拟定的过程中，客户的需求和期望是中科软科技十分重视的。

比如，近几年中科软科技的运维项目越来越多，行业客户十分关注中科软科技在行业应用软件运维方面的成果积累，对公司内部的组织协同也提出了一些疑问。根据这一问题，公司于 2017 年 10 月开展了“行业应用软件的运维一体化和协同实施”的专题比赛，向客户作出了正式的回答，同时形成了技术成果物，推动公司事业群加速向集约化管理转型。

中科软科技在强调科技成果的转化和产业化的同时，对技术研发仍然十分重视。如果没有研发的积累，成果的转化也就无从谈起。所以，技术研发人员的培养也是中科软科技所看重的，是左春所看重的。

在组织管理创新方面，左春希望用“新手”的群体工作代替专家的工作，把专家用在更重要的决策环节，建立一种“集市风格”的领导者群体，使用更多的“助推”和非强迫的方法去领导，形成一种充分沟通下的“群体决策”机制，并强调组织中“协调人”的产生和培养。针对大部分参与者，建立新型“学习型组织”，使用中科软科技创新的“成果物”培训大量“新手”，并分成自治的小组，形成一个“戚继光”式的战斗单元（用农民、矿工组成的团队，战胜由武艺超群的浪人组成的团队）。实践证明，即使是“新手”，运用的也是成熟技术，但是通过组织和团队的战术协同创新，也会产生意想不到的作用。

经过多年的发展，公司的业务领导们逐渐发现，行业内支撑技术的主流是基于开源的新技术，如云计算、大数据、人工智能、区块链等。在技术雷达里，大量的“条目”都是开源软件项目，开源软件已当之无愧地成为技术雷达的主角。由此可见，整个软件技术行业在经历一场巨大的变革，其中开源软件起到了非常重要的作用。

因此，左春决定在每年 4 月左右，增加一场关于“开源系统软件”的专题比赛，作为中科软科技特色“技术交流”的新主体，为技术的横向交流提供平台。

2018 年 4 月下旬的一天，在中国科学院大学的教学楼里，关于开源专题的比赛正式拉开序幕。六组参赛队伍激情昂扬，都向着冲进决赛乃至拔得头筹的目标迈进。这一年比赛的命题是“开源系统软件的订阅服务及组织协同实施”。左春依据过往经验，发现相对收敛的命题比赛，跟主题发散的比赛相比更能起到促进高效技术交流和成果积累的作用，也更能展现大家的业务水平。

其实北京4月下旬的气温已经很高了，但窗外的温度再高也高不过技术竞赛场上高涨的热情。看到参赛选手在辩论台上意气风发地展示团队水平，左春在内心深处感到由衷的欣慰和自豪。他认真聆听每一位参赛选手的话，脸上的表情透露着一股因他们而涌现的骄傲。

虽然目标不在此，但专题比赛经过这些年的发展，已经成了中科软科技的招牌之一。一位曾经担任过多届“行业应用软件”专题比赛评委的外部行业专家，对中科软科技这种努力为技术人员打造才华展示平台的行为十分赞赏。

这位专家也参加了2018年中科软科技的“开源系统软件”专题比赛。在赛程的最后，专家发表了感想：“之前，我参加过中科软科技的其他比赛。我很惊喜地看到，中科软科技又提供了一个让技术人员展示才华的平台，这是一件非常好的事情。这几年，我也积极对中科软科技这种好的实践进行推广，希望其他企业多向中科软科技学习，也能像中科软科技一样注重技术交流。”

这些年技术竞赛的成功举办，与公司内部各个环节的努力分不开，其中付出最多的就是以左春为代表的公司领导层。每年，从命题拟定、赛前答疑、团队指导，到最后的比赛，每个节点他们都亲力亲为，付出大量精力和心血。所以，参赛选手取得的每一点进步他们都看在眼里，对选手们的表现，他们也最有共鸣和同理心。

这种共鸣和同理心，让参赛选手们的心里格外踏实。

行为是性格的投射，性格是行为的起源。中科软科技这种务实的风格，与公司领导层注重交流、看重平等的性格密不可分，与他们的责任感密不可分。

对待公司员工，左春是信任和尊重的，他从不高谈虚妄的理解，而是习惯于用行动来表达对员工的关心。“我的员工信任我，我也要尽我最大的努力对他们负责。”他对所有员工一视同仁，与此同时，还能做到根据员工不同的性格来选择不同的交流方式。

据一位在2003年加入中科软科技的员工回忆，在他进入公司的第三年，也就是2005年的时候，左春曾给保险团队的项目经理开过一次动员会。当时保险业务遇到前所未有的发展机会，同时新增了十几家客户，所有稍有经验的骨干都被派去担任项目经理。要人，没有，自己招聘；要支持，大家都忙，自己想办法协商。在外人看来颇有行将崩盘的架势。

“十一年过去了，我们这些项目全都挺过了难关，事业群得到了突飞猛进的发展。我从 2005 年初只有两个老员工，到现在管理着 400 多人的团队，也算不辱使命吧，也只有中科软科技这样的平台才能创造这样的奇迹。”这名员工回忆说。

2015 年 2 月，这名员工突发重病住院，住院期间，他得到了团队成员的多方照顾，大到找医生，小到家里的一些琐事。他的直接领导则在此期间帮助他管理他的团队和业务，调整之前他做得不足的地方。

这名员工住院住了半年，有人问他，“你这样回去公司还能要你吗？”他笑着说：“放心吧，公司是讲价值的，也是尊重历史贡献的，不会落井下石。”他半年后出院回到工作岗位，发现团队运作得井井有条，2015 年还实现了工作业绩的逆转。

中科软科技并没有高得离谱的薪资，但是却有着惊人的中高层稳定性。十几年来，鲜见部门总经理级别以上的员工离职，这在业内堪称奇迹。有这样的稳定的团队怎能不让客户放心呢？怎能不快速发展呢？

在中科软科技这种企业文化的熏陶下，中科软科技的员工也拥有极强的责任心和集体荣誉感。“用户本来有很多的选择，但是用户选择了我们，这就是对我们最大的信任。而这种信任在我们身上转化为巨大的责任感。”中科软科技每一个项目负责人和骨干，都秉持着这么一种原则和信念——肩负着客户的重托，就不能辜负客户的信任。

“信任”是对一个人或者一个集体很高的评价。正因为有这样的评价，中科软科技的员工对客户从来都是做到“涌泉相报”。即使在出现问题的时候，也会先于别人对自己的失误而深感自责，这也是中科软人所保有的“自尊心”。

时刻关注客户的痛点，是每一个中科软人内化于心的原则。左春十分重视客户提出的问题，这些问题经常会演变成一种咨询类的问题。

在 2011 年的时候，曾有客户向左春提问，为什么不采用组件化、产品化的“完美设计”，而采用经常性的“修修补补”建立应用软件系统？在国际上行业应用软件的现状到底是什么样？能不能来个前瞻性的“一步到位”，不用渐进开发如此缓慢？

随后，在同年的中国软件技术大会上，左春提出了行业应用软件的进化论思想。他指出，在此之前，国内一般软件设计的方法论都是以系统软件为主体。系统软件一般针对相对封闭的环境，采用相对完美的设计思想。应用软件由于受到诸多因素的影响，针对的是一个相对开放的环境。如果仍然采用“完美设计”的方式，无法应对多样化的问题模型，因此，在应用软件研发过程中，需要采用“适应性”的设计。

进化论恰好是针对开放环境进行适应性设计的方法论始祖。所以左春认为，要在行业应用软件开发过程中采取进化论的指导思想。

进化论公认是源于达尔文的《物种起源》，它在整个科技发展的过程中起到了至关重要的作用。左春自上学时就对进化论的内容十分感兴趣。除去达尔文的相关著作，他还阅读了赫胥黎的《进化论与伦理学》。他一直觉得《进化论与伦理学》与“自强不息，厚德载物”的说法很相近——“进化”强调奋斗，“伦理”强调道德。

如果把进化论看成科学，左春发现进化论的发展也存在局限性。科学研究不能产生道德观念，也不能教给人类生活的意义，缺乏这种“人类要素”的世界观，对于人性来说是一种致命的危险。如果把进化机制推广到人类生活的各个领域，就反映了普遍的弱肉强食的原则，或者说是社会达尔文主义，最终可能会引发希特勒式的种族主义。所以，赫胥黎先生的“伦理学”和中国古人的“厚德载物”思想之中所蕴含的预见性，让左春大为折服。

当然，行业应用软件作为一种“开放复杂系统”，属于科学研究的范畴。进化论是可以对其起到指导作用的。进化论的主要观点包括“基因自复制性和变化性”“自然选择”“渐进性和遗传性”“物种的演化和相互关系”。在行业应用软件领域，这些原理都可以支撑业务模型的不断完善。因为，侧重于应用的软件应采取演绎和归纳的方式，而非完美封闭的设计。

行业应用软件，特别是业务模型层，确实存在有别于环境层系统软件遵循的理论体系，这种以管理认知进化设计为主要内容的研究，预示着计算机科学发展的新方向。此外，基因自复制性和变化性、自然选择、渐进性和遗传性以及物种的演化和相互关系，既是进化论的主要原理，也是行业应用软件特别是业务模型层的重要指导思想，样本程序和知识库是业务模型层的重要辅助工具。

了解行业应用软件的设计和开发技能，很像学习一门新的语言，有时候上手很容易，但是真正学好非常困难。学会通过“管理认知进化设计”进行行业应用软件特别业务模型层设计，并建立管理认知模型是软件架构师的重要本领。

在相对开放的商业竞争领域，竞争环境决定相应软件系统的强壮性，比如：中国的商业保险竞争环境比欧洲激烈，那么在这个环境下开发出来的保险应用软件功能非常强大，蓝图数据结构表达力也很强。它的产品开发、上线速度快，数据负载量更大，监管环境约束更强，所以这样的应用软件更具有竞争力。

后来，又有客户问左春，为什么中科软科技这么喜欢培养新人？新人在工程中该如何发挥更大的作用呢？

左春向他介绍了中科软科技的“组织与协同”思想。这是这些年来公司发展的关键词之一。

没有任何一场战役是仅靠一个人就能胜利的。在军事战役中，优秀的作战方针能够把可用的力量组合成正确的力量，并非武器装备先进的队伍就一定能获胜。充分的融合作战才会使军事能力发挥到最大。

中科软科技在面向行业客户时，曾经大多采用现场服务的形式，而在近几年，逐渐加重了远端支撑的场景应用。远端与现场的场景应用是体现综合实力的重要方面，是应该受到重视的。软件企业竞争力的要素现在已经不单单依靠技术，而是依靠综合场景应用。

在行业应用软件开发和服务过程中，知识密集、组织分散、成果物需要快速提交等性质，决定了中科软科技必然要重视基于事业群的组织协同。中科软科技实现了整体的组织规划、明确的团队分工，采用 PMO 和类 NGO 等多种方式，对团队中不同层级的人员进行合理的协同，使其方便于跟客户沟通和协调，使客户感知到是中科软科技提供了一个“立体”的、分工有序的项目实践和运行团队。

立足中国，左春放眼世界版图

回顾中科软科技迄今二十多年一路走来的历程，左春在难得的闲暇时刻也会忍不住思量——想当初，决定走探索行业应用软件这条路，虽说顺理成章，但也绝非一帆风顺。

要知道，在世纪交替的年代，国内软件产业的发展主要还是聚焦在基础软件层面上。即使是在世界范围内，信息化的科学前沿也是与基础软件息息相关的。在当时，产品重于工程化服务，行业应用软件由于需要很强的领域知识背景，很难通过纯技术达到好的效果。然而，中科软科技在诞生之初，就立志于研发行业应用软件，推动软件技术向上层应用渗透。这注定是一项“欲速则不达”的事业。

“一直都是急性子，以前不管干什么都想快点看到结果。像上学那会儿，连喜欢的运动都是篮球这类冲撞型的……谁能想到现在干的偏偏是不能急的工作。”偶尔闲谈的时候，左春笑着说，“‘立志欲坚不欲锐，成功在久不在速’，就跟种树似的，你再急，树也不可能一夜长成参天的模样。所以你要耐心等，抱着树一定能长大的信念，但绝不能忘了给它施养料、剪枝叶。”

中科软科技也的确一步一个脚印、踏踏实实地走到了今天，扎根于中国的信息化土壤，长成了一棵大树。树木成长的过程离不开信念的贯彻、“养料”的供给，更离不开“枝叶”的修剪。

“枝叶”的修剪过程，就是企业管理的过程。

在2018年的中国保险IT应用高峰论坛主会场上，左春讲到了“管理的平衡”这一话题。“‘管理’这个词，近些年虽然是以褒义词的身份出现在大家的视野中，但它本身其实是一个中性词。”他诚恳地向听众阐述，“并非管理的程度越深就越利于发展。管理的艺术在于松弛有度，在于平衡。”

中科软科技的管理理念，经过这些年的不断总结有了很大的提高，逐渐形成了一种统一规则下的经营伙伴的关系，简称“伙伴关系”。在这一理念下，公司领导对业务事业部一般只有20%左右的直接权利，剩余的是规则制约下的间接权利。这就最大限度地发挥了群体的作用，合理分散了责任的主体。

这种管理规则避免了领导者的过度权利，充分体现了高新技术企业“以人为本”的相互尊重原则。

“伙伴关系制”吸收了国内外优秀企业的组织管理规则，这是中科软科技企业管理规则的重要组成部分。左春鼓励“伙伴关系”思想，即“一个人成功，也要让他的部下成功”的重要观点。它较好地兼顾了公司成长、团队成长及个人成长之间的平衡。

“伙伴关系制”除了使企业的业绩有高速发展的潜力外，还给企业内有能力的人才提供了不断提升的平台，使新加入的人才有充分发挥才能的机会。在平台上升过程中，每一个领导也在不断体会“直接”管理和用规则放权“间接”管理的方法。在整个企业管理链条上，每一个领导有合理的管理半径以及平衡的权利、责任。

以更广的范围看，“伙伴关系制”则是各层人员的“传—帮—带”。左春知道，掌握知识的人不一定会或者愿意传授知识。但他想使更多的人明白：培养别人，也相当于自己“提拔”自己，因为领导是相对于追随者而言的。更何况每一个人都不是完人，都要寻找与自己互补的“伙伴”，这相当于“带”了别人，“帮”了自己。

一个不会带人而只知道下命令的人，只能称之为管理者，而不是一个真正意义上的领导，很难赢得下属由衷的尊敬。要想成为真正的领导者，必须持续地学习，不断提高自己的专业和管理水平，关心下属，并带领他们取得成功。反过来，从下属的角度看，真正有能力的人可以适应更多类型的领导，他们能保证在充分理解领导意图的前提下，拥有自己的独立见解，适时修正自己的观点，向领导提出各种合理化的建议。学会沟通，是一个人“自我培养”的重要能力。

中科软科技的管理科学还有一个重要方向，就是在鼓励发展的前提下合理分配资源和控制风险。特别是风险的控制——为了防止员工因阶段性的成功而产生骄傲情绪，用制度化的方法去控制“蒙地卡罗谬误”式思想，使员工能冷静、客观地看待各种商业诱惑。

后来有一天，左春开玩笑似的说：“‘不识庐山真面目，只缘身在此山中’。虽说保险领域是我们的重点领域，很多人对保险行业也了解颇深。我们都知道，‘大数定律’是保险的基石，但这不代表大家能时时刻刻保持警醒，时时刻刻能记得大数定律是适用于大样本，而不是小样本的。之所以会产生‘蒙地卡罗谬误’式思想，就是因为忽略了大数定律的前提。在进行市场可行性预测的时候，我们希望大家不要这么单纯，太危险了。所以要制订规则，防微杜渐……总要有人扮演劝服陀思妥耶夫斯基‘改邪归正’的角色。”

保险信息化是中科软科技的优势领域。公司积极利用在保险信息化领域的技术优势，践行“保险+”业务战略布局，拓展与财险有协同性的农业、汽车等信息化领域业务，与寿险、健康险有关的医疗、卫生、疾控信息化领域业务，以及相关营销渠道信息化业务。利用保险协同行业应用领域积累的业务经验和技术积累，公司进一步提升保险信息化领域技术实力。

中科软科技现在正将保险领域相关解决方案积极推广到东南亚地区，在很多国家进行布局。海外市场与国内市场显著不同的一点是，一个项目的投标时间很长，因此更需要项目参与人始终保持着一股韧劲。

恰巧，中科软人是最不缺乏韧劲和毅力的。凌晨4点的街道或许很多人都曾见过，但中科软科技身处项目一线的员工是无暇去感慨的，他们的眼睛正忙着研究代码，双手正忙着在键盘上敲击——希望在太阳升起之前，能到达他们为自己设定的一个小里程碑。

他们经历过多少大的项目，面对过多少关键时刻，已经没法记得清楚。但是那种执着进取的精神、严谨的工作态度、争打硬仗的作风，这一切的一切，就像是某种精神的传承，从三十年前一直延续到现在。

三十年前，左春在武汉，天还没亮就抱着书本来到学校图书馆，开始一天的学习任务。太阳升起后，阳光穿透过窗帘，照在他翻书的手上。

二十年前，公司的第一批员工们，分布在各个客户现场，聚精会神地写代码、测模块。时间的流逝似乎与他们无关，他们的心中只有兴奋，没有疲倦。

十年前，中科软科技的领导层们，积极探索和建设行业应用软件领域产学研的生态圈。彼时，中科软科技成为首批新三板挂牌的两家企业之一。中科软人已经活跃在国内各行业信息化的舞台上，不畏艰辛，用自己的双手打造出中科软科技的金招牌，在业内具备显著的竞争力和影响力。

今天，中国在全世界的眼里，正在从生活日用品、电器等“中国制造”，高速发展为承接大型工程项目的“中国工程”。中科软人在东南亚等地区，作为系统供应商，与当地的行业用户耐心细致地进行细节磋商，一一谈论进展、范围等内容。

将来，中科软科技会以优势行业为突破口，带动其他领域的解决方案进入国际市场，进入更多的国家。公司将从发展理念、人才队伍、国际合作等各方面加强战略布局，制订灵活多变的进驻模式，统筹推进国际业务发展，成为“中国工程”中软件工程的排头兵。

中科软科技就是这样，在螺旋中不断上升。“螺旋”意味着精神的传承，“上升”则是由于中科软人始终在不懈地拼搏。一切都显得如此顺理成章，但任何看似必然发生的事情，其中蕴含的不仅仅是规律，还有促成其发生的一份努力。这份努力，虽然不常被提及，而它才是最重要、最不应当被忽略的。

时至今日，中国的软件产业已经相当繁荣。纵观它的发展史，太多的发展和变革值得书写。2016年年初，左春参与撰写了中国科学院年度报告《高技术发展报告》，对软件产业化的进展进行了论述。

《高技术发展报告》最早发布的时间是2000年，以四年为一个发布周期，每次发布都会聚焦一个领域。2016年发布的《高技术发展报告》主题是信息技术。

他在报告中指出，软件产业分为行业应用软件和基础软件两个层面。随着开源软件和商业模式的变化，基础软件的技术越来越透明，基础软件的产品营销方式也发生了巨大的变化。信息化的科学前沿越来越向行业应用软件转移，产品的形态也转向了工程化的服务。

在中国，很多行业是极富竞争性的，行业应用软件与竞争环境密切相关，逐渐成为竞争的武器。

因此，软件混合在服务中的趋势，既是世界的机会，也是中国的机会。特别是行业应用软件，由于其工程及定制化属性，更能反映"中国工程"优势。行业用户的需求是合理使用并感受配套服务，而非仅仅购买License（许可证）。这就是产生基于运行维护的订阅服务和定制服务的原因。

在这种趋势下，中国比以前更有机会产生成功的软件企业。

中科软科技以"发展软件产业，创新软件科技"为己任，秉承踏实严谨的工作作风，扎根本土，放眼世界。在国际软件产业发展的新形势下，公司加快了国际化步伐，努力拓展国际市场。

中科软科技采用行业应用软件分步进入国际市场策略，利用在行业应用软件领域的优势，通过做好细分行业内有影响力的大客户和典型客户的全套方案，增加典型案例，进而扩大公司在该行业的品牌影响力和竞争力。

左春很喜欢伊里亚·叶菲莫维奇·列宾的作品。上次去莫斯科参加全俄科学节时，他在难得挤出的空余时间里特意去了一趟美术馆，为的就是看列宾的画。他曾评价说，列宾的画中包含了丰富的内容，是当之无愧的人民艺术家。

在中国，列宾有一幅作品称得上是家喻户晓，那就是《伏尔加河上的纤夫》。"看那幅画的时候，我印象最深的就是对比。对比不仅体现在背景与人物之间，也体现在不同人物的表情上，"左春说，"表情透露出性格。据说列宾为了画这幅画，对纤夫进行了大量的观察。当然，我觉得这幅作品之所以能成功，不只是因为列宾善于观察，更是因为列宾对劳苦人民有最深切的同理心。”

善于观察和探索，是艺术家特质的一部分，是左春特质的一部分，更是中科软科技的领导层不可或缺的精神。谁能说管理不是一门艺术呢？领导层将感悟到的管理艺术和哲学渗透到中科软科技管理工作的方方面面，形成了一系列管理规则。

正是这些管理规则，使中科软科技得到了可持续的发展，然而他们仍然不会松懈。

左春由衷地希望，中科软科技这棵树成长得能再大一些，为中国软件产业的发展做出的贡献能再多一些。

MBA 培训界的黄埔校长

——社科赛斯　李发进

21 世纪之初，在群雄割据的 MBA 考前辅导领域，很多初创公司相继出现，大多数如流星划过夜空，一闪即逝。社科赛斯便是在这样的背景下创立的，一路风雨十多年，发展至今，已成长为一家师资力量强大的权威、专业的硕士考试研究机构。

2002 年，北京大学 MBA 学员甄诚创立了名为“社科赛斯”的 MBA 考试辅导机构，且以“选择社科赛斯，选择成功”作为公司标语。创立之初，甄诚顶住行业压力，使社科赛斯在北京站稳脚跟。2005 年，王金门和赵新相继加入社科赛斯；2012 年，李发进加入并成为公司的第四位合伙人，至此，李发进的社科赛斯之旅正式启程。

“你选取什么样的目标，就会有什么样的成就，有什么样的人生。”这是李发进常说的一句话，因此对待目标，李发进始终本着永不放弃、挑战极限的信条，让他从一个“大烟鬼”摇身一变成为一位戒烟成功者，并在运动中不断挑战极限、突破自我。也正是这样的李发进，将“不抛弃、不放弃、不达目的誓不罢休”的铁军精神带入社科赛斯，带领他的团队无数次打破考研领域的不可能。

《孙子兵法》云：“厚而不能使，爱而不能令，乱而不能治，譬若骄子，不可用也。”即是说，只知道厚待士兵却指使不动他们，只知道溺爱却指挥不动他们，士兵违法乱纪却不能惩罚他们，这样的士兵就像宠坏的孩子一样，是不能用来作战的。李发进更是深谙此道，在本着“员工第一”原则的同时，对待自己的团队更是“爱之深，责之切”，努力打造一支属于社科赛斯的铁军队伍，并形成一种以铁军文化为底色的企业文化。也正是拥有这种文化下的这样一支团队，他们同舟共济，并始终秉持着“诚实守信、公平正直、敬业感恩、分享共赢”的核心价值观，是他们在社科赛斯最艰难的时刻延续了它的辉煌。

从沂蒙山区的傻小子，到跃入龙门的大学生；从烟不离手的“大烟鬼”，到戒烟六年的成功者；从享誉中外知名企业的副总裁，到摇摇欲坠小型公司的打理人；从朝九晚五的打工者，到没日没夜的创业先锋；从在原厂任职时下属的一呼百应，到新官上任之际员工的离职反对；从完全理性的企业“专制者”，到换位思考的集团“大家长”……

这就是李发进，一位不达目的誓不罢休的集团总裁，一个没有架子，能够清楚记得每位员工的姓名、入职时间甚至生日的大家长……李发进的个人经历、李发进的目标管理、李发进和他的社科赛斯团队——这支数次打破考研领域不可能、勇往直前、引领全国的创业铁军，都将在本篇文章中一一展现，本文带你认识一个多面的李发进，感悟一段充满坎坷的社科赛斯成长史。

启程：铁三角到合伙人

2012 年 6 月初，陪家人到北京旅游的李发进与赵新巧遇，同在 2004 年于南开大学读研究生的两人在小茶馆煮茶论道，从家庭到工作，无所不谈，三壶工夫茶下肚后，赵新发出邀请，希望李发进加入自己所在的教育公司——“社科赛斯”。这也是“社科赛斯”又一次出现在李发进的生命里。

2002 年，社科赛斯由北京大学 MBA 学员甄诚先生创立，这个初次听起来拗口的名字取自英语“success”的音译，寓意是希望每一位学员、客户、员工都能成功，当然也希望公司能够成功，同时以“选择社科赛斯，选择成功”作为公司的宣传标语。

经过“三株口服液”鼎盛时期洗礼的甄诚先生，在“三株口服液”没落之初就成功转型入职“美的”公司，并逐渐成长为炙手可热的大区经理。“成功都是留给有准备的人”，甄诚先生常常用这句话告诫周围后生，而他本人也在用实际行动践行这一理念。

山不厌高，甄诚先生利用业余时间攻读 MBA 课程，2002 年成功进入北京大学光华管理学院攻读 MBA。也就是在接到录取通知书的当天，甄诚先生毅然从美的辞职，创立社科赛斯，进入 MBA 考试辅导领域。

世纪之初的 MBA 考前辅导领域群雄割据，很多初创公司如流星划过夜空，随即消殒。2005 年，销售出身的甄诚先生顶住压力，让创立 3 年的社科赛斯教育公司在北京站稳脚跟，并在全国建立加盟分支机构 30 余家，成为当时全国影响力最大的 3 家 MBA 考前辅导机构之一。

相遇就不能错过。李发进和铁三角的另一位主人公王金门相识于2003年，两人在社科赛斯天津分校备考MBA期间。基于对教育事业的热爱、对逻辑教学的偏执和对甄诚先生的认可，在2005年毕业实习的过程中，王金门和赵新先生便相继加入社科赛斯天津分校工作，使该分校在社科赛斯所有分校中崭露头角。在2005年年末，两人在甄诚的带领下，参与并负责了"中国MBA教育网"的策划和建立。

2010年，随着公司规模的扩大和业务的扩展，公司急需熟悉业务并能立刻上手的管理者，创始人甄诚先生也因长期过度操劳需要调养，便盛情邀请赵新和王金门到社科赛斯北京总部，并以友情价转让给两人公司的部分股份，将公司经营管理权交给了赵新和王金门，社科赛斯也从此成为一家合伙企业。

2012年，社科赛斯在名校MBA提前面试领域确立了领导地位，公司业务也有了较大起色。为谋求更大的发展，赵新向同学李发进抛出了橄榄枝。

当然，赵新的邀请也并非基于简单的同窗情，而是因为李发进大学毕业后先后在普利司通、正大集团等国内外著名企业任职，担任过技术员、车间主任、生产厂长、人力资源部长、公司副总裁等多种职务，已经从一位初出茅庐的年轻人成长为一位资深的企业管理人才。

2012年6月下旬和7月中旬，借李发进孩子升学和王金门生日这两次机会，甄诚、赵新、王金门和李发进4人再次相聚，敲定了李发进加盟社科赛斯的相关细节。

2012年8月6日，李发进顶着北京8月的三伏骄阳正式加入社科赛斯教育集团，成为公司第四位合伙人，并担任常务副校长，负责公司的经营管理工作。至此，南开铁三角由同学、朋友发展成为企业合伙人。

经过3年的摸索和历练，李发进于2015年升为董事总经理、校长，全面负责公司的运营和战略发展。此后的6年成为他人生最难忘也是最感激的时光，他与社科赛斯的故事也就此展开。

目标：永不放弃，挑战极限

"你选取什么样的目标，就会有什么样的成就，有什么样的人生。"这是李发进在公司大大小小会议中"出场率"最高的一句。当然，李发进的目标也并非万达集团王健林先生的“小”目标——“我先挣它一个亿！”而是从生活到工作，从短期到长期，不断审视，不断调整，一步步实现个人生活的小目标，同时带领公司同事达成企业目标，让每位员工都从个人工作中获得成就感。

在个人生活上，李发进体现出坚持目标、不放弃的精神，有两件事让他一直引以为豪：一个是戒掉了20多年的烟瘾，另一个则是坚持运动，不断挑战身体极限。

说起抽烟，要追溯到1992年。那年，李发进考上大学，只身一人来到天津。离开家乡，也离开了父母的管束，李发进不久便染上了抽烟的习惯。

到2012年，抽烟二十余载的李发进成了名副其实的“大烟鬼”！一天两三包，一买六七条，办公室里、家里还有车里，几个常待的地方都有存货，从不会让自己没烟抽，烟不离手是外人对他最直观的印象。

被香烟绑架的感觉并不好，每次半夜醒来，若不靠在床头抽上两根，就很难再次入睡。李发进明白，再这样下去，身体迟早会垮掉。

2012年5月31日，李发进偶然知晓当天是世界无烟日，也就是在那天，他决定开始戒烟，并非常有“仪式感”地告知家人朋友这个决定！

戒烟从来不是一件轻松的事，当时周围人也只认为他是开开玩笑。戒烟过程很艰难，以前半夜醒来还有烟抽，现在只能床前打转。火苗在烟头跳跃无数次，再靠近一点就会点着，心里抽烟的欲望催促着他，只要再近点，就可以回到以前无拘无束的状态。但靠着那份意志，那团火终究还是熄灭了，他成功地做到了，一戒就是6年。

2012年戒烟之初，闲来无烟的李发进喜欢上了爬山，甚至到了痴迷的程度。白天被工作填满，他就凌晨5点多开始爬山，9点准时出现在公司，有时候晚上6点下班后开始爬山，半夜回家。晚上爬山当然会“栽跟头”，李发进在他无比熟悉的香山，也曾因天太晚夜太黑而迷了路，等回到家时已是凌晨。

长期的爬山和锻炼给身体带来的好处显而易见，为此李发进坚持这项爱好，每年再忙都挤时间去登山，他不断地设立更高的目标，不断地挑战和突破自我。

2015年11月4日，李发进征服天险华山，用时7.5小时完成了登顶、环游五峰和下山的全过程；2016年7月27日，李发进成功挑战五台山，一个人一天时间（14 小时）用脚步丈量了五台山，行程 56 公里，累计爬升超过 3000 米；2017 年 10 月 29 日，李发进挑战半程马拉松，1 小时 56 分跑完全程。周围人提起这些“壮举”，他多半也是摇头笑着说：“没什么，只要你想，你也可以！”

2017 年，李发进带动公司全体人员走上了强身健体之路，先后组织了十三陵 25 公里 4 小时完赛拉练、3 小时登顶泰山等高难度运动项目。用李发进的话说，“要把社科赛斯打造成一家 99.9% 的公司都做不到的企业”，并将团建中形成的“不抛弃、不放弃、不达目的誓不罢休”的精神带到工作中去！

李发进“不达目的誓不罢休”的精神在公司业务及教学领域也体现得淋漓尽致。他始终坚持以目标为导向，在每月公司大会和年会上公布目标，并要求每位总监、部长乃至每位员工都明确制订自己的目标，自上而下形成勇往直前、永不服输的社科赛斯铁军精神，在他的带领下，公司实现一个又一个目标，创造一个又一个奇迹。公司双百万目标从“2020 年实现日均营收 100 万元”调整到 200 万元，总营业额目标更是从 3.6 亿元调整到 6.3 亿元！

2017 年 12 月 31 日也是李发进最难忘的一天。由于全国研究生统一招生考试于每年 12 月底举行，因此 12 月也成为包括社科赛斯在内的所有考研辅导机构的“噩梦”。首先是临近考试，部分学员因前期准备不充分，内心焦躁准备放弃考试，李发进为此制订最低出勤率，要求各班班主任主导，业务人员配合，严抓出勤及教学，从而保证每位学员都有勇气走上考场，不负自己长久以来的努力。其次，12 月是公司业务人员招生最艰难的一个月，明年的考生不着急，当年的考生报名几乎不现实，收入不理想似乎顺理成章。但李发进坚信考研领域没有淡旺季，不能因为临近考试而放松招生，于是对社科赛斯近 5 年 12 月市场情况和业绩进行同期比较和调研。在 2017 年 12 月 4 日公司月度大会召开之际，李发进宣布 12 月集团业务流水要达到 1150 万元，这个任务不只在开会时看起来不可能完成，直到 12 月最后一天，业务还差 100 多万元，大家都感觉这次要抱憾了，但李发进依旧不断强调：“12 月我们的目标是 1150 万元，不以任何人的意志为转移！1150 万元，必须完成，没有借口！”最终，在 12 月 31 日晚 11 点 50 分，1150 万元圆满完成。

如果用两个字来概括 12 月为何能完成 1150 万元，那就是“目标”，每一位社科赛斯人睁开眼睛后关注的第一件事就是自己今天的目标，有市场开拓目标、销售目标、服务目标，每天晚上睡觉前最后告别的还是“目标”，“目标”已经深深地刻在每一位社科赛斯人的心中。不仅要有目标，更重要的是坚持不放弃，李发进始终坚信“30-1=0”，也正是由于这种铁军精神，才能指导社科赛斯实现一个又一个奇迹！

整合：纳贤扩张，铁军队伍

正如联想之父柳传志的九字战略“搭班子，定战略，带队伍”所言，一切企业成败的关键因素都在于人，没有合适的人，再好的行业、再好的机遇都不可能造就成功的企业；反之，只要有合适的人，无论是竞争多么激烈的行业，都能够成就伟大的企业。

柳传志带领的联想、王石带领的万科、任正非带领的华为、马云带领的阿里巴巴等都是如此。社科赛斯能够有今天的发展和行业领先地位，第一关键要素也是人。

谈到“人”，首先，是社科赛斯的缔造者甄诚先生，他对社科赛斯的两大贡献永不磨灭，一是给予社科赛斯生命，二是在合适的时间分享了股权和经营管理权；其次，是社科赛斯的核心合伙人、股东和员工。在社科赛斯公司大门口的墙上写着一行大字：“真、善、美——社科赛斯人永恒的追求”，其实还有两个永恒追求，一个是对人才的渴望，另一个是对教学品质和公司价值的无止境创造。

从公司创立之初仅有的10余人到如今全国各地的400余人，从此前的松散无组织到如今团结战斗的社科赛斯铁军团队，李发进一直秉承着“员工第一”的原则不断整合人员队伍，不断挖掘优秀干部，在纳贤扩张的道路上聚集了众多优秀的核心骨干和人才，也为公司的蓬勃发展打下基础。

2013年，一次偶然的机会，李发进了解到一位叫郑玉超的学员拥有京津等地的高校资源，熟悉所有高校的情况，这一点与社科赛斯计划打入MPAcc（专业会计硕士）市场的需求高度吻合，李发进便立即展开了对郑玉超的邀请攻势，最后用诚意感动了郑玉超老师，使其辞去了收入不菲的工作，并放弃了即将入读的名校MBA，毅然决然地加入社科赛斯，跟随李发进投入新项目的“创业”中。

MPAcc项目的创业之路异常艰难，除了MBA项目辅导的师资可以利用之外，公司再无其他更有利的资源来支持该项目。项目团队从最初的郑玉超 1 人，逐渐增加到 6 人，由于项目艰难，全年下来整个项目耗资超百万，与之形成鲜明对比的是业绩收入，只有区区十几万，项目团队一直在怀疑项目的可行性，甚至怀疑自己的能力，在最艰难的时候，项目团队好几次关起门来抱头痛哭。

在项目团队最需要理解、支持的关头，李发进有时给予宽慰和指导，有时则直接关起门来“痛骂”一顿：“世上没有做不成的事，只有做不成事的人”“不是看到了希望才去做，而是在做的过程中看到希望”“如果在这个时候放弃，你们就是孬包”，这些话像连珠炮一样向整个 MPAcc 团队砸去。

直击自尊心的“痛骂”让原本要散掉的团队又重新凝聚起来，现在回想起来，如果没有李发进这股钢铁般的意志力和铁腕式的管理，也就不会有后来闻名全国的社科赛斯 MPAcc 铁军团队。

经过 2013 年的积淀和 2014 年的不懈努力，社科赛斯 MPAcc 事业部在 2014 年取得了长足的进步，全年业务增长 10 倍，营业收入超过 160 万元。2015 年 12 月 31 日 23 点 57 分最后一笔收费入账后，圆满完成全年业绩目标，项目收入突破 400 万元，创造了同行业北京地区单个项目收费最高纪录！2016 年突破 800 万元，2017 年突破 1000 万元，并为集团公司全国业务拓展作出了巨大的贡献。

在社科赛斯 MPAcc 团队成长的过程中，最让李发进惊喜的是唯一从天津招聘的员工吴朋倩，小身板顶住压力，刷新了多个纪录：单月个人业绩 78 万元，单月税前收入 18 万元，个人全年业绩 360 万元，学员满意度调查也是最高分。努力终有成果，目前她不仅成为社科赛斯的股东，也晋升为项目总监，是集团公司全体同事学习的榜样。

而各分校也涌现出一批杰出的领袖人物，带领着全国分校蓬勃发展。为有效拓展社科赛斯的生存空间，李发进主张在全国一、二线城市建立社科赛斯直营分校，2014 年 10 月，社科赛斯第一家直营分校在上海成立，经过 9 个月的运营，到 2015 年 7 月份，上海分校已经实现了盈亏平衡。

天有不测风云，正当上海分校计划大干一场的时刻，分校负责人因无法克服的原因不得不离开上海，仓促间聘请的负责人在毫无心理准备的情况下火速上岗，到 2015 年年底，上海分校亏损 112 万元，吃到了直营分校创办过程中的败仗。

庆幸的是，2016 年 1 月 1 日，经李发进多次出面，原来社科赛斯杭州加盟分校楼玉娥校长被李发进的真诚和公司的美好前景打动，同意接管上海分校的经营管理工作，经过一年的运营，最终实现了扭亏为盈，并在 2017 年取得了令人瞩目的成就，营业收入一举突破千万元大关，成为上海地区最大的 3 家辅导机构之一，并在考生和院校老师中积累了良好的口碑。

同时，正当社科赛斯管理层计划拓展全国直营分校之际，一次偶然的机会，在考研辅导领域摸爬滚打十多年、有着丰富市场经验的郭炎宏走进了企业创始人甄诚和经营者李发进的视线。经过一两次简单的沟通，在甄诚先生做出“这人看着还不错，人品应该没问题”的结论后，李发进代表公司与郭炎宏达成了口头合作协议，后者在春节后第一天决定加盟社科赛斯，负责全国分校的开拓与运营。

在以李发进为代表的公司全体干部员工的支持与配合下，郭炎宏多年积累的行业开拓经验和永无止境、永不服输的市场开拓精神得以完全施展，到 2015 年年底，社科赛斯直营分校的旗帜插到了哈尔滨、南京、济南、武汉、郑州、长沙、南昌等全国 15 个主要城市，并在当年就实现了盈亏平衡。

这份成绩极大地鼓舞了全体社科赛斯人的士气，拓展了社科赛斯的生存空间，提升了社科赛斯品牌的知名度和美誉度。

2016 年，社科赛斯直营分校已经开拓到 22 家；2017 年年末，直营分校数量达到了 28 家。经过不到 3 年的运营，直营分校营业收入已经突破 6000 万元，超过北京总部积淀了 15 年力量所创造的营业额，并且这种超越不但不可逆，还必将日益扩大！

新业务锐意开拓，老业务也要固守提升，确保行业第一。这一点依然离不开人才的会聚和员工积极性的调动，无论多么优秀的人才，一旦失去了目标的指引，就不可能成就非凡的事业。

每每谈起 MBA 团队的刘春茶、孟芳芳、陈彩菊等爱将，李发进都有说不完的故事，是他们在公司最艰难时刻的那份坚守延续了社科赛斯的辉煌。当然，他们也是社科赛斯发展的受益者，目前都是公司股东并身居要职，带领团队拼搏在第一线。

如果用“爱之深、责之切”来形容李发进对 MBA 业务团队的严格管理，那是一点都不过分。在一次全体员工月度大会上，作为全公司业务完成率最高的团队，MBA 团队全体人员不但没有等到意料之中的表扬和嘉奖，反而因为某一项指标没能达到要求而受到严厉的批评，主要领导还遭到严重处罚。

在一个传统的、充分竞争的、准入门槛非常低的红海市场，要想达到多年连续高速增长，需要付出外人无法想象的努力。每一位 MBA 业务人员，代表的绝对不仅仅是个人，而是整个家庭，他们不但是家庭的主要经济来源，更是整个家庭的骄傲，很多人工作三年后都在老家甚至北京买房买车。同时，每年一次的年终总结和述职会必定会成为员工宣泄情感的出口，几乎每年每个人都会流下感慨的泪水：为自己一年辛苦的付出、一年经受的煎熬、一年忍受的委屈，也为一年来自己的成长和收获！

引领：黄埔挂帅，铁军文化

社科赛斯自 2002 年成立至今，见证了无数企业的兴衰，之所以能够走到今天并有长远的发展，毋庸置疑，是创始人、各位合伙人以及干部员工起到了主要作用，引领社科赛斯一步步创造辉煌。经历了 10 年的沉淀积累，在一个时间的拐点，李发进的出现也成就了社科赛斯的厚积薄发。

李发进是一个对自己足够狠的角色，他自律、勤奋、坚持、以学员和员工为本，始终坚持为公司树立榜样，也带动公司上下树立艰苦奋斗的精神。

从进入社科赛斯开始，6 年来他一直保持着一个习惯，那就是要求每位员工每天提交工作总结，并且每一份工作总结他都要批复，从未间断过。因此，在北京总部，无论是只有 20 位员工的 2012 年，还是有 150 位员工的 2018 年，他对每一位员工都非常熟悉，甚至能够清楚记得每一位员工的入职时间，事必躬亲的办事态度让他几乎每天都要工作 12 小时以上。从 2012 年加入之初，李发进就坚持每天早晨六点起床第一个到公司，晚上十二点最后一个离开公司，从公司到天津李发进的家只有短短两个小时的车程，但李发进在创业之初最长有 35 天没有回家。他真正做到了像稻盛和夫所说的：作为总经理，要付出不亚于任何人的努力！

他一直将“玩命工作，就是年轻时最好的生活”作为自己的座右铭，并以此激励公司的每一个员工。有一次，李发进在地方分校跟员工聊天时，得知他们每天 5 点半下班，当时就把分校校长责骂了一通，说我从来没有早于10点下班过，分校员工和校长纷纷自愧不如，从此好好认真工作，不敢有丝毫懈怠。

此外，李发进一直强调领导不仅要制订战略，保证实施，更要冲在阵线的最前方，直面战场。2018年8月，在暑期魔鬼集训营期间，由于校方和负责人协调方面出现问题，导致训练营的宿舍空调问题迟迟没有解决，工作人员更是心急如焚。李发进在得知情况后连夜赶到集训营并解决问题，38小时之后终于与负责人达成协议，成功渡过难关。

而在学员服务上，李发进更是亲身示范。2018年5月，李发进提出上至董事长甄诚先生、各位校长，下至部门总监，每月至少要进班两次，和班主任、学员沟通，了解班主任工作中的难题，了解学员学习进度及上课反馈，并第一时间解决。

李发进的自律、勤奋、坚持、感恩都值得每一位社科赛斯人学习，正是李发进对自我的高标准，严于律己，才创造了一个又一个的奇迹！正是李发进的这种常人无法触及的拼搏精神，让社科赛斯从500万元规模的企业发展为今天的行业翘楚！

李发进的精神不仅影响着社科赛斯集团内部，也影响着社科赛斯服务的每一位学员。每年李发进都会收到他帮助过的学员发来的感恩短信，有的学员为李发进的敬业和专注而感动，认为李发进潜移默化地改变了他的职业观念，使他受益终身；有的学员被李发进的诚意和真心折服，在半途而废的边缘重整旗鼓，将李发进作为学习的标杆与动力的源泉。社科赛斯每一位学员，不管有没有跟李发进有过直接接触，都从各种渠道知晓过李发进的故事，聆听过李发进的教诲，得到过李发进的指导，可以说李发进始终陪伴着社科赛斯数万名学员一起成长，真正地实现了社科赛斯“服务人才，伴您成长”的企业使命。

除了核心领导层的有形引领之外，真正引领团队前行的无形力量是李发进倡导的企业文化，也是一种铁军文化。2013年伊始，李发进将公司的使命定为“服务人才，伴您成长”，社科赛斯的终极目标就是全心全意为学员提供最优质的服务，不仅给予学员知识，同时陪伴学员成长，亦师亦友，和谐共赢。

2015年春节，李发进在给甄诚先生的春节拜年短信中首次提到“将社科赛斯建设成为一家伟大的、受人尊敬的教育公司”，而在之后的公司大会上，甄诚先生再次提起这一愿景时，得到了全体员工的一致认同，就这样，这句话成为了企业文化中的公司愿景。对此，李发进多次在内部会议上指出，“伟大”二字是极难实现的，是需要使命感才能做到的，不仅是对学员的使命，更包括对于社会的使命，要形成社会影响力。而“受人尊敬”要保证不管是学员还是非学员，对于社科赛斯提供的服务，都会发自内心地感到满意，这样才能获得别人的尊敬。李发进指出，社科赛斯的目标是做到“伟大”并“受人尊敬”，最终推动教育行业的全面发展。

2016 年，受《基业长青》一书的影响，李发进提出将“质量优于价格，收入优于成本，没有其他规则”确定为公司经营理念；2016 年是公司的“服务年”，公司上下将服务学员作为核心工作，“品牌就是承诺、质量就是生命”的教学理念应运而生。至此，社科赛斯的企业文化雏形已经基本确定。在强调“品牌”与“质量”的文化理念的引领下，社科赛斯始终致力于为学员提供质量精良的服务，帮助学员实现人生理想，进入心仪的学校。多年来，社科赛斯始终坚守“社科赛斯只做一件事——帮你考研成功”的承诺，凭借着雄厚的师资力量、科学的面试辅导体系和一丝不苟的辅导精神，创造了极高的面试、笔试通过率！同时，社科赛斯每年也帮助无数意志动摇的学员重新坚定信念，不放弃每一位学生，许多本以为自己无缘录取的学

■ 社科赛斯核心管理团队

员在社科赛斯的帮助下，取得了出乎自己意料的好成绩，因此每年考研成绩或录取情况公布时，社科赛斯都会收到来自五湖四海的赞美，大家的信任、认可和高分，是对社科赛斯最好的回馈、最好的礼物。

2017 年，李发进带动公司全体人员走上了强身健体之路，并在 2017 年 10 月份的企业文化梳理过程中，把“运动减肥，快乐健康”成功写进了社科赛斯的企业文化。2017 年年底搭建和形成了社科赛斯企业文化框架，自此历经 5 年零 5 个月，在李发进的带领下，形成了社科赛斯独有的企业文化。每次开大会前，李发进必定要求全员背诵并默写企业文化，让每位员工铭记于心并践行，这成为社科赛斯独有的精神价值观，为企业下一步飞速发展和双百万目标的实现奠定了基石。

激励：同舟共济，分享共赢

2012 年之前的社科赛斯，虽然是 MBA 辅导领域的三甲之一，但因其分校全部属于加盟性质，不能合并报表，故公司规模较小，总部只有 20 位左右的员工，主营业务收入流水也只有不到 500 万元，盈利能力非常有限。

等待李发进的是一个不破不立的局面。虽然公司在业界拥有不错的口碑，但因为团队老化，缺少基础管理制度，员工也因为前途迷茫纷纷离职，公司每况愈下。2012 年是行业变革的窗口期，生存还是灭亡掌握在自己手上。既然不破不立，那就破。

经过一个月的调查、了解和分析，2012 年 9 月初，李发进提出大幅度调整公司员工薪酬，此项改革遇到的矛盾和冲突远远超出了预料。首先是股东层的反对，由于公司此前已经进行过薪酬调整，成果甚微，并且当下公司盈利状况并不乐观，贸然再次调整薪酬可能会造成公司更大的亏损，进而影响公司生存；其次是员工不满，上涨工资没有异议，但由于岗位差别，上涨幅度并不统一，打破了之前的均衡，导致不少人觉得有失公平。

对于本次调薪，李发进根据自己多年的工作经验，据理力争说服了股东层，并逐个对员工进行了解释和安抚，在经历了半个多月的动荡后，薪酬调整风波趋于平静，公司经营管理逐步走向正轨，各项业务指标稳步提高。

2013 年 5 月，李发进第一次提出以关爱员工为主题的企业文化理念，要做到快乐工作、快乐生活。李发进十分重视员工发展，除了保障员工拥有高于同行业或同龄人的工资以外，还设置了各种外派或内部培训，以及每年组织多次集体出游等。在李发进的带领下，社科赛斯一直保持着极低的员工离职率，公司任职5年和10年以上的员工数量逐年递增。李发进相信，在关爱员工的企业文化理念的帮助下，社科赛斯的工作岗位可以吸引更多优秀的职场新人，成为他们的第一份工作，也可以留下优秀的职场人才，成为员工工作生涯中的最后一份工作。

公司实行严格有效的绩效考核制度，以奖励为主，其间也涌现出无数个典型案例和先进个人。

2013年新绩效考核刚刚实行，一位入职不满半年的新业务人员挣到了当时公司有史以来的最高工资，税前月收入达到2万元，这对于一个刚刚毕业半年、同龄人平均月工资不足3000元的新员工来说，无异于天文数字，就连这位员工的家人在拿到钱后还在怀疑事情的真实性！

2014年2月，一位入职一年多的员工月收入首次突破10万元，同时公司又对其奖励了一台笔记本电脑。

2015年12月，传统的淡季，在同行业招生处于停滞的时期，社科赛斯业务团队突破极限，创造出362万元的年度最佳业绩。

2016年3月，一位业务人员当月业绩收入突破税前18万元，成为公司全体员工学习的榜样。

2017年更甚，一位员工全年个人业绩完成额接近500万元，个人年收入超过100万元。

2017年3月，集团单月营业额突破1350万元，是2013年之前最好年份全年收入的两倍多，同时在2017年12月28日，集团当天营业额超过138万元！

今天的社科赛斯，已经不再属于创始人甄诚先生一个人，也不再属于合伙人团队，而是属于几十个、上百个实实在在的股东。从2010年甄诚先生第一次转让股份开始，接下来的8年里，公司股份在公司内部员工之间的再分配就始终没有停止，李发进在这中间起到了至关重要的作用。之所以能够得到甄诚先生以及其余各位合伙人的认可和授权，借用甄诚董事长的话说，那就是“老李”这个人公平、公正、公开，公司利益至上，凡事都占着一个“理”字！

在李发进的主持下，公司较大、较集中的股份改革有3次，一次是在

2014 年 1 月，当时除了公司合伙人之外，公司主要管理人员（部长及以上）全部获得了一定比例的公司原始股份，公司股东从 7 人扩大到 17 人；随着公司规模的扩大，第二次改革在 2016 年的 1 月，这一两年来新招聘的员工和提升的管理人员也拿到了一定比例的公司原始股份，股东数量从 17 人扩展到了 31 人；第三次是在 2017 年 1 月，李发进未雨绸缪，召开董事会，创新性地提议全体股东进一步减持股份，留出足够数量的股份给现有和未来的分校管理人员，解决困扰业界多年的直营分校管理难题，并制定了股份分配方案。

在这一系列的股权设计和方案分配之下，分校的主要管理者从被动工作转向了主动，从注重短期利益向注重长期利益转变，从而使得分校“目标”管理模式得以顺利推进并创造了一个又一个奇迹。

这些成绩的取得，不是偶然，而是社科赛斯核心价值观“诚实守信、公平正直、敬业感恩、分享共赢”的真实体现，是社科赛斯发展过程中的必然结果，是社科赛斯成功公式“成功 = 目标 + 自律 + 勤奋 + 坚持 + 吃亏 + 感恩”的真实写照。

创新：打破常规，涅槃重生

在当今的中国，每天大概有 1 万多家新企业诞生，但一年之后，这 1 万多家企业只有不到 10% 仍然存活并正常经营。而三五年之后，在这仅有的不到 10% 的企业中，又会有 8% 左右退出历史的舞台。也就是说，中国的创业企业，能够活过三、五年的不足 2%，能够超过 10 年的更是少之又少。

而社科赛斯在市场中杀出重围，十多年来屹立不倒，得益于李发进带领公司进行了无数次的改革与创新，每一次创新都是一次冒险，也带来了意想不到的机遇，在一次次创新中，社科赛斯屡创奇迹。

2012 年 9 月初，李发进第一次对公司实行了大刀阔斧的改革，这次改革几乎触动了所有人的利益。

第一，建立严格的考勤管理制度，公司所有人员进行指纹打卡考勤。任何人不得凌驾于制度之上，这一点让所有人员极不适应，但在全体合伙人的一致坚持和带动下，这一制度终得以顺利实施。

第二，建立公司周例会、月例会和业务会议制度，并制订了会议要求和规范，但仅仅会议期间不允许手机响铃和接打电话这一点就让大家难以适应。当初手机响铃的第一笔罚款是给了一位公司联合创始人，第二笔罚款给了公司一位核心员工，这起到了很大的震慑作用。

第三，梳理和调整公司各项业务流程，首先就是收回公司所有人的财务签字报销权限，实行了财务一支笔管理，为此还发生了几次不小的争论。

以上三项改革在如今看来虽是再普通不过，但在 2012 年，在当时已成立 10 年的社科赛斯可谓是一次“创新”和“震荡”。

在这场“震荡”趋于平静之后，“不安分”的李发进又“创新”地提出了从 2013 年到 2015 年，要实现公司销售收入连续三年翻番的奋斗目标，并明确了 2013 年主营业务流水收入达到 900 万元的目标！

这一决策在公司中引起轩然大波，遭到主要业务人员的集体反对，并用集体辞职来抵制这一在他们看来不可能完成的任务。然而，李发进并没有被这些反对的声音吓倒，在公司高层观望怀疑、执行层集体反对抵制的状况下依然坚定不移地实施第二次改革。从绩效考核入手，同时大胆起用新人，组建了老、中、新搭配的业务团队。

2013 年春节过后，毫无悬念第二次改革“迎来”业务人员的离职狂潮，80% 以上的业务骨干离职。骨干虽离职，但与此同时，得益于新的薪酬绩效考核方案强有力的推进，坚守的老员工和新招聘的员工承担起公司业务发展的重担。公司业务不但没有下滑，反而呈现出强势增长的趋势。

到 2013 年 4 月底，公司连续 4 个月超额完成了年初制订的月度销售计划，员工收入较同期增长了将近一倍。同时，在新的绩效考核下，教学人员的服务热情也得到了较大程度的提高，教学质量和学员满意度都大幅上升，公司整体都呈现出前所未有的发展盛况。

2013 年年底，公司不仅完成了年初制订的主营业务收入 900 万元的奋斗目标，还超额达到了 1100 多万元，在成立的第 11 个年头首次迈入了千万级企业行列。

在之后的 4 年里，公司始终保持着 80% 左右的复合增长率。到 2017 年，集团营业收入首次突破 1 亿元，成为整个考研辅导行业的导航标，这样的增长也是 MBA、MPAcc 辅导领域的奇迹。在此过程中，李发进制订了公司发展的三年规划、五年规划、八年规划。同时将月目标年制订、周目标月制订、日目标周制订，分解到每一个业务团队、每一位业务人员。

另一项创举是建立社科赛斯全国直营分校。作为一家全国性的教育公司，社科赛斯在成立的第二年初就开始了全国分校的拓展，先后在全国主要的一、二线城市建立加盟分校50多家，有效拓展了社科赛斯的生存空间，但这中间的弊端也显而易见：加盟分校各自为战，不能形成合力对市场展开竞争；各分校目标性不强，不能快速提高市场占有率；有些分校对学员服务的责任心不足，导致学员对“社科赛斯”品牌不满。

2014年4月16日，在李发进成为社科赛斯合伙人的第三年，公司召开了一次特别董事会，探讨全国分校直营问题，当时的大背景是全国部分一、二线城市没有加盟分校，或者加盟分校因经营困难计划停止加盟。董事会因此产生了比较大的分歧，以李发进为代表的部分董事坚决主张开拓全国直营分校，拓展社科赛斯品牌在全国的生存空间，解决因北京市场容量有限而遇到的发展“瓶颈”，快速将社科赛斯做大做强；而另外一部分董事则偏保守，认为应该慎重对待直营分校，还是应该集中力量在北京市场做大做强。

最终，在以李发进为代表的“激进派”坚持下，社科赛斯于2014年10月在上海设立了第一家直营分校，经过9个月的运营，到2015年7月，上海分校已经实现了盈亏平衡。

在之后不到三年的运营中，李发进坐镇，郭炎宏打前阵，社科赛斯直营分校数量达到28家，并且收入已经突破了6000万元，超过北京总部积淀了15年力量所创造的营业额，并且这种超越非但不可逆，还必将日益扩大！

成功的企业有个共性，就是在某个合适的时间点做对了一些事情！在2017年12月10日于北京大学召开的第二届北大国家发展论坛上，海尔集团总裁周云杰先生在总结海尔集团发展历程时多次强调，海尔的发展战略就是第一品牌战略，在海尔集团进入的每一个领域，都要成为行业第一，并在确保行业第一的基础上才能进入新的行业。

社科赛斯的发展与海尔集团有异曲同工之妙。社科赛斯的发展战略首先是聚焦，在北京市场的MBA业务做到了行业第一之后拓展了MPAcc事业，在北京的MPAcc事业发展为行业第一之后开始向全国推进，目前成立3年的分校中有80%都达到了当地市场占有率第一，社科赛斯的一个重要发展目标就是“在3到5年内，凡是有社科赛斯直营分校的城市，都要在相关业务领域做到市场占有率第一”。

2017年的李发进是繁忙的，一改往年很少去分校的工作模式，先后到过哈尔滨、上海、南京、南昌、济南等直营分校，每次都是因为分校取得了优异成绩而过去嘉奖，相信往后李发进会更加繁忙。

在可预见的未来中，李发进已经为公司规划出一条清晰的发展蓝图：从地域来看，还是要拓展直营分校；从业务范围看，要聚焦现有业务，在现有业务做到当地第一后，跟随北京总部的步伐，向全部考研辅导领域扩展。

而衡量拓展之路是否成功的标准不是盈利能力，而是学员口碑是否达到当地最好！李发进也多次在公司全体员工大会上提出“要么不做，只要做，就要拼尽全力做到最好！”

自 2012 年 8 月李发进加盟以来，社科赛斯从单一的 MBA 业务模式发展为 MBA、MPAcc、EMBA 等多元化的专业硕士考研辅导模式，进而逐步迈向全考研的辅导教学领域，从北京发展到全国 28 家直营分校，直营分校还在持续快速地稳健增加。如今的社科赛斯已经成长为一家集学习培训、面试指导、网络建设、图书出版和信息发布于一体的综合性平台，市场占有率在同行业中遥遥领先。

现任北京大学国家发展研究院 BiMBA 商学院院长、知名管理学家陈春花教授在第二届国家发展论坛上强调，“企业家精神的本质是创新！”回顾李发进 2012 年入职社科赛斯以来的所有管理工作，无论是薪酬绩效改革、股份制改革还是分配机制，抑或是直营分销管理和业务多元化拓展，处处都体现出管理的创新与变革！

如今的社科赛斯，战略清晰、目标明确，在提供 MBA、MPAcc 等完美解决方案的基础上，正向着专业硕士和学术硕士辅导领域昂首挺进！社科赛斯秉承“服务人才，伴您成长”的经营理念，我们坚信，这里不仅是圆梦名校的摇篮，更是一个受益终身的平台！在不远的将来，我们有信心、有能力把社科赛斯建设成为一家伟大的、受人尊敬的教育公司！

不忘初心的公考教育推动者

——华图教育　易定宏

当时代的脚步迈入新世纪，在公考教育培训领域尚是一块的“贫瘠的土地”之际，一位年轻人带领着他的团队敢为人先，在此处开垦出满园春色，这就是易定宏和他的华图教育。

易定宏在求学期间便是同学中的创业明星，毕业后在广东商学院担任教师。殷实稳定的生活并没有束缚住易定宏勇于拼搏、敢于创业的脚步。2001年，怀揣着10万元的易定宏毅然决然地来到北京，开始筹划创立自己的公司——华图教育。创业之初的奔波忙碌是可想而知的，但功夫不负有心人，2002年，易定宏抓住“司考三合一教材”的出版机会，为华图教育挣得了“第一桶金”，又因易定宏始终专注做教育的初心，2004年，华图教育的主营业务由图书出版向公考培训转型，正式进军公考教育培训领域。其后，华图教育在易定宏的带领下以一批“有颜、有料、有知识、有气质”的“四有”教师为核心竞争力，并以强大的教研体系为依托，抵住诱惑，专心致志做教育。其间，易定宏对于管理经营一贯崇尚军队作风，在向军队看齐的同时，更是将分享主义和同甘共苦进行到底，正如《孙子兵法》所云：“令之以文，齐之以武，是谓必取。”而今，华图教育在易定宏的带领下，已然发展成为国内教育培训领域的龙头企业。

正所谓“修身，齐家，治国，平天下”，易定宏亦曾说，他有三个人生梦想：教育实业家、教育投资家和教育慈善家。如今，教育实业家和教育投资家的身份自不消说，而始终不忘初心的易定宏更是将“以教育推动社会进步”作为公司的宏大愿景，从小事做起，踏踏实实地为社会需要帮助的地方提供援助。不得不说，在教育慈善的道路上，易定宏依旧带领着华图教育步履坚定地行进着。

初见易定宏，满脸的微笑，莫名的亲切。他站在门外迎接我们，倒茶续水招待我们，举手投足间，处处看得出他精神的笃定和思想的深刻。他说，人生的意义就是你用最美好的东西做了最有意义的事情。如果说通过我们的努力能够改变别人的命运，即使是一丁点的改变，那么我们的追求就是最美好的事业。他说，这可能就是华图人不断前行的引擎和动力。

走近他、感受他、读懂他，我们和他长聊，努力去寻找一位成功企业家的诗与远方：

不是世界选择了你，是你选择了这个世界；更不是命运给了你怎样一种生活，是你为自己选择了那种生活。

爬上山顶，你才能看到更远的地方。

易定宏是一个山里长大的孩子，他的家乡在湖南省邵阳一个叫河伯的乡下小地方。层层叠叠的山峦挡住了很多山里人的视线，种地、建屋、结婚、生子、再种地、再建屋、再结婚、再生子，这是他们生活的轨迹。出身贫苦的易定宏却没这样，从小他就认定，爬上山头才能看见更远更精彩的世界。努力可以改变命运，这种内动力保证了易定宏的学习成绩一直名列前茅。

也许是身上流淌着经商的基因，上高中时，易定宏第一次去县城办事，就看到了一个“商机”：城里的梨比村里的贵很多。于是，他回家就动员父母承包村里的梨子山。第一次买卖就让易定宏赚到了人生的第一笔钱：508 元。

1988 年，易定宏以优异的成绩考上中南大学。上大学了，在易定宏的眼里，同学们的衣食住行处处是商机。本科学习由于功课紧张，易定宏没有花太多时间在生意上。到四川大学读研时，课余时间相对较多，他带领班上同学开始创业：摆地摊、卖光盘，还注册过公司。无论做哪个行业，按他的话说都是“做什么赚什么，从没有亏过”。四川大学深造那几年，他不但垄断了学校的大部分生意，还帮助部分同学解决了学费、生活费问题。易定宏成了那届学生中的创业明星。

研究生毕业，易定宏来到广东商学院担任教师，尽管有了稳定的工作，但是他那种勇于拼搏、敢于创业的想法变得更加坚定。2001 年，易定宏从商学院辞职，怀揣 10 万元来到北京，成为一名“北漂”。北京申奥成功的那个夜晚，望着漫天的烟花，易定宏开始筹划创办自己的公司：华图教育。

他要站到更高的山头上去！

由此，易定宏开始在不同的出版社之间奔波忙碌。为积累人脉和工作经验，他免费为三家出版社打工，与人合伙出版英语教材和考试用书。2002 年，他抓住“司考三合一教材”的出版机会，将目光转向司法和公考图书出版。没想到，司法考试教材一经出版，立即火遍出版界，华图教育掘得了“第一桶金”。

之后，易定宏开始涉足公务员考试教材，先后主持了公务员录用考试用书《申论》《行政职业能力测试》等多种图书的编写审定。路子越铺越开，公务员考试培训、面试培训的大幕被他拉开。

易定宏的眼界十分开阔，他说：“从大学创业开始，我就知道，我这辈子注定不会为钱而生活，如果目标局限在赚钱过日子上，就说明你还没有爬到更高的山头上去。我希望华图教育的事业可以改变更多的人！”在把华图教育的规模做得越大越强的同时，易定宏还有更远的设想，把华图的定位引向“做中国的兰德公司”——为政府提供战略咨询、数据调查、干部培训和政府部门区域规划、政府应急管理等项目培训服务。

“企业做强容易，做大难，”易定宏感慨，“公务员考试人群就那么大，你只能把品牌做强，做到在这个领域数一数二，却不可能把公务员考试培训做成千亿级的企业。”为此，华图专门成立了投资部门，投资了一系列教育文化项目，目的就是打造一个完善的华图教育生态链。现在，华图教育资本与实业相得益彰、多品牌多元化运作的大格局已渐入佳境。

人字有两笔，一笔是执着，一笔是放下。你用自己最美好的东西做了最有意义的事情才是最有前途的。

把事业做成极品，应是企业家最好的美德。

花开十年，因你而安

从商学院辞职创业，锁定教育培训领域，易定宏的目光从来不曾偏移。随着企业规模的扩大，很多人劝他向其他行业转移，他都谢绝了。他说：“一个人的精力是有限的，我这辈子只专注做教育，不做别的。”

为什么只坚持做教育，易定宏这样解释：世界上能做千年的产业只有宗教和教育，我作为一个大学老师，自然选择做教育，这是我终身唯一的选择。我的梦想是要把华图教育打造成“百年老店”。

他把教育看成了人生最有意义的事情。

在易定宏的带领下，17 年时间，华图教育迅速成长为集教育培训、网络教学、图书出版发行和政府咨询为一体的大型综合性教育培训机构，业务范围涵盖公务员、医疗、金融等招录考试培训和面试培训，有专、兼职教师以及研究员 8000 多人，在全国设有 600 多家分支机构，成为公考培训的“黄埔军校”，因为全国很多公务员考试培训机构的创始人都是从华图教育走出去的。

圈里人时常拿易定宏与俞敏洪比，因为两人都是教师出身，又都从事教育培训行业。俞敏洪从北大辞职，缔造了新东方教育神话；易定宏从商学院辞职，创立了公务员培训“巨无霸”。对此，易定宏很谦虚，他说：“和俞敏洪比，我的个头矮很多，但我们有着共同的特质，就是对一项事业的执着。”

据了解，在华图发展历程中，也面临各种各样的机会和选择，但易定宏始终没有受到各种利益的诱惑，坚定不移地做一件事。在他看来，华图成立以来一直稳中有进，从未出现大的危机，主要归功于企业的专注。

2004 年，华图教育主营业务由图书出版向公考培训转型，这意味着华图教育正式进军公考教育培训领域，尽管当时的公考培训发展程度远远低于其他考研、出国留学、英语等培训机构，就是这块“贫瘠的土地”，在易定宏的带领下，终于开出了满园鲜花。

不乱于心，不困于情，14 年过去，公考培训作为华图教育的主营业务从没变过。现在，华图教育已经发展成为国内教育培训领域的龙头企业，他们打造的专业教学体系成为公考培训行业的标准。

这些年，业内的人对华图连续十多年的高速发展颇感兴趣。华图的核心竞争力从何而来？易定宏认为，引来“良种”育得“好果”，华图教育最大的核心竞争力就是有一批非常优秀的老师。

据了解，华图的每一名优秀老师都要达到这样 4 个条件：第一，教学能力要好，专业能力强，知识储备丰富；第二，有良好的表达能力，传授的知识能够让学生容易接受；第三，外在形象与气质要好，风度也要好；第四，有很强的责任心。

要想达到这 4 个条件，华图教育在选拔和培养老师过程中，必须经过残酷的封闭集训以及严格的考核才能上岗。近年来，华图教育在网络上涌现出一批“有颜、有料、有知识、有气质”的“四有”老师。这些名师受到了学员们的热捧。

华图还有一个引以为豪的是教研体系，这个体系的背后有上百人的团队为其服务。华图教研中心管理着一大批知识分子，他们作为华图的名师，学识、口才、教学能力都是万里挑一。华图每年投入大量财力、人力对这些教师进行专业培训，无论是教授还是博导只有通过华图制订的好几道“质量门槛”才能上岗。这些高素质的教师保证了华图课程的系统性和有效性，支持着华图精品课程的高品质。

有了优秀的师资力量和高质量的教研体系，易定宏开始马不停蹄地在全国各地开办华图分校。在扩张的同时，不断提升管理水平，整顿经营秩序，调整组织架构，改造业务流程，梳理企业文化。

易定宏曾说：“每一个人都有一个梦，大学教师的经历让我与教育有着难以割舍的情结，如果有机会，我希望办一所民办大学。”他忧心忡忡地认为，当前民办学校在办学过程中基本走学历教育的路线，这样民办学校回报给受教育者的依旧是一纸文凭，导致学生无法满足社会市场需求，而非学历教育的民办高校应该走终身教育、职业培训的发展道路，积极为在职人员提供高等教育培训课程，为求职者提供非学历的技能培训。当前，我国对教育的投入很大，但是却普遍存在投入大、产出小的问题，造成了大量的教育资源浪费，问题就出在过分依赖公立大学。他说：“办大学的核心，第一是要有教育家的精神，第二就是高效。我要办的大学是公益性大学，它的概念核心不以盈利为目的，大学的收益要全部用作大学的发展基金，就像国内的长江商学院，国外的哈佛、牛津、剑桥等，所有收益都用在学校的发展上。”他毫不隐瞒地描绘梦想：我们要办一所百年名校。

高效的执行力、充分的分享精神、海纳百川的包容主义，用先进文化照亮员工的思想和心灵。

在发展中，让企业更有温度和深度

华图教育成立 10 周年的时候出了一本书《华图易经》。在这本书里，易定宏的核心管理理念集中体现出来。现在，华图教育已成长为 17 岁的翩翩少年，这些管理理念没有变。

有人问，为什么短短十多年时间，易定宏能把企业做得如此成功？除了敏锐的商业嗅觉和超乎常人的战略眼光外，易定宏有着怎样独特的管理思想？

易定宏告诉记者，作为华图教育的创始人、董事长，无论多么忙，有三件事他必须坚持亲自去做：一是抓战略。这是一个企业的灵魂。他常说，战略决定成败，细节成就完美，华图教育的战略方向就是努力打造一个互联网和地面紧密结合的职业教育生态圈。二是维护高管团队。华图教育的高管团队在行业内是最稳定的，这一方面得益于易定宏的人格魅力；另一方面得益于华图构建起的人文环境。三是企业文化建设。易定宏说，要把一个企业做成“百年老店”，必须要有它独特的企业文化。易定宏在华图教育极力推崇的企业文化有三个方面——高效的执行力、充分的分享精神和海纳百川的包容主义。这是华图教育成功的三大法宝。

易定宏最崇拜的中国企业家是任正非。他说，任正非是军人出身，务实低调，坚韧不拔，他的企业有着极强的执行力。易定宏没有当过兵，但他喜欢骑马、射箭，崇尚军人的作风，他在管理企业过程中，坚持向军队看齐。比如公司开会，要像军队打仗那样，任何人不能迟到一分钟，会议期间也没人敢接电话。再比如员工培训，人人都要统一着装、点名出操，想偷懒是不可能的。因为有这种严格的制度约束，华图的战略才能够以最快的速度落地。

说到分享，易定宏常拿华为和阿里巴巴举例。“为什么这两个企业这么成功，影响力这么大？善于与员工分享是一个重要的原因。”他说，任正非只占华为百分之一点多的股份，马云也只占阿里巴巴百分之七点多的股份，但并不妨碍他们成为伟大的企业家。易定宏认为，分享主义是一种个人价值的重新定位，分享与实现个人价值并不矛盾，分享只是一个过程，结果是实现大家每个人的个人价值。

有了这种思想，华图教育在2005年便推行了股份制改革，从而成为教育培训行业首家在创业初期就实行股份制改革的企业。

为了能够成功进行股份制改革，易定宏打破家族企业“瓶颈”，劝说自己的妹妹和妻子等亲属退出公司管理，实现100%的核心老师、90%的核心员工持股。现在这种员工激励已经制度化，效果良好。易定宏说，接下来，华图教育所有的分校和事业部都要实行股份制改革，要让每个员工都成为企业的主人，主动参与到企业的发展建设中来。他的目标是把华图教育打造成教育培训行业中一个分享的标杆企业。

正是因为这种分享精神，吸引了不少职业经理人加入华图的团队，华图也因此步入高速发展的快车道。

既能“同甘”更能“共苦”，这也是易定宏一直坚持的。他说，如果分享精神只是“同甘”而没有“共苦”，那它就不真实，也不会长久。

在全国大公司的高管纷纷在北京置办房产的时候，易定宏没有，他仍然在北京租房子住。即便现在的他身价过亿，他仍然住在香山每月两千多的出租房内。易定宏说：“现在不买房不是买不起，这么多兄弟没买我买了，对不起他们，他们来看我，串个门，我心里不好受，不符合我的分享精神。等哪天大家都能买得起，我再买也不迟。”

在公司不同场合，易定宏倡导包容主义。他讲生态圈中的群落理论，即一个群落里面物种越丰富，这个群落的生命力越强。企业也是这样，一个企业来自不同地区、不同文化背景的人越多，企业的生命力就会更强。易定宏说：“美国的包容实现了其跨越式的发展，互联网的包容让地球变成了一个村落，华图的包容让我们取得了初步的成就。”

在华图，有很多来自清华、北大等国内名校的高才生，甚至毕业国外名校的留学生。在易定宏看来，好的人才是企业持续发展第一保障。为确保优秀的人才脱颖而出，华图内部不仅设立了人力资源部、组织部，制订了严格的人才管理机制，不仅严把入口关，还要求高管 45 岁必须退休，把在一线拼搏的机会留给年轻人。如今，华图教育一部分老同志已退居二线，高管团队里“80 后”已成为主流。易定宏表示：“市场消费主体已经变成了‘90 后’和‘00 后’一代，只有他们才能真正了解客户的需求。”

随着企业越做越大，企业文化越来越彰显出其独特的魅力。华图教育 2013 年被评为“最具品牌影响力教育集团”“中国教育领军品牌”。2015 年被评为“中国新三板十佳公司”，被国家工商总局认定为“中国驰名商标”。2016 年公司全年实现营业总收入 19.21 亿元，营业利润达到 4.27 亿元。

“财富再多也是社会的，我只是管理者而已，我的财富今后都要回馈教育事业——给人一个爱的支点，就是我发自内心的幸福。”

“一箪食，一瓢饮，在陋巷”，这是百亿身家易定宏日常生活的写照。

据他身边的人介绍，易定宏在国内出差坐飞机从来都是经济舱，坐高铁是二等座，住酒店是经济适用型，吃饭从不讲排场，一顿两个菜，一荤一素搞定。他说，我是农民的孩子，什么样的苦都吃过，现在生活已经很好了，没理由去浪费。对于迅速积聚的财富，易定宏对家人和朋友都是这个态度：

财富再多也是社会的，我只是管理者而已，我的财富今后要回馈教育事业。

这些年，公司越来越规范，效益越来越好，易定宏也逐渐让更多的年轻人参与管理。2017年，华图教育任命1984年出生的李曼卿为总裁，一批“80后”高管走上华图教育的管理层。事实上，从2015年开始，易定宏就把主要精力用在公司的投资上。他说自己有3个人生梦想：教育实业家、教育投资家和教育慈善家。目前，他已顺利完成从教育实业家向教育投资家的转变，并向着教育慈善家方向迈进。

他在给员工讲企业文化课的时候，始终把“以教育推动社会进步”这一使命放在第一位。他相信，如果将这个伟大的使命作为做事的动力，每个人都会有一种强烈的使命感，一种明确的方向感。他说：“人不仅仅要靠物质，更多的是要靠精神来支撑着我们的生活。”

在易定宏的带领下，华图履行社会责任的方式就是坚持以教育推动社会进步，从小事做起，做任何事都要考虑是不是会最终推动社会进步。

从2009年起，易定宏以华图教育的名义在他的母校河伯中学设立奖学金，每年资助一批成绩优异和家庭困难的学生，并奖励教学成绩突出的老师，累计已捐助近200万元，资助了数百名师生。“我有功于人不可念，人有恩于我不可忘。”易定宏初心格外真诚，“就是想让母校的老师们住上最好的房子，过上体面的生活，以吸引最优秀的师资来学校任教。”为了解决老师住房的难题，公司至今已投入1200余万元修建了教师公寓。按易定宏的计划，未来三至五年时间，希望通过持续的捐助，把母校建设成为全市乃至全省最好的乡村中学。

这些年来，华图教育先后在湖南邵阳、四川汶川、芦山、大凉山以及青海玉树等地，资助修建多所希望小学，帮助当地改善小学的教学条件；连续多年在四川大学、广东财大、邵阳县河伯中学设立奖学金，每年资助数百名大、中学生完成学业。值得一提的是，2011年，华图教育捐献1000万元，与国家教育部联合设立“全国大学生创业基金”，帮助青年学子创业，产生了广泛的社会影响。作为中南大学的杰出校友，易定宏还捐献了3000万元，在中南大学设立了最大的教育奖学基金。

2010年玉树地震，全国哀悼，在第一时间组织全体员工募捐的同时，华图教育似乎看得更远：捐款、捐物固然可解燃眉之急，但并非长久之计。“再苦不能苦孩子，再穷不能穷教育”，作为一家教育培训机构，他们更是懂得教育的重要性。为此，华图教育决定借助自己在“特岗教师培训”方面的优势，为受灾地区“捐教育”。

通过多方的共同努力，华图教育爱心小学在海拔 4200 多米的青海省玉树藏族自治州称多县拉布乡中心寄校揭牌。这所爱心小学是华图教育多年来援建的众多学校之一。玉树发生地震后，华图教育多次向拉布乡中心寄校提供大量生活、教学物资，并派教师对学校 70 多名教师进行岗位培训，同时与称多县教育局合作，由华图教育派资深教育专家协助当地政府制订称多县中长期教育规划，更在全国范围内首创“捐助师资培训”的新模式。

易定宏所认可的公益，就是要踏踏实实地为需要帮助的地方提供援助。华图“捐教育”的初衷就是在精神层面帮助灾区的小学校。作为这一“创举”的主体，华图在受到社会普遍赞誉的同时，也需要承担更多的责任。

“以教育推动社会进步”一直是华图孜孜不倦追求的核心目标。谈起这个使命背后的意义，易定宏说：“做公益的过程其实是学习的过程。华图是做教育起家的，必须通过思想去提高国民素质，推动国家的发展。”这或许是华图这家教育企业肩负的使命，但对于易定宏个人而言，一个企业家的理想也早已深埋其中。

在个人做慈善的同时，易定宏倡导公司员工一起为教育慈善贡献力量。2017 年公司年会上，易定宏呼吁 8000 多名员工每个人帮助一名贫困学生，并倡导公司高管每人帮助一所学校，“通过一份份爱心，凝聚起教育慈善的磅礴力量，从而实现公司提出的‘以教育推动社会进步’的宏大愿景。”

珍贵如你，无问东西。易定宏既然瞄准目标，就一定会更加大踏步地走下去！

科学城里的酒店“掌门人”

——京仪酒店　刘　军

中国现代酒店业肇始于1978年，改革开放后迎来发展的春天：1980年至1982年为起步阶段，一批中外合资饭店开始出现；1983年至1993年为高速发展阶段，国内外各渠道资金涌入饭店行业；1994年至1998年为回落阶段，供需失衡导致行业陷入停滞；2015年至今为整合转型阶段，酒店并购频频，集团化、连锁化、品质化成为新趋势。

初遇酒店，抽丝剥茧。1996年，刘军接到紧急调令前往山东长岛接管一家酒店。员工松懈惫懒，年年亏损。他以身作则、亲力亲为，摸索经验得出“饭店式管理，酒楼式经营”“先解决问题，后分清责任”“搞酒店不是搞导弹”等一系列管理智慧，他在任的5年里，这家季节性极强的酒店一直保持着稳步发展、业绩逐年增长的趋势。这5年光阴同时磨炼着刘军提高解决问题的能力和创新改革的能力，而他的人生轨迹自此也真正融入饭店行业并在这个行业实现了自我价值。刘军曾深入思考这个世界什么是永恒不变的，那就是改变，穷则变，变则通，通则久。因此他的工作轨迹一直与创新、求变紧密相连。

有破有立，京仪元年。2010年，刘军加入了连续两年亏损的京仪大酒店。他通过调整组织结构和激励机制，使酒店初步搭建并形成了合理的客源结构。他通过发挥考核的导向性作用，将员工工作积极性与业务发展目标挂钩。他从酒店的治理结构、应用技术、管理理念、激励机制、用人观点5个方面进行创新管理，使酒店营业额从2009年的4220万元攀升到2016年的10567万元，增长率在150%以上。

赢者心态，修炼内功。2013年对于酒店业来说是不平凡的一年，由于国家政策调整，中国酒店业和餐饮业纷纷陷入困境，逐渐跌入“冰谷”。面对前所未有的严峻考验，众多酒店同行经营陷入了历史性低谷。在用人方面他不拘一格，唯才是用。刘军常说“企业发展主要靠创新驱动，而人才是创新根源，是创新的核心要素”。他要把近20年积累下来的“赢者心态”灌输到每位员工的精神世界，他要填平部门间分歧的裂缝与沟壑，还要打造一支敢打敢拼、具有狼性精神的中层管理者团队。不仅如此，大力加强员工的培训，一段时间就“回炉”培训，增强服务管理能力。《孙子兵法》有云：“善战者，先为不可胜，以待敌之可胜。”主要讲自强之法首先是修炼自己，让自己没有漏洞，而不是惦记着打败别人，然后等待对手的漏洞。

完善流程，再接再厉。2015年，刘军“以目标管理为基础”，“以问题为导向”，“以培训为抓手”，通过“调结构”“稳增长”“促发展”打造了京仪大酒店的“开拓年”。他致力于改善酒店运营质量，本着“没有问题就是最大问题”的原则，不断发掘现存问题，确立目标，解决问题，完善细化各项工作流程，使其更加合理、科学、实用。力求做“全方位的智慧酒店”，而非传统意义上的“智能酒店”。刘军更是在2016年被评为“经营管理大师”，此称号在饭店行业已空白4年，而刘军的当选是实至名归。

北京京仪大酒店有限责任公司成立于2008年8月，隶属北京控股集团，是按照五星级标准建造的涉外会议型商务酒店。其建筑面积达10万平方米，拥有各种类型的豪华客房356间。酒店位于海淀区中心地段，紧靠北三环大钟寺商圈，西接中关村科技园区，北临颐和园、香山、圆明园等名胜古迹，北京大学、清华大学等73所全国重点高校及232所科研院所聚集四周。

酒店地处三面小区一面麦地，没有主路上的广告牌推荐，没有品牌连锁酒店的耀眼光环，更没赶上酒店业井喷发展的好时代。但就是在这样诸多因素不利的情况下，京仪连续多年营业额超亿元，从2015年开始，每年接待到店学习参观的同行300余人，全年客房平均出租率在92%以上，被中国饭店协会评为“北方区行业标杆”。作为一家国有企业背景的单体五星级酒店，京仪开业至今已有10年，自有会员累计已达到万余人，是什么让一个刚刚开业10年的酒店就能做到这样的骄人业绩？是什么让京仪在酒店行业整体业绩大幅度下滑之时营业额不降反升？近年来，酒店行业普遍面临着人工成本持续高涨与劳动效率降低的矛盾，而京仪大酒店却能做到年平均出租率在92%以上，人房比却保持在0.62 ∶ 1。（国际惯例，五星级酒店的人房比一般为1.2 ∶ 1 ～ 1.5 ∶ 1。）答案就来自我们今天的主人公刘军以及他的创业故事。

古往今来，所有成功人士都不可能是一帆风顺的，他们肯定也遇到过困难、质疑与彷徨；但是，与平凡的人不一样的是他们对待困境的态度。

“事业的圆满如同人生的圆满一样，意味着必须走完全程，意味着必须历经千难万险，意味着就算身临绝境也要咬紧牙关继续向前奔跑，战斗到最后一刻。”说这番话的正是京仪大酒店总经理刘军，从一名工厂的普通工人到一名成功的酒店职业经理人的蜕变过程中，刘军可算是经历了一番磨炼与折腾，用他自己的话说，好像他把以前从来没有经历过的事情都经历了，把一生的挫折都尝试过了，才终于换得今日的成功。

每一个成功者都有一个开始。勇于开始，才能找到成功的路；而成功的路亦有千万条，唯有一条亘古不变，那就是学习。

边干边学的毛头小子

20 世纪 80 年代初，“读书无用论”风行一时，流传着“拿手术刀的不如拿剃头刀的，造原子弹的不如卖茶叶蛋的”这样的民谣，那是计划经济向市场经济过渡时期，短暂出现的所谓“脑体倒挂”现象。当年刘军 16 岁参加工作，受到这种意识形态影响，他高中未念完就辍学在家，之后找了一份临时工的工作。在此后的工作中，他与社会接触得越多，越感觉自己的知识匮乏，继续学习和深造的想法越来越强烈。他明白了，人是不能没有知识的，知识才是一个人安身立命，能够在社会上有立足之地的基础。他参加了各类培训班和补习班，当时每周五下班后，需要乘 1.5 小时的车从丰台赶到西单上课，有时下课很晚，赶不上末班车，就要从西单走回丰台。正是靠着坚韧的信念，刘军仅用两年时间就取得了高中文凭，其间他还穿插着自学了无线电等课程。后期，他又通过自学取得了工商管理的大专和本科文凭，后又获得法律和酒店管理双硕士学位，为日后工作的顺利开展打下了坚实的基础。正所谓汉代刘向在《说苑·建本》中提到的“少而好学，如日出之阳；壮而好学，如日中之光；老而好学，如秉烛之明。”

1984 年，18 岁的刘军通过层层考试筛选，最终以第九名的成绩成为二七机车厂的机床工。1989 年，北京煤炭总公司七厂招聘司机，他又毅然辞去二七厂的工作，全力准备司机录用考试，结果他以实操和笔试均为第一名的成绩被正式录用。因为要兼顾上课，所以刘军在上班第一天就提出能否不倒班，这意味着他主动放弃丰厚的收入。当时一名司机的月收入是 80 多元，如果能倒班，一晚上就能多收入几百元，面对这样的诱惑，说不动心是假的，但是为了不耽误学业，刘军还是毅然放弃了。他一上班就干了件轰动全厂的“大事儿”，有台电机出了毛病，厂里的 3 名修理工用了 3 天时间均未找到问题，他一上岗，只用 20 分钟就找到问题并修理好了。这件“大事儿”也引起了厂长的注意，因为厂里电机送外修理的费用一直居高不下，为了节省高额修理费，厂长定出“电机不出厂”的原则并专门成立了“修旧利废班”，指定刘军成为该班组的业务骨干和技术指导。自此，厂里的电机基本都不用再送外修理，对小电器实现了合理的废物利用。

仅仅两年时间，他就从一名普通科员转为干部，成为北京煤炭总公司七厂设备科副科长。与他同时入职的司机，不到一年，家里就置办了冰箱、彩电和录像机。他的收入一半用来支付学费，四分之一购买专业书籍。在任设备科副科长一职时，他还肩负着厂内水、电、计量等多项工作，在他管理期间，厂里能耗费用大幅度下降，他本人连续三年荣获“北京市节电先进个人”称号。刘军获得了领导的信任与青睐，1995 年，他正式担任三产办主任一职，管理和发展煤炭总公司下设的第三产业。正是这样一个难得的机会，给刘军提供了一个广袤的舞台，让他开始涉猎餐饮酒店行业。

每个人都有梦想，但不同的是，有的人只是做梦，有的人敢想敢做。不要让追求之舟停泊在幻想的港湾，而应扬起奋斗的风帆，驶向现实生活的大海。

毛头小子当上餐厅经理

1996 年，当时七厂行政科有个食堂，在房屋租金、水电费、人工成本均由企业承担的情况下，该食堂对外营业一年多却仍旧赔钱，连续更换了四任餐厅经理仍旧无法改变亏损状态。刘军时任三产办主任，主动请缨接手管理这个食堂，厂里领导抱着“死马当活马医”的态度答应让他试一试。

他通过调研发现食堂厨师上班普遍酗酒，于是他上任后制订了第一条规矩——上班期间不得酗酒。一开始厨师们还发牢骚，但规定执行一段时间后，大家也就慢慢适应了。刘军又陆续制订了几项规定，如不能使用一次性筷子、提前定制每日菜单等，都是简单易行的条款，但整个食堂的员工形象、菜品质量都有了很大改观。仅仅一个月时间，这个一直亏损的食堂，营业额奇迹般地翻了一番，实现扭亏为盈。更神奇的是，第三个月的营业额从原来 90% 源于内部，10% 来自对外营收的“九一”结构变为了“倒九一”结构，震惊了当年厂里的一群人，自此，刘军也开启了他“餐饮服务业”的职业生涯。

人生中第一次与酒店业的邂逅

1996年9月底，煤炭总公司七厂向组织部举荐，准备将刘军调往山东长岛接管一家酒店。10月10日，刚过完30岁生日的刘军接到煤炭总公司（现金泰恒业总公司）的紧急调令，要求他尽快前往长岛。接到调令后，他做的第一件事就是去新华书店买了所有他觉得可能会用到的与星级酒店管理相关的书籍。在开往山东的列车上，他的身边除了几件换洗衣服和常用物品外，就是满满一箱子的专业书籍。

长岛位于山东省烟台市，是长山列岛中最大的岛屿。与内陆的交通完全靠轮渡，遇到极端恶劣天气时岛上的人还会被困在岛上，面临物资供应紧张的情况。煤炭总公司在岛上投资兴建了一家星级酒店，开业3年一直处于亏损状态，刘军到任交接时账面上仅存100余元，同时还有40多万元欠款，酒店多名老员工长期处于懈怠状态。面对种种困难和压力，在内无粮草，外无救兵的情况下，刘军开始了漫长的管理探索之路。

首先解决的是人的问题，由于员工长期松散懈怠，刘军只要一管就有人提出辞职甚至鼓动大家罢工。面对这种情况，考虑到马上进入冬季，长岛的旅游淡季已经到来，他毅然做出决定，对于不服从管理的员工进行全部辞退处理，最后仅留下2名服务员和1名厨师。其次要解决的是过冬问题，当年的长岛，资源开发和市政配套尚不完备，冬季有电但无淡水、无供暖。刘军在入冬前带领员工用大缸存水，入冬后大缸里的水结冰就敲冰取水，解决了冬季用水问题。春节期间，员工都来请假要求回家过年，刘军自己一人坚守阵地，为了能及时发现店里的异常，他在酒店门口拐角处安排了间休息室，自己承担起保安职责。他以身作则、身先士卒的精神感动了员工，即使在经营旺季仅有一名厨师的情况下，他们仍旧圆满地完成了各种接待任务，取得了骄人业绩。开业3年，年年亏损的酒店，竟然在半年后扭亏为盈，在当地引起不小的关注，很多当地的同行眼红，竟然暗地里给酒店断水，造成接待高峰时无水可用的局面。刘军从多方得知是当地同行捣鬼后，没有怨天尤人，而是带领员工挖井取水，彻底解决用水问题，此举大大鼓舞了士气。

在山东长岛的5年时间里，他边学边做，自己到各部门实地跟岗学习实践。当年从新华书店带到长岛的书籍，刘军全部读完，发现与自己亲身实践的出入较大。于是，他自己摸索经验得出“饭店式管理，酒楼式经营”“先解决问题，后分清责任”“搞酒店不是搞导弹”等一系列管理智慧，他在任的 5 年里，这家季节性极强的酒店一直保持着稳步发展、业绩逐年增长的趋势。这 5 年光阴同时磨炼着刘军不断提高解决问题、创新改革的能力，而他的人生轨迹自此也真正融入到饭店行业并在这个行业实现了自我价值。

刘军曾深入思考这个世界什么是永恒不变的，那就是改变，穷则变，变则通，通则久。因此他的工作轨迹一直与创新、求变紧密相连。

接管金泰海博大酒店，创建连锁酒店品牌

2001 年，因刘军突出的经营业绩与管理能力，他被集团从山东长岛调回到北京参与金泰海博大酒店的开业运营工作。

金泰海博大酒店位于西四环，是一家四星级商务酒店，外聘的管理团队在开业前一个月突然撤出，造成管理空档，同时还留下一个烂摊子。在这种情况下，刘军只有一个月的时间，必须完成开业和运营工作。这次可不是一般的烂摊子，临近开业，煤气设备尚未接入开通，没有一个有经验的管理干部，20 名实习生加上 30 名工厂转置的大学生就是他的全部员工。如果接管的是别人，可能早就以各种理由要条件提要求了，但刘军靠着自己在长岛 5 年的管理经验，带着这批完全没有经验的团队硬生生地完成了不可能完成的任务。

开业仪式前一天，他和员工都没有休息，全部投入到开业前的准备工作，大家全都 24 小时未合眼，眼睛里布满血丝，也不知是什么原因，大家都没有困意，直到第二天筹备仪式结束，他们已经连续奋战 36 个小时。开业仪式非常成功，得到集团各领导的高度赞扬和评价。正是凭借着这种实干精神，刘军带领着这个团队在第一年就实现了 2000 万元的营业收入，这个业绩已经远超出某国内知名酒店设定的预算额度。2003 年，刘军开始探索改革创新之路，他打破常规的酒店编制，关闭销售部，将中控和总机合并为收益管理部，由总经理直接管理，此举既节省了人工成本，又最大程度地加快信息传递速度。2005 年酒店因评星而面临改造和装修，集团要求即使在装修期间，营业额不能减少，刘军再次带领团队圆满完成任务。一次次困难，

一次次挑战，一次次完成任务，让刘军的管理才能不断得到实践与突破。

2005 年，刘军率先提出利用公司闲置资源开办经济型酒店的思路，并在“海博之家”进行实践，当时有部分老员工对此提出异议，认为经济型酒店档次低，并且当时酒店无多余员工进行分派，认为此项目考虑欠妥，并多次联名提议搁置或暂缓此项目，而刘军组织专项会议，并列出北京市其他品牌经济型酒店的调研报告进行论述。在刘军的带领下，此项目次年取得了 37 间地下室客房、7 名员工创收 145 万元的佳绩，营业毛利率达 60% 以上。他看准旅游酒店业市场发展趋势，创建了“金泰之家”连锁酒店品牌，全程参与金泰之家旗舰店——西直门店的装修设计，创造并实施了“客房双道门”“干湿分离卫生间”等特色细节，受到客人的广泛欢迎。不到两年的时间，他将“金泰之家”品牌的门店数量扩大至 10 家，2009 年年初制订了《金泰酒店发展规划》，提出酒店市场“二次细分”思路，制订了“八二八模式”和“一、二、三、四”发展战略，为金泰酒店明确了未来 5 年的发展方向。

接管京仪大酒店

京仪大酒店位于北京北三环知春路，是京仪集团投资的涉外五星级酒店，于 2008 年 8 月开业，开业后经营状况一直不理想，连续两年亏损。京仪集团领导经人介绍了解到刘军的管理能力和扭亏为盈的经营能力，便于 2010 年多次邀请刘军加入京仪大酒店。后经组织调动，刘军于 2010 年春节前到京仪大酒店正式报到，时任执行总经理。来到京仪大酒店之前，虽然刘军已做好“功课”和心理准备，掌握了一些酒店经营情况，但到岗后的具体数字还是让他大吃一惊。账面上欠供应商的款项高达 500 余万元，如果支付供应商货款则会面临发不出工资的窘境，全店当时有 420 余名员工，但平均出租率仅为 20%，平均房价才 180 余元，完全入不敷出。面对种种困局，刘军没有退缩，没有慌乱，他制订了到店后的第一条规定——“上班不迟到，下班不早退”，这条规定至今都是京仪员工基本守则第一条。规定一出，当月便出现多名员工因出现 3 次迟到或早退现象被开过失单的情况，因不能接受过失处理，违纪员工纷纷主动离职。刘军“言必信，行必果”的作风震撼了员工队伍，自此迟到和早退现象大幅减少。

■ 京仪大酒店正面门头照

整理完员工的基本行为规范后，刘军通过调研京仪大酒店的地理位置、客源结构等情况，在2010年提出了向商务型酒店转型的结论，同时制订了“三个以”的工作指导方针，即以组织结构调整为核心，以激励机制调整为手段，以客源结构调整为目的。调整的第一个部门就是总机和预订部，延续海博成功的管理模式，刘军将两部合并，成立收益部，由他直接管理。最后只有4名员工愿意服从酒店安排组成最初的收益管理部，工资实行绩效发放模式，谁也没想到第一个月员工的收入就涨到了原先的3倍，极大地刺激了员工积极性。在刘军手把手的指导下，调教出京仪大酒店第一批收益管理人才，为日后营收工作的顺利开展奠定了基础。

京 仪 元 年

在刘军的推动下，京仪大酒店快速推出了“京仪非凡会会员”及相对应的会员专属服务与制度，客户满意度显著提升，客户关系黏性得到进一步加强，当年累计活跃会员3000余名，从而打下了酒店以自有会员为基础，辅以会议及散客的客源结构。为了使每项工作得以贯彻落实，刘军提出推行日、周、月、年必做工作清单，要求日清月结，参与制订管理岗日、周、月、年必做工作表，确保工作不漏项、可执行、可落地。他重视激励机制，通过“两高一低”的分配理念，既提高了员工待遇和劳动效率，又相对降低了员工数量，使京仪人工作热情空前高涨。

受到收益管理部员工在组织结构调整后待遇大幅提高的刺激，其他部门也纷纷主动要求改制提薪。工程部成为第二个调整部门，该部门原有职工 40 余名，按工种分为水工、电工、木工、空调工等，每个工种还要按照级别划分出员工、领班和主管，造成部门臃肿、人浮于事。经过组织结构调整，将原先专岗专人变为一岗多能的“万能工”，职级扁平化，以维修水平、维修数量见高低，通过两个月的磨合调整，工程部由原来的 40 余人调整至 13 人。

刘军根据不同岗位、不同工作性质和特点，不断创新及完善各项激励机制，共总结出 30 余条激励政策，通过大刀阔斧的改革及配套的内部政策调整，京仪大酒店由 2010 年年初刘军接手时的 420 余人成功减员 100 余人，而过程中未采用任何裁员的方式，通过调整组织结构和激励机制，初步搭建并形成了合理的客源结构。通过发挥考核的导向性作用，将员工工作积极性与业务发展目标挂钩，起到了良好的效果。2010 年年底，酒店在偿还 500 万元外债后，营业额也达到 5931 万元，同比上一年度增长 40%，刘军仅仅用了 10 个月的时间就做到了扭亏为盈，这一年，京仪人称之为“京仪元年”。

因经营业绩突出，刘军于 2013 年被任命为酒店总经理，他从酒店的治理结构、应用技术、管理理念、激励机制、用人观点 5 个方面进行创新管理，使酒店营业额从 2009 年的 4220 万元攀升到 2016 年的 10567 万元，增长率在 150% 以上。营业毛利率从 8.77% 增长到 45% 左右，且自从 2011 年开始，持续保持在 40% 以上。年平均出租率从 42% 上涨到 92%。REVPAR 值（每间可出租客房产生的平均实际营业收入）从 183.64 元一路上涨，现已突破 500 元。人房比从 1 ∶ 1.14 降至 1 ∶ 0.62。

酒店在继续调整客源结构、稳固客源结构的同时，通过创新的“事件管理”“故事管理”“制度管理”提升培训质量，使酒店对内管理水平不断攀升，对外服务水平稳步增长。通过新颖的销售模式，如婚礼秀、阶段特价房、每日特价菜、定期特色菜、幸运奖章抽奖、礼品派送等一系列形式多样的活动，配以酒店名片、大堂水牌、微信以及手机短信等多种推广形式吸引了大批客人。

前厅部可以称为酒店的第一销售部，在做好对客服务与日常销售的同时，刘军还赋予了大堂副经理对餐饮和客房服务质量进行监督上报的管理责任，从而使酒店能够第一时间得知客人的真实想法。有客人反映房间不舒服，刘军会立即出招——“增加不同类型的枕头，设置枕头菜单，增设记忆棉床垫，满足不同客人对床硬度的需求，总之你们想想自己家里有什么东西让你觉得用起来很舒服，咱们的客房就可以考虑添加什么”。刘军解释道：“眼光放长远，一切从客户需求出发，此举在于增加客户的黏性，创造更多的增值服务机会。”事实证明，正如他所料，这些小的贴心服务一经推出就受到客户的普遍认可，最终提升了客户满意度。

酒店整体水平不断提升，对客服务模式多样化配合刘军创新的“三结合”（人性化管理、数字化管理、法制化管理三种管理方法相结合）、“三划分”（责任、区域、性质）、“三检查”（质检、自检、互检）、“先解决问题，后分清责任”、“举证责任倒置”、“法无明文规定不为罪”、“首位责任制”等诸多极具企业自身特色的管理理念，使酒店的管理与业绩不断攀升。2011 年，酒店营业额为 8683 万元，同比上一年度增长 46%，营业毛利率达到 41.01%。

2012 年，他创新地推出了定时间、定路线、定检查项目、定检查位置、定检查标准的“五定”检查方式，并坚持“公开、公平、公正”的原则，对各部门工作进行定期和不定期的质量检查，达到了质检目的，促进了酒店服务品质的提升。他大力推行网上采购，要求货比三家，根据“同质同价，同价同质”的原则进行采购。2013 年下半年仅食品采购一项就为酒店节省了 20 余万元。工作中推行苏格拉底式教育，不仅授人以鱼、更授人以渔，他“以问题为导向”的思考、做事方式为酒店培养了一大批有思想、能做事的员工。好的管理理念与创新的营销理念相配合，使酒店当年的营业额接近亿元，2013 年的营业额比 2009 年翻一番有余。

刘军连续打出的“组合拳”

2013 年对于酒店业来说是不平凡的一年，由于国家政策调整，中国酒店业和餐饮业纷纷陷入困境，逐渐跌入“冰谷”。面对前所未有的严峻考验，众多酒店同行的经营陷入了历史性低谷。《酒店运营分析报告》指出，自管酒店2013年与2012年同比平均出租率下降7.73%，平均房价下降22.14%，单房收益下降29.88%。同时，日趋成熟的消费者开始将目光转向更加个性化的主张和表达，消费习惯从品牌化转移到私人订制，传统的酒店服务已不能满足他们的需求。在大环境不利的情况下，他创新地提出"减去不营利的面积（商务中心、健身房、商品部、行政酒廊），增加自营多功能简易有特色产品（早餐、套餐、特色食品），C2B了解客户、了解营销与销售的区别，未来是消费者定制的时代"的概念。他说，我们要先拥抱，再转型。

这一年，刘军带领京仪人紧紧抓住营销组合的4个关键因素——产品、价格、渠道和促销，致力于为酒店的目标顾客提供最优质的酒店产品、最有竞争力的价格、最便捷的购买渠道以及最丰富的产品服务信息。他提出"三个销售"的营销理念，引入"网络营销""预防式营销""收益管理"的概念，并在此基础上提出"后收益管理"的思路。他透彻地分析客户需求，为房间补入绿植，增添负离子花卉，改善雾霾侵害，提高室内空气质量，打造绿色酒店。他推出高端餐饮私人订制到家服务，高素质的服务人员及他们的专业水准得到客户的一致好评。他扩展收益管理部职能（收益管理部职责包括：总机、客服中心、客房点餐、预订（客房、会场）、信息收集与分析、网络营销、中控），形成了酒店的第一个"公、检、法"部门。配套的信息收集分析及变价的原则、会场管控原则、第三方评价管控体系、酒店客源管理等政策，使收益管理部成为酒店的第二销售部。推行四方比价（供应商、使用部门、采购员、网上比价），通过现代化的微信采购、网络采购节约人力成本的同时提升工作效率，降低采购成本，而财务部对采购的日常监督，使它成为酒店的第二个公、检、法部门。

在用人方面，他不拘一格，唯才是用。刘军常说"企业发展主要靠创新驱动，而人才是创新根源，是创新的核心要素"。因此他找准"心"文化的发力点，把满腔的热血都用在人才队伍的建设上，把整个心思都用在了"心"文化的打造与传承上。他要把近20年积累下来的"赢者心态"灌输到每位员工的精神世界，他要填平部门间分歧的裂缝与沟壑，还要打造一支敢打敢拼、具有狼性精神的中层管理者团队。

2014年，酒店业继续受国家政策调整影响，出现市场紧缩、竞争惨烈、利润下滑等严重情况。而刘军通过提前深入调整酒店客源结构，加强与培训机构合作（根据实际情况不断调整培训会议价格政策），借助地区优势发掘本地客户，扩大客户群体，使酒店当年营业毛利率高于国内知名酒店管理公司在京设立的十七家四、五星级酒店。酒店在继续坚持“以餐养房，以房促餐”经营理念的同时，刘军又通过提升餐厅功能化服务（机器人）与智能厨房，在保证出品统一的前提下，为顾客提供更加优质的消费体验。通过不断提高餐饮性价比，促使客人提高对酒店的忠诚度。通过智慧客房的推广与合理使用，提高酒店的科技感，符合当下消费者需求从而带动客房消费，最终达到客房、餐饮和会议销售量共同增长。响应中关村地区号召推出的便民取餐车服务大众，以卫生、安全、平价为卖点，提升酒店知名度，增加营业窗口，促使餐饮部成为酒店的第三销售部。推出“第四销售部”——宴会部，赋予其“直销”职能。一方面增加内部竞争力，另一方面使客户能够享受到“一路畅通”的服务，提高满意度的同时更进一步提高员工待遇，提高了员工的工作积极性，推进了酒店内部“二次分配”的落实。

2015 年，刘军“以目标管理为基础”“以问题为导向”“以培训为抓手”，通过“调结构”“稳增长”“促发展”打造了京仪大酒店的“开拓年”。他致力于改善酒店运营质量，本着“没有问题就是最大问题”的原则，不断发现现存问题，确立目标，解决问题，完善细化各项工作流程，使其更加合理、科学、实用。他提出打造一个“连接”的概念，要求酒店管理人员将眼光放长远，要依托互联网，大力发展网络营销，将 O2O 销售模式、3D 销售原理与 B2C 销售理念有机结合。他提出平台与众筹的销售理念，在不设专职销售经理的情况下，酒店 2015 年会场出租同比 2014 年上涨 44.08%，成为没有销售部的酒店。完善微信平台各项功能，确保点餐、订房等在线支付等功能运行流畅，在提高顾客满意度的同时降低了企业成本。增加支付宝、微信等主流支付模式，满足不同顾客的付款习惯与需求。力求做“全方位的智慧酒店”而非传统意义上的“智能酒店”。引进专业健身会所进行康体中心日常管理，通过装修改造增加健身设备及经营内容，提升康体中心经营档次，进一步满足客人综合消费需求的同时还增加了酒店的收益（合作后同比口径每月可增收 4 万余元，年创收 40 余万元），吸引了更多非自有客户光顾酒店。将闲置多年的行政酒廊改造为“单元房式”的客房。为酒店增加了 8 间客房、2 间餐厅、1 间音响厅、2 间娱乐室，可供 16 人同时入住。不同套房内还设有阳光茶室、汗蒸房、桑拿房等设施。可满足亲人团聚、

京仪和园中餐厅畅春包间

生日聚会、商务宴请等多样化售卖形势。每年为酒店带来百万余元营业收入。当年酒店营业收入再次过亿。

员工心中的好大哥

刘军要求酒店管理层坚决贯彻“三个一”政策（即陪新入职员工吃一次饭、聊一次天、去一次该员工的宿舍），不断地提高员工对酒店的归属感。而一贯秉持的“以人为本”管理原则，则要求每个部门的管理人员在做到严格管理的同时，更要关爱员工，在工作上严格要求，在生活上关心体贴，用自己的实际行动和付出去关心、了解员工，为其排忧解难。

有一次，一位基层员工在日常工作时忽然低血压晕倒，部门领导进行紧急处置后将该员工送回宿舍休息。刘军当时正在开会，知道此事后，他休会亲自开车带这位员工到医院，自费带这位员工进行全面检查，确保身体无大碍后再将其送回宿舍，并告知其部门领导预备糖和水果，该名员工至今提起这件事都哽咽不已，感谢刘军对自己的帮助。还有一次，一位员工的孩子生日到了但他因工作原因已两年没有陪孩子过生日，所以当时工作情绪有些低落，而在外地出差的刘军知道此事后，命人将他的孩子接到酒店，等这位员工下班回到宿舍，看到自己的孩子及桌上的生日蛋糕后，这位年届四十的男员工留下了感动的泪水。

因酒店行业的特殊性，每年春节都会正常营业，这样就会有留店的值班人员无法回家与家人团聚过节，刘军坚持每年除夕夜带领酒店领导班子成员和中层管理人员慰问坚守在工作岗位上的员工，为员工送上新春的祝福和吉祥小礼物，与大家欢聚一堂，共度除夕之夜。伴随着一声声的“过年好”，领导班子成员和中层管理人员们与在岗员工一起，甩开膀子揉面、撸起袖子擀皮、小心翼翼捏饺子，一个个寄托着对新年的美好祝福的饺子就这样诞生了。当热腾腾、香喷喷、丰富的年夜饭端上桌时，满屋子透着喜庆和温暖，大家其乐融融地围坐在一起，一边吃着团圆饭，一边观看着精彩的春晚，这些无法回去过年的员工感受到了家庭的温暖、领导的关怀，同时架起用心沟通的桥梁，拉近了员工和管理层的距离，大大地提升了员工们的归属感与幸福感。

每年酒店组织拓展团建时，刘军都与员工融为一体，一起参加游戏项目，一起动手备餐做饭，一起坐在桌边闲话家常。他还用心观察员工的发展潜质，搭舞台，给机会，大胆使用。他深信，这些年轻人会像当年的他一样，带着无尽的自豪和荣耀，顽强而快乐地拼搏，在峭壁悬崖上绽放出美丽的花朵！

“走出去”——中国酒店行业第一次的“国企接管民企”

在刘军的不懈努力下，2015 年京仪大酒店成功地迈出了“走出去对外合作”的第一步，与衡水市挂牌四星级酒店——阳光大酒店签订全权委托管理协议。

河北衡水阳光大酒店位于衡水市中心火车站附近，交通便利，是衡水市成立最早的一家星级酒店。该酒店为民营老板自行管理，2013 年以前“靠政府”吃饭，经营得风生水起，随着国家政策调整，其业绩逐年下滑，内部管理问题逐渐显现出来，经过中国饭店协会牵线，阳光大酒店找到刘军，希望他可以接手管理。这是中国饭店行业内第一次出现“国企接管民企”的案例。通过两年的输出管理，该酒店在经营业绩、管理水平、服务水平等方面均有显著提高。2016 年衡水阳光大酒店主营业务收入上涨近 30%，

营业毛利率由 -6.76 万元上涨至 199.77 万元，员工收入平均上涨 421 元，Revpar 值上涨 10 元，能耗比下降 5%，在岗职工由 114 人下降至 86 人，人房比下降至 1 ∶ 0.61。从而验证了刘军一手打造出的酒店创新管理理念、创新管理模式是完全可复制、可落地的。他曾说，衡水大酒店要转型，必须改“靠市长”为“看市场”。

2017 年 8 月 1 日，京仪大酒店正式接管张家口蓝鲸悦海酒店，经营 21 天，营业收入同比增长 36 万余元，出租率同比上涨 7.23%，Revpar 值同比上升 94.24 元。这次“走出去”不仅使酒店在自有人才的培养与锻炼上迈出了第一步，同时采用全新的业主与管理方的收益计算方式，摒弃了负赢不负亏的传统（按被管理酒店 GOP（营业毛利率）值百分比计算收益），使双方达到共赢。

在刘军的带领下，京仪大酒店多年来积淀下的创新管理经验、骄人的业绩引来行业内的高度关注，尤其是国有企业能有如此作为更是吸引众多同行前来探秘。2015 年起，京仪大酒店开始正式接待国内同行到店进行体验式培训和交流。这无疑为树立“京仪”品牌打下良好基础，为“走出去”奠定了基础。京仪大酒店也被中国饭店协会等多家行业机构评为“北方区学习标杆”，总经理刘军更是在 2016 年被评为“经营管理大师”，此称号在饭店行业已空白 4 年，而刘军的当选是实至名归。历经多年沉淀，刘军创新管理的名声已远播在外，他和京仪都成为业内标兵、同行榜样，是京仪集团打得出去的一张响亮名片，成为外界认识京仪、了解京仪的最佳平台。

每年京仪大酒店都会吸引几十家同行组团前来参观交流，刘军更被多次邀请在行业论坛发言在公开场合授课。而刘军则以最开放的心态，力所能及地为同行们提供更多的学习交流机会，将其创新的管理理念和解决方案毫无保留地贡献出来。他不怕自己的招数被学走，他常说“能被学走的都不是本事，我的新想法、好点子还多着呢，都在脑子里”。正所谓时移则事变，世易则备变。管理者要学会触类旁通，才能因时制宜。

开启“智慧型”酒店时代

刘军审视酒店现存问题，开始大胆创新，勇于改革，当时他也将自己的微信签名改为郑板桥的“删繁就简三秋树，领异标新二月花”。那一年，本着两高一低（高技能、高收入、相对降低员工数量）的分配原则京仪大酒店成立了“安工部”。工程部、保卫部职能转变，酒店所有设备机房均由配电室值班人员统一远程监控，热力站在远程监控的基础上增加了远程温控，保证酒店的日常运行。

同时，安全巡视与设备巡视合而为一（工程部和保卫部合并），酒店在得到绝对减员的同时也使员工的个人素质得到提高（出台保卫人员考取电工证等激励政策），培养员工一职多能，为员工的职业生涯发展提供了更好的机会。收益管理部继中控职能后又增加了部分质检功能，成为了酒店的“第二质检部”，此举完全将设备和人员使用最大化。中控室内拥有酒店各位置探头，而收益管理部为24小时岗位且员工均为女孩，增加中控质检职能，即有效利用中控室视频监控资源，又解决了收益管理员夜间工作量不饱和问题。年均累计发现问题515起，为酒店服务质量和管理水平提高起到了极大的推动作用。其中控职能也发展到最大，消防报警、预备队演习等过程中，她们协助酒店更好地掌控全局，将可能发生的问题消灭在苗头期。

通过分析当下客人追求“健康养生”的理念，刘军提出酒店餐饮部进一步向“绿色、养生”转型，利用闲置土地改造为“京仪小菜园”，全程无公害种植蔬菜，配合酒店绿色养生理念。通过走访、考察周边餐饮市场，结合酒店的地理位置及主要客源，力排众议地将中餐厅全部改造为包间，因地制宜的改造为酒店带来了更多的商务客源，中餐厅等座翻台现象不断攀升，最高日营业额在70万元以上，餐饮营业收入同比翻了近一番。

2017年，京仪大酒店根据刘军总经理“创机制”“树品牌”“求发展”的工作思路。整理出以培训为支点的统筹管理，建立三级培训体系，引入针对培训的考核机制，从而推出“培训＋管理”的创新模式。只要有新员工入职，刘军都会亲自组织召开一次入职培训会，在会上，刘军以案例分析结合实事的形式，生动又深入地给大家进行培训讲解，使员工不光是记到书本上，更是刻在脑海里。而在京仪的每一名员工都要经历系统培训及长期不间断的回炉培训，从一个动作到一个流程，刘军致力于把“专业”二字融入员工的潜意识里去，他相信只有标准规范的专业服务才能赢得客户的信赖和支持。从而才能真正地达到“以培训促管理、以培训助管理、以培训强化管理、以培训提高管理、以培训延伸管理、以培训铸造企业文化”

的形成。

同时刘军还在不断思考如何盘活酒店闲置区域，他想起雷锋同志曾说过，“一朵鲜花打扮不出美丽的春天，一个人先进总是单枪匹马，众人先进才能移山填海。”他透彻地分析了当下旅游人群的爱好与需求，提出了搭建房车迷你小院吸引全新客源的思路，使得京仪酒店的房车体验营变为北京三环内的独家体验营。每台房车游配有独立个体院落，房车内配套设施齐全，空间宽敞舒适，车内有独立的餐厅、客厅、浴室、卧室。在这片悠闲的小天地，听听音乐，看看书，和家人团聚，和朋友畅聊，让日渐疏远的关系重新凝聚起来正是房车最温馨的一面，一经推出，广受客人好评。

刘军瞅准了现今人们对于民宿型酒店的新需求，通过跨界合作探索“共享制”企业从而开发的新的宣传渠道及营销亮点，形成“京仪苑中院”“闹中取静”的风格。用东方美学智慧再造酒店空间之美，内有客房、套房、餐厅和多功能厅，拥有完整的酒店独居空间。聆听原木纯粹的呼吸，长榻、书桌、茶几、圈椅、衣橱、触手细腻而温和，美感与体感相互交融。客人到酒店体验后，纷纷给予酒店认可，表示不用到田间或郊区就可享受民宿风情，从而使得酒店客房收入再次提高。他利用酒店边角区域增加客房量，新增一种房型——小跃层，阳光房整体设计为复式，一楼为客厅，二楼为客房，并在户外设计了一处沐汤池。简约、雅致的布局，搭配原木清漆的中式家具，打造出大气、古朴、优雅、内敛、舒适的空间。为客人带来清风自来的淡泊、返璞归真的绝俗、身心寂静的归宿。满足商务会议、宴请、会客和度假，适合情侣出游、家庭度假、商务会谈，赢得了客人的高度赞赏及相互推荐。他尝试将“非标”客房引入标准化酒店，堂庭别苑一期工程的竣工标志着具有京仪特色的“客房板块”初步成型，在刘军的引领下京仪大酒店向特色酒店不断迈进。

他着手中庭区域的改造升级工作，根据客人需求完善酒店配套服务，确保改造后的中庭可以进一步提升大堂区域整体氛围和档次，成为酒店的画龙点睛之笔。

而酒店的O2O店（线下体验店）已进入实施阶段，相信2018年京仪大酒店将为广大顾客提供一个食、住、行、游、娱、购一体的“智慧酒店”。他大力地推进旅游及会议服务类的外延服务衍生品，不断发展及壮大跨界“平台”。他勇于探索接受新理念，云服务的引入实现了前台与楼层之间的点对点对接，提高了工作效率，降低了客人的等候时间，提升了客人的入住体验，且进一步地降低了人工成本（无客服中心）。智能酒店入住系统、智能电子秤成本录入系统、手机查房系统、微信扫描开发票等现代化设备的引入为“无前台”打下了基础。

酒店业十年风雨

现在，刘军依然每天坚持早 7 点到酒店西餐厅用早餐，随时随地关注餐品的质量及员工的对客服务状态；依然每周坚持召开一次酒店全体部门例会，为大家进行各部门的案例分析，从细节着手，细化调整流程；依然每月坚持到各部门跟岗一天，在实际工作中不断发现问题，不断解决问题。

栉风沐雨近十载，京仪人在刘军的带领下以奋斗不息的精神摘取一顶顶桂冠，荣获一面面锦旗。曾经有人问过刘军怎么看待“外行管内行”这个现象，刘军回答：“外行是可以领导内行的，这得益于企业高管前瞻性的战略眼光以及善于拥抱变化的心态，建立了有效的绩效考核激励机制，塑造了企业文化的精神魂魄，管理上抓住了重点，补齐了短板……”浅显易懂的商业逻辑却又蕴含哲理，细细探究京仪大酒店应对危机和市场变化的每一个决策，不难发现这些管理思想的魅力所在。刘军的历练成长与企业发展风雨相伴，他把人生最美好的年华奉献给了酒店业。他带领京仪大酒店一步一个脚印地向前发展，从小到大、从弱到强，实现了发展过程中的弯道超越！可谓“人间万事出艰辛，历尽天华成此景”！

刘军用他的亲身经历给我们深刻地诠释了大胆改革、勇于创新是亘古不变的真理。刘军说：“在接下来的 10 年抑或是 20 年，只要自己还可以继续为酒店人服务，那么自己依然会带领酒店人走下去，见证酒店业的发展，将酒店业的创新及变革坚持到底！”

漫漫创业路，如同在茫茫海上航行，有一帆风顺的时候，也有风浪袭头的时候。创业总是伴随着困难和挫折。对于那些能够正确面对困难和挫折，勇于改革创新的人，成功的大门永远向他们敞开。

公共安全的推动者

——辰安科技　袁宏永

海啸、地震、洪水、火山、飓风、泥石流、暴乱、疫情、战争……在地球的各个角落频繁发生，对于全人类来讲，生命安全是一个永久性的课题。当前我国工业化、城镇化持续推进，建立多层级安全监管和应急救援体系，提升全社会安全生产治理能力是安全发展、绿色发展和工业转型升级的紧迫要求。科学地预测预警即将发生的突发事件，并尽可能地将一切灾害损失降到最低是我们的使命。

信息化、大数据的深度发展和应用，开启了应急行业、公共安全预警的新纪元。传统方式的安全防控体系已逐渐被以“大数据”为核心的信息化新技术取代，信息化转型已成为公共安全、掌控当下和赢得未来的必由之路。树立大数据思维，加快推进数据流、业务流、管理流融合，从海量的数据资源中挖掘内在价值，以大数据应用助推安全机制变革，构建以大数据智能应用为核心的具有灾备能力的智慧城市新模式是当前的发展趋势。

辰安科技依托公共安全理论体系支撑，运用现代信息技术，构建起覆盖各级监管机构、园区、企业的信息化、智能化、扁平化、网格化社会监管和应急救援体系，实现信息共享、资源普查、事故统计直报、综合监管、风险防控、应急管理和决策分析的一体化智慧应用，依托安全生产统一信息资源共享平台和高危行业物联网监测预警平台，实现政企、安监与其他行业、企业与社会的互联互通、协同联动和共享共治。

辰安科技的全线产品和服务包括公共安全综合应急、监测监控、预防预警、救援指挥相关系统和装备。服务包括国务院办公厅、省（直辖市、自治区）、市（州）、县（市）、乡（镇）各级政府以及人防、公安消防、安全监管、核与辐射应急、铁路运输、民政救灾、海洋海事、电监电力、石油化工等部门与行业。在公共安全与应急方面的核心软硬件和整体解决方案已走向海外，为其他国家构建完整的应急与指挥控制系统。

辰安科技密切关注国家和社会需要，秉承“厚德载物，自强不息”的清华精神，实践“科教兴国，产业报国”的理念，致力于用科技提升公共安全保障能力，帮助政府、企业、社会降低灾害损失，保障生命、财产安全，勇于承担责任，与社会同发展共进步，并切实服务于和谐社会的构建。“兵学圣典”《孙子兵法》中，“仁”字位列将领五能（智、信、仁、勇、严）之一，“仁”是高度清醒的例行判断之下的“仁”，是慈万民、怀长远的明智聪慧的仁。辰安科技以仁为心，以科技为手段护航公共安全。袁宏永表示，我们将立足于服务国内市场，进军国际市场，打造应急领域的民族品牌和国际影响力，在创新、技术、产品、服务等方面不断完善，为构建和谐的社会环境，维护公众生命财产安全和社会稳定做出更多、更大的贡献。

保障城市生命线安全

2013 年最后一天，合肥首座高标准立交桥——五里墩立交桥封闭一条由东向西方向的重要匝道。3 天后，该桥全部封闭。

根据合肥市政府新闻办 1 月 1 日的通报，2013 年 12 月 31 日下午，市政工程管理处在巡查时发现五里墩立交桥 A3 匝道（南一环至长江西路高架方向）第 4 联和第 5 联的分联墩支座出现老化变形现象，为确保安全，该处当晚 7 时联系交警部门对该匝道进行交通封闭。

经过专家的深入分析，发现桥墩支座除老化变形外，还存在梁体向曲线外侧偏移、立柱向曲线外侧倾斜等现象，存在垮塌的风险。假如桥梁坍塌了，后果不堪设想！这才决定暂时封闭整座立交桥。

封闭期间将采取哪些维修和保护措施？下一步该如何防范此类事件再次发生？当时身在合肥的袁宏永教授默默地记下了这件事情。回到清华大学后，他立即找到公共安全研究院、辰安科技公司和清华大学相关院系的专业人员共同探讨这个问题，并由辰安科技负责做出一套解决方案。在后面与相关领导的汇报中，袁宏永教授拿出了这套解决方案，得到领导和专家的高度认可和重视，真心希望通过科学的方法把整个城市的桥梁都监测起来。于是，针对城市生命线工程运行中的桥梁安全系统化监测在全国首开先例。在推进过程中，相关领导又提出是否能把城市的地下管网一并监测起来。袁宏永教授又组织团队做出方案监测城市地下管网。

通过研究城市运行中出现的各类安全问题，袁宏永教授想到，这些事情都不是偶然的，而是有共性的。于是召集辰安科技公司高层干部和技术骨干开会，研究哪些是影响城市安全的问题，逐一调研分析，然后把它们全部监测起来。

经调研，除上面提到的桥梁、供水排水外，我国每年城市燃气爆炸案件有600余起，平均每天有百分之二十几的概率会坐上带病电梯……城市的交通系统、供水系统、供电系统、供热系统、供气系统、通信系统等是构成城市生命线的基础，也是保证城市正常运转最重要的基石，任何环节滞后或失灵都可能导致整座城市瘫痪。大多数城市的“生命线”缺乏自我保障能力，抗灾应变能力脆弱，一旦发生灾难，具有影响大、连发性强、损失重、处置难度大等特点，严重影响人民群众生命财产安全和城市运行秩序。

自此，袁宏永教授下定决心，辰安科技一定要肩负起为城市安全运行保驾护航的责任，一定要做好城市生命线安全运行监测系统。他带领辰安科技团队从城市整体安全运行的角度来考虑，以预防燃气爆炸、桥梁垮塌、路面坍塌、内涝等影响范围大的公共安全事故为目标，建设能够让城市基础设施安全运行的监测系统，且在国内率先提出并实践了城市生命线综合安全运行监测理念和方案。

在团队的不懈努力下，2016年3月，辰安科技成功承接了“合肥市城市生命线工程安全运行监测系统（一期）项目”，此系统以公共安全科技为支撑，融合物联网、云计算、大数据、移动互联、BIM/GIS等现代信息技术，透彻感知桥梁、燃气管网、供水管网、中水管网、热力管网等城市生命线运行状况，分析生命线风险及耦合关系，深度挖掘城市生命线运行规律，实现城市生命线系统风险的及时感知、早期预测预警和高效处置应对，并向市政交通、供水、燃气等相关部门提供实时、定期和非定期的城市生命线安全运行监测信息服务，提高城市生命线的精细化管理水平和主动式安全保障能力。现已真正成为“城市生命线智慧安全护卫”，安徽省各级领导也给予辰安科技高度的肯定。

2017年7月，辰安科技成功中标“合肥市城市生命线工程安全运行监测系统（二期）项目”，总金额近10亿元。同时，随着各兄弟省市不断考察、调研与认可，“合肥模式”也推向了全国。2018年1月，中国共产党中央委员会办公厅、中华人民共和国国务院办公厅印发了《关于推进城市安全发展的意见》，城市生命线工程建设商机无限。

自辰安科技的城市生命线安全监测系统在合肥成功上线运行以来，屡立战功，及时、准确地监测到多起燃气事件、供水事件和桥梁超载事件，为保障城市安全作出了突出贡献，在全国智慧安全城市建设领域获得较大的反响。

“在一个系统内，全时监测整个城市生命线的运行，及时发现尚处在孕育阶段的安全隐患，全世界其他地方都还没有，辰安能实现。”袁宏永教授自豪地说。

集体创业，用科技服务世界安全

作为公司总裁的袁宏永，同时也是清华大学工程物理系研究员、博士生导师，主要从事公共安全科学与技术的研究。

1995 年，在范维澄院士的带领下，袁宏永教授和苏国峰博士组成了一个小团队，主攻火灾探测与报警技术。2003 年“非典”后，团队转入公共安全领域，承担起科技部重大科技支撑项目。

2005 年，团队响应国家要求，把研究理论成果应用到社会上来，直接解决国家实际问题，提高国家突发事件应急的效率和科技含量。在清华大学的支持下，袁宏永教授作为主要创始人，成立辰安科技，专注于将清华大学在公共安全与应急领域的科研成果向产业方向转化。

“求真务实，勉励高效；艰苦奋斗，行胜于言——这是每一个辰安人都要铭记在心的。”袁宏永经常这么说。

作为负责人和实际执行者，袁宏永教授构建了清华大学与辰安科技科技创新和产业发展的桥梁。袁宏永教授带领辰安科技全面参与了多个国家级科技课题和国家应急平台体系的规划、设计以及标准规范制订与原型系统开发等工作。针对 4 大类 328 种突发事件，提出了体现突发事件次生衍生、多因素耦合规律的事件链和预案链层次分析方法，建立了基于事件链的综合预测预警模型以及基于预案链的综合研判和应急决策支持方法。

辰安科技业务重点涉及政府综合应急、生产安全、环境安全、城市生命线安全、社会安全、智慧人防、智慧消防、预警信息发布、智慧安全城市等领域，为风险评估、预测预警、监测监控、应急救援等提供了技术和产品支撑，使公共安全管理更精确、高效，为各级政府和行业部门实现以人为本，全灾种、全过程、全方位、全社会的公共安全管理提供服务。目前公司已承担了国家级、省级、地市级及海外共 200 多个公共安全与应急项目的规划建设工作。

从最开始 3 个人的团队到现在拥有 1200 多名员工的辰安科技，袁宏永说：“辰安科技并不是个人创业，而是集体创业；并不是个人从零开始把这个企业做起来，而是一个团队通过十几年的努力做出的成果。”

技术进步，实实在在作贡献

2007 年，辰安科技承担“2008 年北京奥运数字预案与应急救援系统”的建设，并于当年上线。

2008 年，国务院应急平台上线试运行，提供汶川地震现场决策支持。

2009 年，国家应急平台体系互联互通工作全面展开，辰安科技承担电监会、海洋局、三峡总公司等应急平台开发工作。

2010 年，青海玉树发生里氏 7.1 级地震，辰安科技提供现场辅助救援，辰安科技的现场应急平台首次实现巨灾现场与国务院之间的远程协同标绘与会商。同年，辰安科技获国家科技进步一等奖。

2015 年，辰安科技荣获中国地理信息科技进步一等奖。

……

一直以来，辰安科技坚持在产品、技术、服务等方面不断创新完善，为

■ 辰安科技办公大楼

构建和谐社会环境，维护公众生命财产安全和社会稳定作出更多、更大的贡献。

辰安科技参与研发的国家应急平台系统可迅速确定事件的地点，根据事件的态势和严重程度，系统自动关联出这个事件所对应的预案、案例、法规等信息，将历史上同等类型的案例自动调出来，供大家决策参考。在处理突发事件时，工作人员经常会面临现场信息来源分散的难题，比如跨领域、跨地域、跨部门等。通过这个系统就可以实现各部门实时、异地、多方的协同会商。

同时，辰安科技还构建了“应急一张图”。袁宏永说：“应急一张图是应急平台系统最关键的一个环节。”它把整个救援从人员救治到人员疏散与安置，把所有应该做的、已经做的和将要做的全部统计出来。这里面有很多模型，整个系统按照它来处置的时候，一般情况下，不会有遗忘或过量救援的问题出现。此外，系统还能够自动检索分析出事件发生地一定范围内可能存在的危险源，防止次生和衍生事件的继续发生。

凭借卓越的产品、出色的实施、优质的服务，公司在抗击汶川地震、抗击玉树地震、北京奥运会、广州亚运会、反法西斯战争胜利 70 周年阅兵、北京 APEC 会议、杭州 G20 峰会、厦门金砖会晤等重大事件的技术保障中作出过突出贡献。

跨出国门，扬帆出海

此前，辰安科技一直规划建设的都是国内的项目，虽然辰安科技以前也有过国际交流，但都是停留在学习、考察国外的先进技术以及分享辰安公共安全科技研究成果等阶段，主要是学者之间互相交流，并没有参与到国际商业的竞争中。直到 2010 年，辰安科技第一次踏出国门，为沙特阿拉伯设计国家应急系统。对于从未跟国外有过合作的辰安科技来说，这是一件大事。公司派出了三位副总裁前往，为项目做了一个方案，报价十几亿美元。竞争对象都是欧美发达国家的公司，历经 3 个月的争取，辰安科技并没有竞标成功，此次流标对辰安科技影响很大。

回国后，辰安科技立即总结了这次走出国门的经验：第一，国际上不同国家对安全应急都有强烈的需求；第二，应急项目也可以谈到几亿美元的合同；第三，辰安科技的理念和技术与西方发达国家相比并不落后。正是这次事件，让辰安科技拓宽了眼界，也开创了全新的发展道路。从此，辰安科技坚定不移地走上了国际化道路。

很快，辰安科技成功接下海外第一单。2011 年，辰安科技成功地进入厄瓜多尔。在南美洲国家厄瓜多尔，当地社会治安面临挑战，偷盗、抢劫等刑事案件频发。混乱的治安问题已经成为阻碍当地经济、社会发展的最大挑战，也成为厄瓜多尔治理创新中不可能完成的任务。一项由辰安科技主导的应用技术——ECU911 技术，有效地解决了当地治安混乱的难题。

ECU911 技术系统由 16 个指挥中心组成，整合了警察、交通、消防、医疗等 7 个部门的资源，集成交通指挥、社会治安、医疗救护功能，实现对应急事件跨部门、跨地域的联合处置，被称为“综合集成度最高、技术水平最先进、规模最大的应急指控系统之一”。厄瓜多尔总统科雷亚出席了每一个指挥中心的落成仪式，并感谢中国“把最先进的技术带入拉美”，中国企业成功地完成了“不可能完成的任务”。

系统启用后，已累计处理超过 3400 万次紧急情况，挽救了 8000 多条生命，平均每天约有 7 条生命因此得救。中国驻厄瓜多尔大使王玉林在接受记者采访时表示：“ECU911 启用以后，厄瓜多尔的犯罪率下降了近 30%。”

厄瓜多尔总统拉斐尔·科雷亚也在多个场合表示，中国的技术让该国犯罪率比三年前下降了 24%，治安状况排名从拉美地区的第 16 位跃升至第 4 位。2015 年初，拉斐尔·科雷亚到访中国，在清华大学作了名为《新型厄瓜多尔经济》的演讲，他说：“如今我们可以自豪地说，我们是拉美最安全的国家之一。”

2016 年 4 月，厄瓜多尔西部沿海地区发生了里氏 7.8 级地震，造成大量的人员伤亡和财产损失。厄瓜多尔总统科雷亚、副总统格拉斯亲赴抗震救灾前线，利用 ECU911 技术系统指挥，及时处理大量信息，及时发布一道道指令，挽救了许多生命，减少了人员、财产损失，ECU911 在震后重建中也发挥了极大的作用。ECU911 的波托维耶霍中心成为当地最安全的场所。

ECU911 项目是中国信息产业“走出去”的成功典范，自从辰安科技接下国外第一单之后，就迅速地与委内瑞拉、特立尼达和多巴哥、巴西、墨西哥等国家合作，在新加坡、文莱、非洲诸国都设立了辰安的子公司。到目前为止，辰安科技已经完成了 67 个国家项目，也奠定了辰安科技国内技术与国际技术、国内市场与国际市场、国内人才与国际人才的相互促进和相互协同，也有很多外籍员工加入辰安科技，使得辰安科技走向国际的步伐越来越快。

袁宏永说：“以前我们是借船出海，后来我们是组船出海，现在我们已经能够自己扬帆出海。”

上市只是手段，目的还是发展

辰安科技在2005年成立，公司的产品和服务其实就是一个从无到有的业务。目前，辰安科技的用户群包括国务院、各部委，各省（直辖市、自治区）、市（州）、县（市）、乡（镇）政府，以及人防、公共消防、安全监管、铁路运输、海洋海事、电监电力、石油化工等行业，在北京、武汉、合肥建有规模化研发生产基地，公司营业额高速上升。

经过10年的发展与奋斗，2016年7月26日，北京辰安科技股份有限公司成功登陆深交所创业板，正式挂牌上市，发行2000万股。辰安科技将以本次首发上市为契机，借助资本市场的力量，继续巩固在国内公共安全与应急产业领域的领先地位。

袁宏永教授说，“上市只是手段，目的还是发展。”未来，辰安科技将对现有产品与营销服务体系进行升级、完善，将继续引领行业和市场的发展，并持续保证公司的竞争优势和市场占有率。

未来5年，公司希望成为全球公共安全与应急技术的引领者，为至少10个以上的国家提供公共安全产品与服务。未来5年，公司将采取开拓型的战略态势，在世界公共安全领域构建“大安全”产业体系，逐步覆盖国家安全、政府安全、城市安全、环境安全、核安全、生产安全、信息安全、交通安全、食品安全、出行安全等各个领域，为降低自然灾害、事故灾难给人类带来的生命、财产损失而不懈奋斗。

搭建云服务平台，打造消防新业态，构建消防新元年

上市后的辰安科技已成为一家独立的公众公司，正按照企业自身的成长规律在发展。上市后的第一年，辰安科技就做出了突出的创新与成绩。在2017年，辰安科技开始搭建全国公共安全云服务平台，而这些想法与成

果并不是偶然得到的。

2017 年 6 月，杭州千万豪宅突发大火，造成女主人与 3 个孩子死亡。着火时烟感器并未报警，消防水压过低，只得依靠保安挨家挨户敲门通知情况。

很多地方着火以后存在消防栓没水、该喷水喷不了、该报警报不了的现象。我国每年有上千亿的钱花在消防设施建设上，每一个建筑物 3% ～ 5% 的投资是在消防系统上，有的高达 10%。

这对袁宏永教授的触动很大，于是他组织辰安科技的团队专门思考这个问题。

现阶段消防工作面临着消防工作社会化难落实、消防监督工作“点多面广”、消防物资管理不到位、灭火救援难度大等问题。国内大部分业主并不理解这些问题，而层层的技术服务单位都只对它们检测的结果负责，并没有对整个消防系统的运行负责。于是，辰安科技就决定担起责任打造消防新业态。通过结合“互联网 +”、物联网技术，提供技术防控、社会监督、齐抓共管的消防隐患排查手段，改变传统隐患排查模式，通过互联网及社会公众对消防隐患的自发自查，实现隐患早发现、早识别、早处理。

辰安科技构建了全国公共安全云服务平台，把全国的消防、电梯、燃气等构建成线上线下的服务。比如，当人们离开家外出工作时，只要在手机上选择自己需要的消防服务，辰安的线下人员就会把探测器放到家中，实现辰安科技的云检测；当家中出现安全隐患时，就会有线下人员去服务和维护。辰安科技还和保险公司等机构部门签署协议，一旦消防服务出现问题，造成的损失由辰安科技承担。现在，辰安科技的消防安全云服务项目已经在全国进行推广。

辰安科技相信，消防新形态将改变大众的生活。

打造智慧安全城市，科技服务城市总体安全

近几年来，国家持续重视和加强公共安全建设。党的十九大报告提出：树立安全发展理念，弘扬生命至上、安全第一的思想，健全公共安全体系，完善安全生产责任制，坚决遏制重特大安全事故，提升防灾减灾救灾能力。2018 年 1 月 7 日中央发表的《关于推进城市安全发展的意见》进一步提出要加强城市安全源头治理，健全城市安全防控机制，提升城市安全监管效能，强化城市安全保障能力。到 2020 年，建成一批安全发展示范城市。这些文

件和政策的提出，更加明确了公司的任务。

针对国内的技术现状、信息化建设情况以及管理机制，袁宏永教授带领辰安科技提出了建设智慧安全城市的意见。其核心理念是由突发事件后的救灾、应急向事前预防转变，由被动安全应对向主动风险治理转变。通过打通信息壁垒，综合分析城市风险，转变公共安全管理模式。目标是利用先进的公共安全管理理念与技术，结合移动互联网、物联网、大数据、人工智能等技术开展城市风险隐患的物联网监测、评估与精细化管理，建设全方位、立体化的城市公共安全网，打造智慧安全城市，实施主动风险管理，创新公共安全管理和服务模式，提升城市安全发展与管理水平。

辰安科技提出的智慧安全城市框架可以被称为“1+2+3+N”体系。“1”是指一个中心，公共安全管理中心，实现城市安全统一的监测预警和应急指挥，是一个能够在事故发生时转换功能的场所。“2”是指“一网一图”，一网是城市安全运行监测物联网，就像我们人类的眼睛、耳朵、皮肤，是整个城市的感知神经；一图是城市安全综合监测一张图，是一个综合的软件平台，将城市的运行状态进行图形化展示。“3”是指三大基础支撑，包括城市安全大数据、地理信息服务、标准规范体系，分别负责数据分析支持、地图服务支持、体系架构支持。前面的“1+2+3”搭建起一个基本框架，在这个框架上面，我们根据不同城市的特点可以进行专项提升和扩展，就形成了“N”项安全应用。这里列出了9个具有代表性的安全应用，包括综合应急、预警信息发布、生命线安全、社会安全、消防安全、人防安全、环境安全、生产安全、综合网格与群防群治。

在技术方面，辰安科技围绕国家公共安全与应急行业的各领域重大战略需求以及建设新型智慧城市、建设新一代信息技术及数据体系的需求，将继续加大研发力量，通过大数据、云计算、人工智能驱动智慧城市的建设，为解决公共安全与应急问题提供新思路。

把公共安全文化推广到千家万户

在提起公共安全文化建设时，袁宏永教授不无感慨。他说，辰安科技能够给社会提供先进的公共安全技术，能够有力地保障城市安全，但全社会缺少公共安全文化，辰安科技这样的企业有责任把公共安全文化推广到千家万户。他相信，公共安全文化构建的最终目的就是实现人的安全。

没经历过灾害的人很少能重视安全文化，更不能形成安全消费理念，大多数学校里很少开设公共安全这门课，人们并不能意识到身边的安全隐患。树立安全意识，掌握公共安全文化知识是需要每个公民身体力行的一件事情。

公共安全文化的构建涉及一个国家整体的安全意识、安全制度、安全价值、安全精神、安全规范、安全理念等诸多方面。此外，公共安全文化建设对于深入贯彻落实科学发展观、完善和谐社会理论具有重大的理论意义。在当前时期，通过各种各样的方法保持社会稳定和人民的人身财产安全，是一个基础性工作。

在国外的许多公园里面，就包含有从家庭炒菜、做饭到出去旅行、坐车、登山等方方面面的安全培训，只要买了公园门票，就能免费体验到这种安全教育。有很多幼儿园、小学的学生座位底下都有一个用于地震来临时套在头上的垫子，用于保护头部。但在国内，人们并没有形成安全意识。在很多地方，大多数用于安全疏散的通道被私人占用，消防设备常年被人锁着，因为人们认为并不会有什么危险发生。

但在我们国家，不同地方的安全风险是不一样的，有的地方地震频发，塌陷很多，有的地方会有水灾、干旱等，不同的城市面临的风险不同，所以对人们的安全培训也不同。不同年龄段的人面临的安全教育也是不同的，因为每个年龄段的人需求不一样，也会有不同的安全培训。

我们国家有世界上最严格的消防标准，但是却仍然有群死群伤事件发生，除了管理问题，更多的是人们安全文化意识的欠缺。为此，辰安科技正在与全国知名的文化企业合作，共同推进公共安全文化意识的建设。

袁宏永教授说："对于我们个人，要树立安全意识，自觉地接受安全消费，加深对各种安全知识的理解，才能避免各种安全事故的发生。"

普及大众公共安全文化，培养大众安全意识，这是辰安科技的愿景和使命。为此，辰安科技一直走在前行的路上。

中国应急管理事业新景象，多方面利好公司发展

近几年，国家不断出台相关促进行业发展的政策，特别是在发展创新社会治理方面，鼓励开创创新社会治理模式，加快建设安全生产隐患排查

治理体系、风险预防控制体系和社会治安立体防控体系，推进网上综合防控体系建设，建立和完善自然灾害综合管理信息系统、重大和重要基础设施综合管理信息系统、安全生产监管信息系统、国家应急平台、社会治安综合治理信息系统和公安大数据中心。同时，大力发展可靠高效的公共安全与社会治理技术。

《国务院机构改革方案》经十三届全国人大一次会议第五次全体会议表决通过，此方案一出台就引起了媒体和舆论的广泛关注和普遍热议。组建应急管理部则是其中一个焦点和亮点。这是我国应急管理迈向新征程的重要标志，也是实现国家治理体系和能力现代化的关键举措，契合了我国从工业社会向后工业社会的转轨过程中，有效应对复杂性公共安全风险和突发事件的需要。

世界发达国家大力加强跨领域、跨部门的突发公共事件应急技术的研发和一体化应急平台的架构，普遍重视应急平台的风险分析、信息报告、监测监控、预测预警、综合研判、辅助决策、综合协调与总结评估等关键环节所需的关键技术。国家应急平台体系建设是一个长期的不断完善和资源整合的过程。随着人们对突发公共事件发生机理的认识更加深入、信息技术的发展，国家应急平台体系将不断发展、提高与完善，为科学、高效应对突发公共事件提供越来越大的支撑。

辰安科技将继续大力拓展应急平台市场，通过不断完善事业部、业务集群、市场体系矩阵式的管理模式，推广应急技术在新业务领域的应用，并积极提升大项目的开拓与运作能力，通过做大项目、行业典型项目，引领和带动行业的发展。

作为上市公司中唯一一家专注于应急管理领域的企业，相信辰安科技会走向新的辉煌！

IT 行业的先驱者

——东华软件　薛向东

他专注。将有限的精力投入有限的事情中去，目标专一，精神专注，才有可能发挥一个人的聪明才智，才能将一件事情做到极致，做到精彩绝伦。盯紧目标，专心专注，积聚力量，奋勇向前，就没有什么会阻挡他迈向成功的路。薛向东看准软件产业的发展前景，并找准了自己的方向，深耕细作，保持企业的核心竞争力优势。薛向东曾言，我们东华不搞多元化，我们很专业化，就是专注 IT 行业，而在 IT 行业我们又专注在软件和系统集成。薛向东带领的东华软件已经得到众多厂家的信任和认可，成为数十家国际国内知名 IT 企业的增值代理商、系统集成商或战略合作伙伴，为用户提供全面解决方案及优质服务。

他保持精进和积累。“每天进步一点点”，这看似平淡无奇，缺乏雄心和魄力，却具有无穷的威力。“水滴石穿，绳锯木断。”只要你有足够的耐力坚持下去，成功必将属于你。成功来源于诸多要素的几何叠加，“不积跬步，无以至千里；不积小流，无以成江海。”东华软件从创业前期只有一间 20 平方米的办公室，到公司上市后果断并购，发展得越来越快。《孙子兵法》有云：“是故胜兵先胜而后求战，败兵先战而后求胜”。意思为，胜利之师是先具备必胜的条件然后再交战，失败之军总是先同敌人交战，然后期求从苦战中侥幸取胜。强调胜利之师不打无准备之仗，充分准备、厚积薄发。薛向东时时刻刻都以 IT 行业的国际顶尖水准来要求自己，点滴进步、点滴积累，力争将东华软件打造成一个品质卓越的百年老字号。

他有担当。企业家不仅是经济活动的重要主体，而且在社会发展中也具有重要的示范、引领作用，应当在履行责任、敢于担当、服务社会等方面发挥更大的作用。特别在新时代，企业家要强化社会责任观念，超越过去把利润最大化当作唯一追求的观念，转为关注人的价值。除了以专业化产品服务和有担当的企业家精神服务社会，薛向东和东华软件更以社会责任担当获得各项荣誉。薛向东招聘 100 名残疾员工进入公司，任职于各个部门，并且确保让每位残疾员工工作愉快，各尽其才，对在职残疾员工提供各种人性化的政策。因而获得国家人力资源和社会保障部授予的“全国就业与社会保障先进民营企业”称号。

第一批大学生的神奇机遇

薛向东出生在农村，妈妈是农民，爸爸是供销社的一名会计。他在1975年高中毕业后就回到农村，在供销社办的一个饭店里做饭。机缘巧合，一家国营企业的石膏矿领导来这里招工人，正好在这个饭店吃饭，很欣赏薛向东的手艺，就把薛向东招到石膏矿做工人。对于一个农村孩子来讲，当时能去国营企业当工人，是一件很光荣的事情，但薛向东并不满足于此。

1978年国家恢复高考后，薛向东就边当工人边学习，一举考上湖南大学。对于刚刚恢复高考的中国来说，计算机还是一个很新的名词，出于对新鲜事物的好奇，薛向东选择了计算机科学专业，1982年薛向东毕业。

毕业后的薛向东并没有创业的想法，只想找到工作，于是在国家机械工业部就职，一干就是十年时光。在这十年里，薛向东一直在对外打交道，发现国内国外的差距特别大。加上1992年邓小平发表南方谈话，薛向东也下海了，在一家外企就职。

在外企的几个月内，薛向东还是看到了差距，觉得不能一直这样下去，自己也能单干。加上1992年一大批企业家纷纷选择下海创业，他也就萌生了创业的想法。

能力越大，责任越大

1993年，第一部公司法还没有发布，国家希望大家能共同致富，那时只能创办集体所有制公司。抱着试试看的想法，薛向东在白石桥机械科技研究院的10楼租了个20平方米的小房间，在那里创建了东华诚信电脑科技发展公司，开始了自己的创业。

从一开始自己跑客户，到现在解决8000多名员工的就业，外人肯定会猜想此间得经过多大的艰难险阻，才会铸就现在的东华软件，而薛向东自己说：“一不小心就做成这样了。”

凭借着自己不断学习的能力，加上此前工作的积累，开始创业的薛向东并没有遇到太大的困难。看似一帆风顺的薛向东是如何把公司越做越大的呢？

一是风险承受能力。

俗话说：“有多大的能力就干多大的事情”“没那金刚钻就别揽那瓷器活”。

每当做决策的时候，薛向东都会有风险意识，先评估自己的风险承受能力，再根据自己的能力做决策。如果承受得了就去投入，即使项目亏了也亏得起；如果承受不了，即使这个决策可能会有很大的收益，前景也非常好，那也不要去做。不同时间段承受能力不一样，做的决策就不一样，不会冒很大的风险，一步一个脚印地往前走，企业才能保持稳健发展。

二是决策的民主化与科学化。

做决策时要经过广泛的调研，把事情分析明白，综合大家的意见，看这个决策怎么样，这样做出来的决策十有八九能成。

有这两条作保障，企业遇到的困难就不会那么多，即使遇到一些困难也能迈过去。

坚定不移的创业理念与定位

东华软件从成立起，就始终坚持以行业应用软件的开发、计算机信息系统集成及信息技术服务为主要业务。薛向东对员工唯一的要求就是一定要做到根据特定行业客户的业务特点，有针对性地开发能满足客户需求、实现客户某方面业务功能的软件产品，并且还要按照客户的需求，将计算机软硬件有机地组合在一起，实现特定的业务功能，满足客户业务需求。

把诚信嵌入到企业名称中，是提醒自己不忘初心，把诚信写进每个东华员工的脑海中，力求让人感受到东华团队的诚心诚意、重诺重信。把用户、投资者的感受记在心上，不论进程有多艰难，都把它们放在第一位，任何时候都不马虎。

东华软件做了大大小小二万多个项目，只要用户有需求，东华都会不遗余力地服务对方，满腔热情，服务到家，从不把项目拿到手作为服务的终点。东华软件的企业文化归结为两个字就是诚信，也是8000名东华人20多年守护的精神家园。

东华软件认为对的东西就会重复去做，诚信也是这个层面的。东华软件为此建立了制度，用来管理团队。

一是定规矩。按照法律法规要求，同时也参考了各大知名企业，特别是百年老字号的精髓，东华软件制订了 10 多个管理文件，把做人、做事、做企业的道理，用通俗易懂、走心入脑的语言加以记录，成为每个东华人的行动规范。

二是守规矩。为者常行，行者常至。东华软件一直把用户为中心作为企业核心价值理念，把“用户满意度”作为试金石，创新升级用户体验，通过建立用户档案、完善售后保障等措施，全方位、一体化提升服务质量，增强了用户的黏性。无论是一线市场人员，还是技术人员，只要是窗口单位的，就必须把东华的服务和热情传递开来，不容任何含糊。

三是敬规矩。遵守国家法律法规、不触“底线”、不踩“红线”、远离“高压线”是诚信企业最根本的准则。在东华软件的所有管理制度中，诚信方面的规范是人人都要敬畏的，谁违反了就要付出代价，谁敢给东华这块牌子抹黑，所有东华人就会把他“拉黑”，让那些胆敢失信违约的人寸步难行、无路可走。这些年，东华软件诚信建设得到了党委政府的充分肯定，连续获得了“北京市和谐劳动关系先进单位”“守合同重信用单位”“企业信用 AAA 级”“纳税等级 A 级企业”“中国自主可靠企业核心软件品牌”等荣誉称号。

东华软件从四个方面继续做好诚信建设：一是制度严起来。学习借鉴新经验、好做法，对准表、上紧弦，把所有规章制度进行一次全面梳理，确保“百密无一疏”。二是典型树起来。每年初组织开展一次“诚信东华”创建活动，要求下属 60 个单位推出一批先进个人和先进单位，发挥示范引领作用。三是警钟响起来。在加大正面宣传引导的同时，即时推送社会上的失信老赖案例，加按语评论，让所有职工从中吸取教训。四是力量统起来。充分利用现代信息手段，建立具有东华特点的企业信用管理机构、信息平台、评价体系。发挥党组织的核心领导作用，统筹工、青、妇多方力量，形成倡导诚信、践行诚信的最大合力。东华软件继续秉持“唯实、创新、勤勉、诚信”的核心理念，管理上更加精细，服务上更加贴心，沿着党的十九大指引的新时代复兴之路阔步前行，筑就软件行业领军、国际知名的东华梦。

东华不是一天上市的

创业前期东华只有一间20平方米的办公室，两个员工，两台电脑，来公司的人都说："怎么看怎么像骗子。"1994年，前50个客户有49个都拒绝了东华，最后，薛向东干脆一张纸都没有带，进门就针对客户的痛点进行分析，最终成功接到第一笔业务。

1995年春天，薛向东因为牙疼跑了3家牙科医院，但都是人满为患，最后只好去了积水潭的一家私人医院，结果还是排500米的长队。薛向东直接找到院长说："一个预约系统立马解决排队问题，干不干？"院长犹豫不决，说可以试试。

就这样，薛向东和助手立将全部精力投入研发设计当中。系统初步成形之后，一旦被发现有不够完美的地方，马上重新开发。多次修改和测试，直到薛向东满意为止。

薛向东提前了好几天就把系统做出来了。更让院长佩服的是，该软件系统涉及全面、操作方便，大大地节约了医生与病人的时间，于是院长把自己的同行介绍给薛向东。

至此，东华软件开始一路狂奔。1997年，东华的客户覆盖医疗、银行、电信等6大行业，客户规模扩大到50多个，业务越做越好。

1998年底，薛向东决定扩大规模，于是公开招聘，一口气招聘了30多位博士、硕士，迅速组建了一支技术队伍。一年之后，相继开发出电力、银行、保险等10大行业的集成解决方案，也宣告东华软件彻底从"游击队"变成了"正规军"。

2001年，薛向东整合公司的优质资产，注册成立了北京东华合创数码科技股份有限公司，出任董事长、党委书记。

山西是我国的煤炭资源大省，但频频发生的煤矿爆炸事件令国人极为痛心。2002年，薛向东看到新闻报道在山西连续发生的几次煤矿爆炸事件，企业家的责任感和个人智慧强烈碰撞，迸发出灵感。薛向东那时就想，如果能开发一套监控系统，监督矿区的生产和安全保障系数，或许能为此做点贡献。于是，薛向东带领他的团队，夜以继日地精心设计监控系统，在历时300多个日夜的精雕细琢之后，东华煤矿安全联网监控系统诞生了。

2005年，在平塑煤炭工业园区，当矿区领导通过最新引入的东华煤矿安全联网监控系统，一览无遗地查看地下的生产情况时，满意得频频点头。其实不止在平塑煤炭工业园区，这一年，江西煤炭集团、山东新汶矿务局、肥城矿务局等都植入了这种安全可靠的煤矿安全联网监控系统。借助这套监控管理系统，此后几年这些监控区域再也没有发生任何安全事故，而且采掘效率大大提高。

省级煤矿安全联网监控系统是一个大型的综合数据采集和应用系统，是由全省的煤矿以及各级监控中心组成。系统建立在煤炭专用网（或公网）和各级煤炭工业局内部局域网基础之上，因此系统的逻辑结构分为省监控中心、地市监控中心、县级监控中心和被管理的煤矿4个层次。各级监控中心通过系统提供的地图监控平台实时监控其下属煤矿的安全生产动态，查询所需要的各类信息。

系统综合运用了GIS、Java语言、多层体系结构等多种先进软件技术，并基于TCP/IP网络构建。它帮助煤矿管理部门监测下属煤矿的瓦斯动态和生产情况，整个系统基于多层体系结构，完成了煤矿基本信息查询管理、生产调度管理、干部下井管理、采掘跟踪、隐患检查、通风管理、瓦斯在线监控、系统维护、在线帮助等，支持上千个矿端监控系统的实时连接和数据发送，采用Java语言实现，可以运行各种操作系统环境；矿端维护程序采用Delphi和Mapx开发，系统用户界面友好，简洁直观，便于用户使用。整个网络系统通过先进的计算机网络，连接各个分散的监控系统，便于集中管理和调度，并在事故发生时提供强力的信息支持和辅助决策。

2005年，东华的营收超过5亿元，薛向东也首次登上胡润富豪榜。

很多企业追求一年签多少单，但东华从不片面追求签单数量，因为这样可能签进不良客户。如果项目结束却不能回收资金，就可能对资金流造成影响。东华的发展始终坚持“看米下锅”，也就是做集成项目的时候，如果对方资金条件不好、回收期慢或者收钱有风险，就不做。正是因为有这种风险控制意识，薛向东在项目拓展和客户选择上“有所为，有所不为”，在企业原始积累的时候，就保证了资金的良好运转。在公司发展的初期，东华也有过资金需求，但是和很多中小企业一样，由于资信和可抵押不足的问题，东华也遇到过难以向银行贷款的局面。这种情况下，东华软件就选择资金条件好的客户来做。

薛向东追求企业稳健发展，这种发展之道下，公司可能一年翻几番、急速膨胀式地发展机会减少，但信息化市场很大，东华在同行中资质很好，研发的产品也是行业领先，如果上市，一定会让股民放心。

看到很多同行公司上市，薛向东也于 2006 年 8 月 23 日在深圳证券交易所上市。一直对客户、合作伙伴、员工负责的薛向东从那一刻起也要对股东负责了，薛向东说："上市只是东华万里长征走完了第一步，今后还有很长的路要走，我们任重而道远。"

信息化领域从来不缺少并购，有的是为了业务互补，也为进一步壮大。上市之后的东华软件有了更大的发展空间，薛向东认为只有向国际大公司看齐，才能让东华软件真正"国际化"。IBM 从 1994 年开始平均每一个月并购一家公司。思科从 1994 年到现在，平均每 40 天并购一家公司，于是东华也开始尝试通过收购的方式扩张主业。

公司的发展采用内生式成长与外延式发展并举的战略。其中，所谓外延式发展战略，就是通过并购拥有独特竞争能力或能够与公司原有业务产生协同效应的同行业公司的方式实现发展。

2007 年，东华软件成功收购了联银通，这也是中小板首例向非关联第三方以发行新股方式进行的收购案；2009 年，东华软件购买北京厚盾科技有限公司 100% 股权；2011 年，收购神州新桥。薛向东认为，这才是企业做大做强的必由之路。

薛向东对自己的收购比较满意，他说："要想进行成功的收购，一定要考虑双方是否有协同效应：技术协同、市场协同、服务协同，这样双方都能很好地发展，如果收购目标能达到这三种协同那是最理想的。从国家相关管理部门来说，也非常鼓励企业通过并购做大做强主业，而资本市场就提供了这种可能。我们的发展包括内涵发展和外延发展，内涵是自主创新、技术研发，外延就是兼并收购。我们的收购一定会关注协同效应，而且软件业的核心是人才，收购以后也要留住原有团队。"

上市后果断并购，使得东华软件的发展越来越快，也加大了东华软件研发和扩张的筹码。薛向东时时刻刻都以 IT 行业的国际顶尖水准来要求自己，要力争打造一个品质卓越的百年老字号。如今东华软件市值已超过 300 亿，薛向东也成为身价超过百亿的 IT 达人。

扛得起责任，戴得了桂冠

2001 年 10 月，东华软件荣获“计算机信息系统集成一级资质”；2003 年 11 月，东华软件荣获“中国民营科技企业创新奖”。2004 年至今，东华软件连续被工业和信息化部评为“中国软件产业收入规模前 100 家企业”。2005 年 12 月，东华软件成为国内最早通过软件能力成熟度集成 CMMI5 级认证的企业。2005 年，东华软件被认定为“国家规划布局内重点软件企业”，此项称号保持至今。2009 年 3 月，东华软件被中国软件行业协会授予“企业信用等级 AAA 级别”并保持至今。2010 年 4 月，东华软件入选北京市软件和信息服务业“四个一批”工程首批企业，成为北京市首批重点扶持做大做强的高端软件企业，同时入选中关村国家自主创新示范区首批“十百千工程”重点培育企业，2010 年至今，东华软件连续荣获“国家火炬计划重点高新技术企业”称号。2014 年 12 月，东华软件被工信部授予“国家安全可靠计算机信息系统集成重点企业”，此项荣誉全国仅 8 家企业获得，东华是其中唯一一家民营企业。2008 年，东华软件入选 2008 福布斯中国潜力企业榜。

薛向东本人也荣获多项荣誉，担任多个社会职务。2004 年，他被中华全国工商业联合会、中国民营科技实业家协会评为“中国优秀民营科技企业家”。2006 年，他被中国电子信息产业发展研究院、中国软件行业协会评为第五届“中国软件企业十大领军人物”。2009 年被世界华商协会评为“全球华商 500 强”，被中国软件行业协会评为“推动中国软件产业发展的功勋人物”和“中国软件产业杰出企业家”。2011 年，他被世界杰出华商协会评为“全球华商软件行业十大领军人物”，被北京软件行业协会评为“突出贡献人才”。2012 年，他被北京海淀区委评为优秀共产党员。2013 年，他被授予北京市“优秀中国特色社会主义事业建设者”荣誉称号。2014 年，他被北京企业联合会、北京市企业家协会等单位联合评选为“北京市优秀企业家”，被全国工商联评为“科技创新企业家”。2015 年，他被评为北京市劳动模范，被评为“2015 品牌中国十大年度人物”，被第五届中国公益节评为“2015 年度公益人物奖”。2016 年，他荣获“中国方案商领袖人物”及“中国 IT 方案商杰出贡献力企业家”称号。

薛向东常说，“一个企业在创造经济价值的时候，更要回报社会，承担社会责任，创造社会价值。”2010 年，薛向东参加了中国残联组织的就业招聘会，触动很大。给一名残疾人提供岗位就等于帮助一个家庭解决了一个大难题，也是为社会解决了一个大问题。

薛向东招聘 100 名残疾员工进公司，顶着内部压力把这些残疾员工安置到各个部门，并且确保让每位残疾员工工作愉快，各尽其才。对于在职的残疾员工，公司还有各种人性化的政策。公司会给每位残疾员工送上生日蛋糕卡，每月给残疾人发放津贴，公司许多活动会安排他们参加。在培养员工职业发展方面，公司为他们提供很好的发展空间，把企业文化建设工作落到实处。东华软件坚持福利企业定位，不断接纳残疾人员，重点保障他们的基本权益。经过几年的思想教育、制度推动（成本核算核减，每聘用一个残疾人每年每个部门核减 4 万元成本），各部门主管已经把聘用残疾人变成一项非常自觉的行动。目前，东华软件已经聘用 100 多名残疾人在公司就业。鉴于东华软件在吸纳就业和社会保障等方面作出的突出贡献，2013 年，它被国家人力资源和社会保障部授予“全国就业与社会保障先进民营企业”“2015 中国公益奖——集体奖”的荣誉称号，薛向东获得“第四届北京市优秀中国社会主义事业建设者”“2015 年度公益人物奖”等荣誉称号。

创新带动发展

薛向东看准软件产业的发展前景，并找准了自己的方向，深耕细作，保持企业的核心竞争力优势。薛向东说：“我们东华不搞多元化，我们很专业化，就是专注 IT 行业，而在 IT 行业我们又专注于软件和系统集成。我们只是面对多元化的市场，比如，我们的用户遍布电信、电力、政府、交通、国防、医疗、金融、科研、石化、保险、社保、气象及制造等行业，但我们的经营并不是多元化，我们的策略是始终以企业的核心竞争力即软件开发系统集成为依托，开发新的市场项目。我们这种模式在国内外都有很多成功的先例，比如 EDS，在国外每年是 100 多亿美元的销售额，国内有东软、中软和神州数码等。实际上，对于企业来说，如何体现核心竞争力是最关键的。”

当有人劝说薛向东投资房地产等势头迅猛的行业时，虽然未来盈利会很高，发展前景也不错，但薛向东认为这些不是东华的强项，也跟东华的业务没有关联，但是可以给这些公司提供解决方案，进行客户关系管理、开发计费系统等。

企业虽然不搞多元化，但在创新上有赶超，见成果。

东华软件现在已由最初单纯的系统集成和代理商转变成集软件开发、系统集成、信息技术服务及“互联网 +”为一体的综合方案解决商，用户范围涵盖医疗、金融、电信、电力、政府、交通、国防、科研、石化、煤炭及制造等几乎所有行业。东华软件在医疗信息化、金融信息化、网络安全解决方案等方面，从无到有，从有到精，始终处于国内领先地位。2006 年上市之后，东华软件营业总收入平均每年递增 30%，2015 年，公司市值最高达 700 多亿元，在全国同类软件企业中排名第一。2015 年度公司总资产 111.6 亿元，营业总收入 56.3 亿元。目前，东华软件拥有近 60 家分支机构，员工 8000 余人。薛向东带领东华人取得的成绩，得到了上级党委政府的充分肯定和社会的一致好评，近年先后荣获多项荣誉称号。

东华合创大厦

自公司创立以来，薛向东带领全体东华人以打造民族软件产业的金字招牌为目标，聚焦发力于 IT 行业，积极倡导技术创新。在国家急缺性技术项目中，主动承担了多项市级以上重点 IT 课题的研究工作，也为国家解决了一批关键技术难题。到目前为止，东华拥有软件著作版权、专利和非专利技术 700 多项，连续多年被工业和信息化部评为“中国自主软件产品前十家企业”，成为国家规划布局内的重点软件企业和国家火炬计划重点高新技术企业，多项产品和核心技术列入国家和地方重大专项和科技计划。按照国家“互联网 +”的战略布局，薛向东带领东华团队研发推出“健康乐”“华金在线”“博育云”等知名品牌，聚焦发力于大数据、云计算、物联网等关键领域，创新拓宽“智慧 +”思维，在医疗、金融、教育、城市等方面走在了行业前面。2014 年，东华软件牵头成立了中国智慧城市投资联合体，薛向东任首任轮值主席。目前联合体已有包括上市公司、行业龙头企业、金融机构等在内近 60 家企业成员，成为一个集资金、技术、人才、产业于一体的运营平台，为智慧城市建设、管理和发展提供可靠保障，服务助力于国家智慧城市发展大局。2014 年 7 月 3 日，薛向东作为湖南大学大学生创业导师，向李克强总理汇报了辅导大学生创业的情况并提出切实可行的建议。2016 年 2 月，薛向东当选第五届北京信息化协会理事长，协会目前有会员企业近 300 家，在他的带领下，发挥政府纽带和企业平台作用，为北京信息化建设作出了贡献。他先后担任了中国传媒大学 MBA 实践导师、中国科学院研究生院 MBA 企业导师、湖南大学大学生创业导师等多项社会职务，以自己多年的创业经验帮扶大学生创业。

为人民服务，积极跟党走

东华软件是一家民营企业，但是时刻不忘以党的领导带动各项事业的发展。东华软件在 2013 年成立党委，薛向东任党委书记，下设 3 个党支部。在上级党组织的关怀指导和全体党员干部的共同努力下，东华党委的各项工作顺利开展，在非公党建工作中表现较为突出，先后多次荣获北京市和海淀区的表彰。

市第十二次代表大会为非公企业党建工作指明了方向，进一步坚定在非公企业建立党组织并开展活动的信心。非公企业党组织一定要在公司起“服务型党组织”作用，在公司发挥政治核心作用和战斗堡垒作用。把党建工作与公司业务工作相结合，解决工作中难点与弱点，关心弱体人群；坚持党管“工、团、妇”原则，形成统一工作意志，在公司落实党的方针和政策，做好组织保证。

在实际工作中，薛向东提出，要用党员的先进性带动党组织的服务性。要求每名党员在具体业务工作中起模范带头作用，协助所在部门领导做好各项工作。

薛向东作为海淀区政协委员，能够认真履行职责，积极参加政协全体会议、专题协商会、专门委员会等会议，研究提出十余件有情况、有分析、有价值的提案，还就涉及海淀政治、经济、文化和社会生活中的重要问题以及群众普遍关心的问题，开展调查研究，反映社情民意，通过调研报告、建议案等形式，向领导机关提出了针对性、操作性较强的意见和建议。为海淀区党政机关了解民情、科学决策提供了有益参考，推动解决一些热点、难点问题。

薛向东作为全国工商联执委、海淀区工商联商会副会长，大力宣传非公有制经济现状和前景，推荐成长型民企加入这些有影响力的社会团体，帮助它们发展。

抓住现在，成就未来

东华软件现在作为一个上市公司，有8000多名员工，从过去的经验来看，就是要不断地坚持创新，未来还是要坚持技术创新、业务模式创新，这个是毋庸置疑的。现在的技术，像大数据、人工智能、物联网、区块链等，东华软件要不断地研究这些技术，同时把技术应用到各个行业去。

薛向东在2017年就提到“人工智能+”和“区块链+”的概念，就是把人工智能和区块链加到金融、医疗、政府、公安、企业等行业里去。因为这些行业都需要技术来提升行业的竞争力，比如陕西省公安厅、江西省公安厅等，都用了东华软件的产品。

东华软件将不断地投入人力、物力去研发，并把它们用到各个行业中去，帮助客户创造价值，为股东创造价值，为社会作出巨大贡献，也为每个东华人搭建一个很好的平台，让东华人在这个平台上有很好的发展，做出成就来。

中关村科学城新型商场的领军者

——翠微股份　匡振兴

2010年，国际金融危机影响开始深化，国内经济进入新常态，传统百货业单一的购物功能已经无法满足现代消费主体的生活需求，只盯着品牌和商品就能做好百货的年代一去不复返了！

2012年，中国百货业发生历史上最大规模关店潮的时候，我们还在想，最坏的事情终于发生了。结果，2013年，整个行业的寒潮还在继续。

2016年是中国百货零售业进入又一轮新旧交替的开启之年。虽然实体零售在2016年下半年呈现回升态势，新常态和市场竞争因素影响下的市场形势依旧严峻，关店潮持续，百货业态仍普遍面临压力，消费者消费行为的转变也给实体店带来了一定的冲击。中国百货业的转型创新势如破竹，新一轮的淘汰、调整和重组已经启动。

变革或者被淘汰……

2010年冬天，匡振兴继任当代商城总经理。他再一次从逆境中挑起重担，摆在他面前的难题是如何应对内外环境的变化，尽快遏制客流和销售下滑的趋势。为此，他殚精竭虑，苦苦思索答案。在2011年的企业发展研讨会上，他向他的中高层管理团队抛出了"购物中心化"的概念，明确指出传统实体百货已不再适应变化了的消费需求，企业要从经营商品向经营客流、由提供单一购物功能向提供全方位生活体验、由服务于成功知性人士向服务于此类人群的整个家庭、由线下单一营销方式向全渠道营销转变。这一战略思想的提出，为迷茫的企业指明了方向，当代商城开始着手备战转型升级。

2013年，他领导企业从改造物业条件、丰富业态功能、优化品类品牌、整合创新营销、升级服务体验五大维度同步推进战略转型落地。通过体验，开发"私人生活管家"模式，推动服务创效。

2016年前后，当代商城"购物中心化"新型百货店的形象基本建立，完成了数个精彩的跨界合作：小米将线下第一家商场店，同时也是当时全国营业面积最大、营业时间最长、同步销售线上全部产品的线下体验店开在了当代商城，这是当代商城与智能科技体验接轨的一次重要尝试。农科院的无土栽培、LED植物光源、家庭园艺等世界领先的农业科技成果引入当代商城，顾客不用长途跋涉，就可以在商场里享受自然、绿色、健康的田园生活。为了进一步丰富娱乐功能，增强顾客体验，匡振兴带领团队实地考察了多种类型的娱乐项目，最终决定在当代商城引进“私人定制化主题影院”项目。当代商城在这次转型中，成功扩大了精品餐饮、教育培训、美容整形等综合业态功能占比，同时强化了线上渠道的开发和应用，形成了门户网站、微博、微信、APP随身店、第三方营销平台等互为补充的线上营销网络，在卖场内全面实现了移动支付。面对项目推进中的风险，他表示，不做事永远不会失败，但不做事企业会死掉。与碌碌无为相比我更愿意尝试，当计划失败或有必要时，我会和我的团队不断修改细节，直到我们实现自己的目标。面对困境，他总是积极思考，带领公司在逆境中翻盘。《孙子·九地》有云，“投之亡地而后存，陷之死地而后生。”所谓“置之死地而后生”，在险境中拼死力战，用起死回生的智慧和力量，完成那些不可思议的任务。

为实现翠微构建“商业+科技”的双主业格局这一目标，匡振兴带领翠微股份领导班子反复研究论证，明确了“理顺机制—商业升级—战略转型”三管齐下的实施路径。

理顺机制：机构职能进一步优化，管理更加扁平。出台了人力资源管理领域的一系列政策，翠微、当代商城、甘家口3家单位管理人员实现交流使用。

商业升级：包括按照“一店一策”个性化定位，完成各门店经营结构和布局的调整。在匡振兴的主持下，翠微股份积极探索翠微特色的“商业+”发展模式。2018年上半年，翠微在不同领域实现了与阿里、京东、美团等互联网公司的合作。

战略转型：借力新零售平台及优势资源，带理念、带客流、带技术、带资源，逐步完成向“新百货”“新生活”的战略转型。

在创新与进化的道路上，“舵手”匡振兴正引领他的企业在商海弄潮，乘风破浪。

国家市场监督管理总局（原国家工商总局）曾在2013年对中国企业的生存时间进行过调查统计，超过1300万家企业当中，存活时间在5年以下的达到50%，半数企业倒在创立的前5年；大量企业存活期只有3～7年；而存活期在20年以上的企业仅占1%。服务业等高流动行业，由于行业门槛低、业内竞争激烈，企业死亡率更高。

企业有生命周期，这既是经济理论界的研究成果，也是企业家的切身感受和商业运行规律，因此，在一个生命周期内一定要有转型和升级的理念和思路，如果没有，大概率不会迎来第二个发展周期。面对激烈的市场竞争，企业不是竞争资金、技术，而是在竞争“人”，或者说是“团队”，而团队的领导者直接关系到企业的前途和未来。他的思维轨迹和知识结构，他的胸怀、眼光和行事作风直接决定了企业能否走正确的路并突破前进中的阻碍，最终达成既定目标。

在“稀有”的1%队列当中，北京翠微大厦股份有限公司（以下简称“翠微股份”）已成功跨越21个年头。“时代不给你原地踏步的机会，除了对生存环境的准确预判，更需要不断创造新的需求和市场！”在翠微股份党委书记、董事长匡振兴看来，除了坚守勤奋、诚信和家国情怀，企业家以战略思维不断驱动创新和变革，才是更加难能可贵的力量。

年少时光

“我教了一辈子书，他是我引以为傲的学生之一！”早已退休的老古城小学教师刘鸿一边看着泛黄的1980届毕业照一边说。

刘鸿是匡振兴小学阶段的班主任，那会儿学校的老师少、教室少、学生多，老古城小学只能采取半日制教学。据刘鸿老师回忆，匡振兴幼年时聪慧好学，对老师讲的内容吸收很快，刘鸿老师也因此对他格外喜爱。“小学阶段，他几乎没考过班里第二名，是班上的学习委员。聪明、上进，但不是书呆子！他还是石景山少年宫乐器队的小乐手，学校的文艺表演少不了他。小学四年级时，我们这些老师曾经让他做过一份五年级的期末试卷，结果他答了90多分。他妈妈当时很希望他跳级，但我做了思想工作。一个是为了让他把基础打牢，冲刺市重点；再一个，我也确实有点私心——这么好的苗子，舍不得放啊！”刘鸿老师回忆起当年，笑容从嘴角一圈圈地荡漾开去……

匡振兴的母亲接受了刘老师的建议，决定还是让他扎扎实实把五年半（当时的学制）的课程学好。1980年小升初，匡振兴如愿考入北京市重点中学——北京市第九中学，成为老古城小学当年升入九中的4个孩子之一，那一届的学生总数是180人。

回忆起童年，匡振兴说他的记忆里都是美好。慈爱的父母在学习上并没有给过他太大压力，只要不过分，从没管过他和小伙伴玩耍嬉戏。老师帮他建立了思维方式和良好的学习习惯，让他在幼年时期，就隐约意识到全面、系统的思维比死记书本更重要，这也成为他未来处理问题的出发点。

匡振兴在九中度过了整个中学时光，初中毕业时，他以优异的成绩升入本校高中，并开始在综合素质方面崭露头角。据他高中时的班主任金选喜老师回忆，匡振兴高中时已表现出过人的组织能力和协调能力，在多方面展现特长。1985 年，北京中学生通讯社成立，在全市范围内选拔 100 名通讯员，每个学校只有一个名额，匡振兴从九中众多佼佼者中脱颖而出，成为第一批“学通社人”，同时当选“石门燕分社”社长。和他同期进入通讯社的，还有许戈辉、那威、骆新……在历史博物馆内，这群意气风发的少年宣读了《告全市同学书》，“走前人没有走过的路，看前人没有看过的图景”，这是匡振兴至今仍记得的宣言。这句话，如预言般印证了他后来对事业的追求和探索。

张志诚老师曾任九中体育教研组组长，提起匡振兴，他记忆犹新——“个子高，人长得瘦，素质与灵活性好，篮球、排球、手球样样精通，是校篮球队、排球队、手球队的绝对主力，多次帮助校队赢得北京市的比赛。当年校学生会第一次进行干部选举，120 人投票，他得了 110 多票的赞成票，名列第一，可见这小子在同学中间的影响力和号召力！让他挑自己想负责哪一块儿，他选了体育部部长。”张老师抽着烟，讲了件匡振兴当年在篮球队的趣事。有一次学校组织女子篮球赛，匡振兴在场外为自己班的女同学加油打气。比赛时间过半，班上女生一直被对方压制，无法上篮得分。在一旁观战的匡振兴有点着急了，他冲场上的女同学喊道：“甘文丽，你只要看到对方投篮，就什么也别管，直接往对方半场跑！其他人抢下篮板直接拿球往对方半场扔！”甘文丽是九中田径队短跑选手，速度和爆发力极强，这种速度，让对方很难防守。女篮队员照着这个简单的指令去做了，果然奏效！依靠这个战术，她们赢得了当天的比赛。能够洞悉团队的优势和劣势，指挥团队扬长避短、克敌制胜，这是少年匡振兴留给张志程老师极其深刻的印象。

人 生 路 口

高三时，由于体育比赛和社会活动成绩突出，匡振兴较早地与北京一所知名大学签约。“坦白讲，我那时因为有了签约的学校，心态上有点放松了。”

匡振兴在回忆时说。高考前半年，学校手球队正在冲刺北京市中学生联赛，除了身为队长的他是高三学生，其余队员都是高一、高二学生。他花了大量时间指导队员训练，虽然最后因为高考复习的原因自己并未参赛，但那一年他们的校队拿了全北京中学生联赛第一名。高考结束后，匡振兴的成绩未达到预期，如果进入签约院校，只能就读哲学系。几经斟酌，他最后选择了北京经济学院（现首都经济贸易大学），选择了他最喜欢的专业——企业管理学专业学习。这是他人生中经历的第一次重大抉择，正是这个决定，使他终身与企业经营管理结下了不解之缘。“很难讲当年选择其他院校的其他专业，今天会是一番怎样的场景……人生没有假如，既然选择了，就要坚定不移走下去。”

入学后，他为自己定下了清晰的目标——充分参与社会实践，奠定职业基础。“那时的大学校园不像今天这样配套齐全，所以很适合勤奋读书。”他笑着说。大学四年，专业课契合他的兴趣爱好，他又开始在学习中重拾自信和快乐。除此之外，他活跃于学校社团，与北京广播学院、中央体育学院等院校学生一起组织了“北京市大学生艺术团”，这是一个由院校大学生自发组织、运营和管理的社团，在当年具有较高的知名度和影响力，甚至还差点在 1988 年的春晚上亮相。匡振兴回忆那段日子时非常自豪，他当时是艺术团外联部的负责人，主要工作就是为艺术团拉赞助、为活动提供物资。“当时就一两个人，跑到人家厂里找厂长去说，开始人家是好奇，想知道一个大学生能说什么，后来确实是在交谈过程中发现了商业价值，所以每次我都能真的拉到赞助。百花皮鞋、望族服装等知名品牌，都曾是我们艺术团的‘赞助商’！”多年后提及这些，匡振兴眼睛里依然闪烁着兴奋的光芒。他们的艺术团不但在市内进行商演，也受邀到外地进行演出。在这里，他的社会活动能力和商业谈判能力得到了最初的培养和锻炼。

时间进入 20 世纪 80 年代末，中国的改革开放事业已经进行了 10 余个年头，个体商业伴随商品经济的活跃而恢复发展。已经大三的匡振兴按照学校要求参加社会实践，他渴望了解市场、了解新型商业形式，于是就在西单灵境胡同租了个小摊位，从红桥批发市场进货，售卖小商品和服装。至于挣了多少零花钱他已经不记得了，“我从不在很长一段时间里进同一种货，大概每两个星期，我就会根据上批货的销售情况重新选择下一批货的品种、样式和价格区间。因为我的货常变常新，吸引了一批固定的主顾。”这半年短暂的从商经历，让他懂得了“满足需求可以卖出商品，但驱动需求可以卖出更多商品”。他说，这是他最原始的商业理念，也让他发现了自己的经商才能。

1990 年 7 月大学毕业，23 岁的他入职北京粮油议购议销公司，被分配到企管部实习。当时北京市正在全面开展质量管理活动，成立了 QC（质量控制）小组，推动全市企、事业单位建立并完善质量管理体系。匡振兴执笔起草了公司质量管理课题报告，并作为参赛代表进行课题宣讲，获得了全市粮油系统一等奖。在这次管理体系策划中，匡振兴展现了他出色的全局设计和管理能力，这使他有别于同期入职的其他年轻人。公司领导提出让他提前转正，他谢绝了。理由是——“不能让同来的新员工误解他可以游离在制度之外，也为了以后的团结。”

一年以后，匡振兴新婚的妻子，也是他大学时代的同学，由于工作变动，赴职深圳。是继续在国企稳稳当当度日，还是随妻子赴深圳创业，他再次面临人生路口的重大选择。他将他的苦恼向好友倾诉，巧的是好友刚刚获得一项生物科技研发成果的知识产权，准备去深圳创业，两人一拍即合。1992 年，珠海鲲鹏生物科技有限公司在深圳注册成立，好友负责研发生产，匡振兴负责市场和销售。在改革开放的最前沿——深圳，在市场经济的洗礼中，匡振兴如鱼得水。他如饥似渴地汲取企业经营管理知识，瞄准市场趋势和需求，用了短短两年时间，就把鲲鹏的市场从国内拓展到了海外……两年里，他忙于在各大城市推广业务，颠沛奔波，每年过年才能回家探望父母。父亲思儿心切，每周手写信笺，叮嘱冷暖，询问工作，两年中从未间断。这些书信至今仍保存在他的书柜里，他说那些密密麻麻的字迹能赋予他温暖和力量。

1994 年的一天，母亲给他打了一通电话，告诉他《海淀报》上刊登了一则公开招考公务员的启事。他知道，父母盼望他们夫妻俩回家。在孝道和事业、亲情和友情之间，他再一次面临选择。妻子理解父母的心，提出两个人回京发展。匡振兴却陷入了自责当中，鲲鹏刚刚起步，一切渐入佳境，他不知道如何跟好友解释他的这次“抛弃”。找了个晚上，两个男人坐在一起喝了半宿，聊了半宿，哥们儿说要陪他回北京考试。成了，他回京尽应尽的孝道；不成，他仍踏踏实实回鲲鹏继续当他的合伙人。

这年 11 月，北京初降大雪，在好兄弟的陪同下，匡振兴返京参加海淀区公务员考试。“我至今仍记得那个画面，考试结束后的一天，我俩在八大处公园，并肩走在积雪上，身后留下长长、深深的脚印。掏心窝子说了好多话……人一辈子知己难求！”回忆起当年情景，匡振兴陷入了沉思。这次考试，最终他以优异的笔试和面试成绩被海淀区商委录取，成为企管科职员。

百炼成钢

匡振兴入职海淀区商委之时，正值党的十四届三中全会后国企改革攻坚的关键期，这一时期贯穿了整个 20 世纪 90 年代。“我的整个青年时期，是伴随国家改革开放的阵痛和巨大成就度过的。正是这种历练，让我在面对复杂问题时能够跳出眼前局限，关注长远和全局利益。”匡振兴说。

1994 年以后，建立现代企业制度试点工作在全国百家企业中展开，行政管理的配套改革也相应地进行着。海淀区按照市委、市政府的统一部署，积极组织推动区属国有商业企业进行资源结构调整、战略重组、改革改制。匡振兴一入职就参与了 1995 年华奥改制试点方案的策划、论证和组织实施。1996 年，海淀区国有商业企业结构和资源配置调整改革开始。匡振兴所在的企管科，负责海淀国有商业企业改革调整的组织协调工作。由于科长生病住院，匡振兴“临危受命”，主持企管科工作。他在密集的、逐渐深入的国企改革进程中，既要不折不扣地执行上级方针政策，推动工作，又要深入了解区内企业详细情况，解决实际过程中商业结构布局、规划、资产、机构、人员等具体问题。这次结构调整，涉及了海淀百货、副食、餐饮、修理、菜蔬等全部中小型国有商业企业、网点，涉及职工近 3000 人，资产规模超过 1 亿元。那段时间，工作强度自不必说——开会汇报工作，探讨下一步工作方案，马不停蹄走企业，解决资产划拨、人员剥离等一系列问题。时任修理公司副总经理的陈志宏回忆起当年场景，曾经很感慨地说：“那段时间，不管是改组的还是联合的企业，涉及人、财、物的事情一箩筐。我们自然要站在自己企业和职工的角度去考虑，但他（匡振兴）既需要考虑我们的利益，又要考虑区里、市里对国有企业大的布局。他那时不到 30 岁，不管你发多大火，他从不发火，会很认真听你讲的每一句话，试着站在你的角度上分析问题，然后才讲他的看法和意见。讲得很在理，也公平，让人服气！”

这段经历对匡振兴来说也是刻骨铭心，加速了他对宏观和微观经济领域问题认识上的成熟。在回忆这段工作经历时他说："最难的还是人的问题，改革必然会影响一部分人的利益，怎么跟员工谈，那就是秉持公正、善待和体恤他人，尽最大努力平衡各方利益，创造新的机会，就会得到理解和认同。现在回过头去看，不做这种结构调整，国有资本不会形成合力，也就不会诞生大型国有企业集团，不会有现在的规模和竞争实力。全国来讲也是如此，国企改革推动了国家多个领域的变革，使经济结构布局更趋合理。过去几十年，我们的经济保持着世界范围内的高增长率，经济实力不断攀升，这就是对过去最好的评判。"

1996 年底，匡振兴荣获"海淀区优秀公务员"称号。伴随着国有企业改革的深入，1997 年前后，他萌生了深入企业一线，参与企业管理的想法。经过慎重考虑，他向领导提出了进企业。"当时的想法是自己还年轻，不能贪图安逸，想施展自己的能力和抱负，商业实战也一直是我的志向。"匡振兴说。2000 年，海淀区成立北京翠微国有资产经营公司及北京超市发国有资产经营公司（以下简称"超市发国资"），由于后者正面临股份制改造，急需管理人才。匡振兴因出色的表现和丰富的管理经验被派往超市发国资任托管中心经理，参与组织超市发股份制改革。在他的努力下，通过一年多的时间，超市发国资体系内 150 多个小企业经改制方式实现市场化经营，企业人员得到相应疏解。改制顺利完成后，匡振兴任超市发物业管理有限公司总经理。重新回归企业，他以一切归零的心态认真向上级领导、身边同事、同行学习，不断积累沉淀，对商超业态的渠道运营和管理加深了解。在此期间，他攻读了中央财经大学金融专业在职研究生。2004 年 7 月，海淀区面向全市招考 6 名副处级干部，要求高学历或海归背景。匡振兴在同事的怂恿下报了名，"当时没想别的，就想把自己扔回人才市场，衡量自己竞争力怎么样。"匡振兴笑着说，"笔试成绩排名在 20 多名，前 30 名入围面试，面试结束后我排名第二。就这样，匡振兴开启了在当代商城长达 13 年的职业生涯。"

与 时 俱 进

2004 年 10 月，匡振兴入职北京当代商城实业公司（后更名为北京当代商城有限责任公司），任副总经理。彼时当代商城即将结束托管，实现自主经营。企业股权、组织机构、经营模式、管理体系都面临调整升级，一些历史遗留问题亟待解决。对于匡振兴来说，百货零售是一个全新领域，带着浓厚的兴趣，他开始边学边干，边研究边思考，全力配合“一把手”开展各项工作。

2005年起，匡振兴先后分管商场管理部、客户服务部、物流部、信息部、物业部等核心部门。按照既定战略目标，他带领分管部门建章建制、优化流程，提升卖场空间环境，大力开展服务培训，全力推动品牌招商……企业市场竞争力不断加强。2006年，匡振兴协助申报国家商务部首批金鼎级百货店精品店，获得成功；2007年，北京各行各业掀起迎奥运热潮。匡振兴率领商场管理部、客户服务部加班加点、细致策划，为当代商城成功推出业内第一个“迎奥运服务接待规范”，率先创建英语购物无障碍示范商场，率先推出“客户服务代表”，提供一对一陪购服务，并推出全市首家“一站式”退换货中心等。在他的推动下，当代商城在开业12年后，第一次系统、全面地完成“您需要时，我们就在身边”的服务体系搭建工作，在服务标准、服务规范、服务手段、服务培训、服务考核等方面做出了明确要求和阐释，使当代商城对服务品质的苛刻追求及实现途径永久保留在“教科书”水平，为当代商城后来树立特色服务品牌，实现服务创效奠定了坚实基础。这一年，当代商城成功举办了商业服务业迎奥运“服务接待规范测试周”活动，率先考虑到为外宾提供专项服务并招募外籍志愿者，中国百货行业协会协组织日本、美国等商业考察团到当代商城参观，美国著名学者、世界零售大师巴顿•韦茨把当代商城作为他在亚洲参观的第一家百货店……2008年，当代商城作为北京市唯一一家百货企业，接待了国际奥林匹克青年营，营员都是各国政要的孩子。以奥运为契机，企业向全世界成功展示了北京现代商业企业的标杆形象，以创新来创造价值，成为当代商城的标签，为企业注入无尽的生命力。

“企业优秀的文化基因和创新创造能力深深影响并塑造了我。职业生涯中很多老领导的言传身教，加速了我在这一阶段业务能力和领导力方面的提升。”匡振兴说。

2010年，国际金融危机影响开始深化，国内经济进入新常态，一方面新兴业态更有趣且更便捷，另一方面信息技术革命已经改变世界——人与人之间的社交方式、商业模式、消费习惯、信用体系等。传统百货业单一的购物功能已经无法满足现代消费主体的生活需求。当海量信息和多元选择通过移动互联网技术、大数据体系精准无误地到达目标客户群时，传统百货业惊呆了，只盯着品牌和商品就能做好百货的年代一去不复返了！

这一年冬天，匡振兴继任当代商城总经理。6 年分管核心业务领域的淬炼，使他各方面取得了长足进步，丰富的工作阅历培养了他荣辱不惊、扎实坚韧又不失灵活的工作作风。他曾经在一次媒体采访中吐露心声——“今天之所以能带领企业不断突破自我，源于职业生涯中众多前辈无形的影响和有形的支持。企业如人，肯定不会总是一帆风顺，但坚持不断学习和总结，逆境中才有更多翻盘的机会，这应该就是所谓的厚积薄发。”

再一次从逆境中挑起重担，摆在他面前的难题是如何应对内外环境的变化，尽快遏制客流、销售下滑的趋势。为此，他殚精竭虑，苦苦思索答案。在 2011 年的企业发展研讨会上，他向他的中高层管理团队抛出了“购物中心化”的概念，明确指出传统实体百货已不再适应变化了的消费需求，企业要从经营商品向经营客流、由提供单一购物功能向提供全方位生活体验、由服务于成功知性人士向服务于此类人群的整个家庭、由线下单一营销方式向全渠道营销转变。这一战略思想的提出，为迷茫的企业指明了方向，当代商城开始着手备战转型升级。那一年，关店潮开始渐进式席卷传统百货行业，百盛、老佛爷、马莎、万达、华堂……销售低迷，利润下降是行业噩梦，无论行业内部还是学术界，都在困惑和焦虑中观望……

“他当时是班子里最年轻的，有想法，看问题能抓住本质。”一位从当代商城退休的老领导这样评价他。

随着企业内部条件的具备和对具体方案的充分论证，2013 年，他领导企业从改造物业条件、丰富业态功能、优化品类品牌、整合创新营销、升级服务体验五大维度同步推进战略转型落地。为了给综合业态创造良好的生态环境，当代商城投资五千余万元，聘请知名建筑公司对中庭重新设计改造，分为上、下两厅，各成景观的同时，增加了经营面积。通过科学规划、合理布局、甄选功能、业态、品类……逐步完成了当代商城以百货经营为主，餐饮、文化、教育、娱乐、休闲、生态、科技等业态为辅的经营生态蓝图；在营销中引入互联网思维，线下组织丰富多彩的主题活动，线上以微博、微信“聚粉”产生口碑效应，开通“随身店”，开辟第三方营销平台，推出线上支付功能，实现了“实体＋互联网”的跨界融合；同时升级服务体验，开发“私人生活管家”模式，推动服务创效。

■ 当代商城外景

2016年前后，当代商城"购物中心化"新型百货店的形象基本建立，其中几个精彩的跨界合作在消费者和同行中间引发不小的关注——当时小米线上业绩如火如荼，产品线不断扩大，渴望尝试向高端市场布局。匡振兴在一次偶然的机会了解到小米的战略发展目标，于是主动探讨合作可能。精诚所至，金石为开，小米最终决定将线下第一家商场店，同时也是当时全国营业面积最大、营业时间最长、同步销售线上全部产品的线下体验店开在了当代商城。开业当天，雷军亲临当代商城，为新店助威，几乎没有培育期，小米开业便创造了日最高销售额近50万的奇迹。"这是当代与智能科技体验接轨的一次重要尝试，现在看来，为中关村科学城的建设形成助力的同时，也服务了科技创新企业的发展。还是很有意义的！"匡振兴这样评价两个企业之间的合作。除此之外，在一次与VIP会员的座谈会上，他与北京中环易达设施园艺科技有限公司（以下简称"中环易达"）董事长魏灵玲相识。两人谈到当代商城正在努力实施的转型创新时，带来了合作的契机。中环易达隶属中国农业科学院，是现代农业系统集成创新的国际化平台企业，在农业科研领域硕果累累。"匡总与我所想象的传统百货店老总不太一样，他很有活力，乐于对新的商业模式进行探索尝试。记得后来两家公司坐下来谈合作时，最初的几稿设计都没有令他满意。他在讨论过程中提出了很多创造性的设想，为我们后来确立‘小树叶’的功能定位和表现形式提供了巨大支持。”中环易达的一位项目经理在回忆当时的情况时说。

“我和魏总共同感兴趣的是怎么把农业科研成果和现代商业相结合，这个很有意思！农科院的无土栽培、LED植物光源、家庭园艺等世界领先的农业科技成果都可以引入当代商城，我的顾客不用长途跋涉，就可以在商场里享受自然、绿色、健康的田园生活。每天在钢筋水泥构成的都市中忙碌的人，得以重返自然，亲近绿色。这是个绝对能抚慰心灵的梦想，而我们要做的就是帮助他们实现这个梦想！创新的意义也在于此！”匡振兴帮助他的顾客实现了这个梦想。没过多久，消费者发现当代商城6层的一隅变成了一座名为“小树叶”的花园——在清新的绿色植物中，簇拥着一个小型生态餐厅，点菜时人们发现，居然可以认领一片无土栽培的“小型菜地”，自己采摘自己种的菜，现做现吃。更有趣的是，人们还可以了解最新的农业栽培技术，购买无土栽培箱和来自世界各地的精美园艺工具。周末时还会有丰富多彩的园艺活动，亲身参与农业种植、DIY各类园艺产品、享受亲子时光……曾经在当代商城负责综合经营项目招商工作的耿相华说：“当时我们认为这是一个方向性的东西，既可以丰富顾客体验，倡导绿色、健康的生活方式，又可以推动农业科研成果转化和传统商业升级，是一举多得的事。”

为了进一步丰富娱乐功能，增强顾客体验，匡振兴带领团队实地考察了多种类型的娱乐项目，最终决定在当代商城引进“私人定制化主题影院”项目。为此，他把企业的办公区整体上移，腾出1200余平方米的面积引入集同步放映、点播、卡拉OK功能于一体，同时能够满足消费者家庭聚会、商务活动等需求的新型影院项目，开传统百货构建新型商业模式的先河。

在项目推动的过程中，也有朋友曾问他“不担心失败吗？”他回答说：“不做事永远不会失败，但不做事企业会死掉。与碌碌无为相比，我更愿意尝试，当计划失败或有必要时，我会和我的团队不断修改细节，直到我们实现自己的目标。”

当代商城在这次转型中，成功扩大了精品餐饮、教育培训、美容整形等综合业态功能占比，同时强化了线上渠道的开发和应用，形成了门户网站、微博、微信、APP随身店、第三方营销平台等互为补充的线上营销网络，在卖场内全面实现了移动支付。在匡振兴的亲自推动下，当代商城“花枝管家”微信服务平台上线，形成了集会员社群管理、会员维护、社团销售于一体的服务架构，通过大数据积累，精准传递服务信息。“花枝管家”平台上建有各类不同社区和俱乐部，精心策划和组织的各类会员活动每年吸引上千名会员参加，直接转化的销售额达数百万，成功实现了粉丝效应带动时尚经济。

2015 年，当代商城开业 20 周年店庆之际，时任国家工商总局局长张茅（曾任当代商城董事长）回到他曾经为之奋斗的企业，对企业呈现的可喜变化表示欣慰；2016 年，时任国家商务部部长高虎城在实体商城转型中专门选择了当代商城进行调研，充分肯定了其引入多业态集合店、营造现代都市生活方式的做法。这一年年底，通过客流统计系统监测数据显示，当代商城的顾客流失率得到有效遏制。局外人看到的仅仅是当代商城新鲜的变化，只有匡振兴自己清楚这一阶段他带领团队付出了怎样艰辛的努力。

在推动企业进行商业变革的同时，企业还同时经历了一场体制机制上的重大变革。2014 年底，当代商城与甘家口大厦一起，通过资产重组的方式加入海淀区商业体系内唯一的一家国有控股上市公司——北京翠微大厦股份有限公司（以下简称“翠微股份”），成为其全资子公司。企业体制机制的转变，必然驱动内部业务流程、管理模式、机构人员的全方位变革，匡振兴被任命为翠微股份副总经理兼当代商城党委书记、董事长、总经理。用他的话来说，“当时经营上的转型已推进到中段，稍有松懈就可能错失良机，功亏一篑。而企业重组又面临管理上的一系列变革，哪个也不能耽误！”2015 年，当代商城配合母公司完成了组织机构调整、内控体系建设、信息系统整合、组织中层岗位竞聘等重要工作，企业管理效率及风险防控能力进一步提升。“中层竞聘上岗是当代商城之前从来没有过的，自愿报名，班子成员、人力资源部、党群办公室共同组成竞聘考核小组，现场评定，现场打分，谁有能力谁上，一两个考官无法决定竞聘者的命运，所以竞聘上来的，都是大家认可的。”当代商城运营部商场经理蒋宁说。蒋宁曾经是当代商城商场管理部副部长，在竞聘中因成绩排名不理想而担任下一级职务……对此他是服气的，也早已能够理解企业发展与人才队伍建设之间的关系。

这次竞聘，拓宽了当代商城骨干人员选拔任用的通道，建立起管理干部能上能下、唯才是举的用人机制，获得了广大员工的支持和肯定。在当年年底的干部民主评议中，新聘任干部的满意度达到 100%。

匡振兴说他像是一个走钢丝的人，在改革造成的短期阵痛与上市公司对高业绩的要求之间平衡，在企业可持续发展的需要与部分员工的个人诉求之间平衡……最终，他引导当代商城全力配合翠微股份完成了经营、管理等各方面的整合工作，实现了重组初期企业的平稳过渡和持续发展。

筑梦翠微

2017年9月13日，党中央、国务院下发对《北京城市总体规划（2016－2035年）》的批复，北京市建设“政治中心、文化中心、国际交往中心、科技创新中心”的四个功能定位正式确立，海淀区肩负起建设科技创新中心示范区的重要使命。同月，匡振兴调任翠微集团党委书记、董事长、总经理，兼翠微股份党委书记、董事长。在新的起点上，他将开始全新的征程。

翠微股份的前身是北京翠微集团翠微大厦，于1997年开业。20年间企业累计销售1000亿元，纳税45亿元，企业资产超过50亿元，创造了两万多个就业岗位，涌现出26位全国服务明星，为海淀乃至北京商业的发展作出了重要贡献。作为海淀国资系统唯一一家上市的商业企业，翠微股份在新时代背景下海淀区建设新型城市形态、打造中关村自主创新示范区的使命目标下被给予厚望。如何更好地顺应时代发展要求，不断拓宽企业生存和发展空间，成为了摆在匡振兴及全体翠微人面前的崭新课题。

在传统零售不断向“新零售”进化的过程中，翠微股份主业过于单一（利润主要来源于百货经营）的弱点开始显现。一旦单一主业领域市场动荡，公司盈利能力就会受到直接影响。匡振兴向董事会提出，要大力丰富主业，向零售领域新业态进军；同时以资本运营方式，向科技、金融等领域渗透，尽快形成翠微股份多元的经营格局，支撑企业稳定、健康、可持续发展。这一思路在董事会及经营班子成员中达成了共识，翠微开始着手构建“商业＋科技”的双主业格局。为实现这一目标，匡振兴带领翠微股份领导班子反复研究论证，明确了“理顺机制—商业升级—战略转型”三管齐下的实施路径。

2018年3月，翠微股份启动组织机构及业务体系调整工作，以解决资产重组以来三家单位在核心运营领域外合内分的实际问题。变革前，企业内部组织机构烦冗、职能边界不够清晰，增加了管理成本，工作效率受到制约；人员本位意识强烈，企业文化未能有效融合；在业务招商领域，翠微、当代、甘家口三大商业品牌各自为战，未能形成集团合力，市场话语权被削弱。3个月后，翠微股份完成了开业20年来规模最大的一次调整——精简了公司总部及两家子公司的10个部门，机构职能进一步优化，管理更加扁平；出台了人力资源管理领域的一系列政策，翠微、当代、甘家口3家单位管理人员实现交流使用。这一步一踏出，仿佛一堵墙被推倒，各经营单位间优秀的文化元素、管理方法、智慧经验伴随人的流动被相互接纳、包容、理解和吸收，最后凝聚、升华成一个新的整体。匡振兴认为，推动组织机构精简高效是提高企业核心竞争力、促使企业向前发展的必经之路，回避不了。“我们欣慰的是通过这次调整，我们的中高层管理团队年龄结构更加合理，整体学历水平得到提升，管理层整体能力和效率均得到提高，同时也加快了企业文化融合的进程。”在推动组织变革的同时，匡振兴引导企业进行业务体系整合，由原来的各子公司独立招商，调整为总部负责集采招商、店铺营运。目的在于发挥集团化优势，增强市场博弈能力。

理顺体制机制的同时，立足于提升盈利能力的商业升级工作也在紧锣密鼓的推进当中。按照匡振兴的设想，翠微应当用3年左右的时间完成商业升级，包括按照“一店一策”个性化定位，完成各门店经营结构和布局调整；跳出“百货店”局限，向生活服务新领域、新业态拓展；在全渠道建设方面取得实质进展，通过与知名互联网及新零售企业合作，实现企业转型。

2017年，盒马鲜生在翠微大成路店落地；2018年，“大吉城”儿童教育综合体验项目在翠微店开业，甘家口店6层美食城实施整体改造升级……伴随优质综合业态项目的引进，翠微各店功能结构得到丰富和完善，综合业态经营面积占比由过去的5%提高到25%，顾客的消费体验不断增强，客流拉动效果明显。在丰富业态的同时，各店根据实际情况缩减家电、奢侈品礼品、男装、工艺品等品类，扩大轻奢、儿童、体育户外品类，调整超市结构，扩大生鲜比重，企业经济效益有所提升。2018年上半年，翠微股份旗下子公司当代商城与安徽左能置业有限公司合作，向面积约10万平方米的购物中心项目输出管理，团队开始深入购物中心运营领域。“我们的心态是开放的，会不断寻求好的合作契机，翠微的未来，一定是百货店、购物中心、奥特莱斯、新零售超市等多种零售业态互为补充的完整商业体系。”匡振兴说。

通过探索“实体零售+互联网”的智能商业模式，“客流分析”“自助收银”等系统在门店内得到开发应用；移动支付、电子会员、电子小票、微信社群、小程序应用等丰富了翠微线上运营层次和服务能力。2017 年底，翠微移动支付消费额实现爆发式增长，同比增幅达到 327%。与此同时，翠微股份通过旗下子公司北京翠微可晶文化发展有限公司（以下简称“可晶文化”）向文化创意、旅游、会展等领域发力，开发了一系列文创、旅游产品，不断拓展生活服务业边际，与零售板块形成合力。其中，旅游产品中的“跟着课本游中国”荣获“2017 年北京文化消费品牌榜十大文化旅游线路”称号，并得到国台办支持（2017 年 8 月，国台办批准由可晶文化、《十月少年文学》杂志社、BTV 生活频道联合举办海峡两岸共读诗词学生交流活动）；可晶文化先后在陕西白水、山东聊城、河南红旗渠、内蒙古阿尔山等地建立研游学基地；与北京电视台生活频道联合打造“BTV 生活　翠微大班车”，开发精品周边游线路；通过摄影俱乐部策划举办大型公益活动及展览，均取得了良好的经济效益和社会效益。

在匡振兴的主持下，翠微股份积极探索翠微特色的“商业 +”发展模式。2018 年上半年，通过积极审慎地与 BAT 等知名互联网公司沟通，翠微在不同领域实现了与阿里、京东、美团等互联网公司的合作。在匡振兴的支持下，翠微股份投资设立了新生活基金，与香港知名企业合作投资了 ABITE 新零售超市，该项目的第一家店于 2018 年底亮相深圳海岸城。“我们希望借力新零售平台及优势资源，带理念、带客流、带技术、带资源，逐步完成向‘新百货’‘新生活’的战略转型，实现企业的脱胎换骨。”在创新与进化的道路上，“舵手”匡振兴正引领他的企业在商海弄潮，乘风破浪。

在翠微股份 2018 年工作会上，匡振兴对全体员工说：“希望我们每一个人，永远保持对这个世界、我们所处的时代、我们的消费者的旺盛的好奇心和求知欲，坚持终身学习，坚持自我革新突破，唯有如此，才能紧跟时代步伐，不被抛弃。希望依靠我们的努力，让我们的企业焕发勃勃生机。让我们的员工在事业上有成就感，在生活中有获得感，这是我们一定要实现的‘翠微梦’！”

初心如磐

2013 年，匡振兴荣获“全国五一劳动奖章”。在发表获奖感言时，他说他是代表他的企业、员工领奖。他直言非常珍视这份沉甸甸的荣誉——“既是肯定，也是鞭策，提醒我保持初心，踏踏实实干好事业。首先我是一名共产党员，其次我是党的企业管理者，要对党的事业负责，更要对依靠企业生存和发展的成百上千的员工以及他们背后的家庭负责。”

“党的十九大召开后，他第一时间组织领导班子全文学习十九大报告。我记得当时我们用了整整一个下午，中间很多新的理论成果他都帮大家作了解释，总结了很多与企业发展相关的重要信息、跟领导班子成员一起讨论。那一定是下了功夫的，否则讲不出也讲不透。”翠微股份党委副书记任东红说。

担任翠微股份党委书记后，匡振兴要求党委坚持每年开展有特色的“自选动作”主题实践活动，通过“一名党员一面旗帜，立足岗位争当先锋”“践行准则、严守条例、争做表率”“不忘初心，牢记使命”等一系列主题教育实践活动强化队伍、凝聚士气，促进各项工作全面推进。主题鲜明、注重实效的党建活动，进一步统一了思想、凝聚了人心、激发了干劲，成为企业创新发展的加油站和助推器。在党建工作中，匡振兴注重加强基层思想文化宣传工作，鼓励基层党组织创新舆论宣传形式，利用互联网工具打造党建宣传阵地。在他的推动下，当代商城党委率先建立海淀区国资委系统中首个国企党建微信公众平台——“当代组工”，宣传企业党建工作成果，弘扬优秀共产党员和先进员工事迹，传播企业各类营销活动，传递正能量……得到了广大员工、消费者的欢迎和上级党委的充分肯定。2018 年下半年，翠微股份重新设计、精心打造了“党建文化长廊”，将企业文化与党建知识、活动成果、廉政教育等内容以鲜明、典雅的“文化墙”形象展示出来，使广大员工耳目一新，有效增强了党建工作的直观性、教育性和指导性，让广大员工在耳濡目染中修养党性、牢记廉政，在潜移默化中了解、支持和深化党建工作，营造浓厚的学习氛围，充分发挥党建的引领作用。

在外人看来，匡振兴“有经营智慧和政治敏感度”。而他在 2018 年翠微股份工作会上讲党课时说：“所谓政治敏感，就是没有党的领导，就没有今天民族的振兴和老百姓幸福安定的生活，这是最朴素的道理。翠微之所以有今天的成就，在于坚定不移地做政府鼓励、政策支持的事，在于紧跟党的领导科学发展。”

很多次当企业面临利益和社会责任的选择时，他都会跟领导班子成员说：“我们跟普通商人不同，商人可以唯利是图，但我们是党的企业，我们是共产党员，共产党员就要讲使命、作重担、做奉献！”在匡振兴的重视和引领下，翠微股份完善了“三重一大”决策制度实施细则和党委会议事规则，发挥党委在企业经营决策中的作用，把党的领导融入公司治理各个环节；将党建工作总体要求纳入公司章程，明确了党组织在公司法人治理结构中的法定地位；创造性地实施各经营单位负责人“双配置”结构，在各经营单位专设党组织书记，增设党群办公室，党的领导和纪律检查监督力量得到加强；通过建立承诺、述职、评议、考核、问责“五位一体”工作体系层层压实党建工作责任制；重视党管干部和基层党员培养，坚持“重德行、重实绩、重实干”的用人导向，培养复合型人才队伍。如今，翠微股份共有党员 710 人，占全区国资系统党员总数的四分之一；公司部长级以上管理人员中党员的比例高达 96%。

在内部管理上，翠微不断加强廉政风险教育和监督，修订《党风廉政建设责任制部门量化考核指标评分细则》，将廉政责任量化为 4 类指标 21 项考核内容，坚持将执纪问责落到实处。在翠微，中层以上领导干部每年都要与公司纪委签订《党风廉政建设责任书》，领导班子成员每年要申报家庭投资、因私出国时的国外活动、遵守法纪情况等重大事项。在对外交往上，匡振兴要求党员干部“必须具有红线意识，严以修身，做好表率。”

“当我们到一个新的区域开拓市场，他一直要求扎扎实实去经营、创造。他认为带动了所在地区的就业、为国家上缴更多税、为当地消费者提高了生活品质，这是我们作出的贡献和存在的价值。”正在合肥承担输出管理项目运营工作的翠微股份副总经理刘建勤这样说。

多年来，匡振兴带领企业积极投身公益事业：开展爱心捐助，践行人道惠民，向贫困山区、灾区、慈善协会等捐款捐物；关心教育发展，在延安宜川建立翠微希望中学，坚持捐资助学；在凤凰岭建立植树造林基地，每年义务植树，绿化首都；大力支持无偿献血工作，坚持在翠微店南广场为北京市义务献血车免费提供车位，荣获“北京市街头采血点设置工作突出贡献奖”，近两年来企业累计献血人数达 666 人，献血总量超过 150000 毫升，多次被评为北京市义务献血先进单位；将公益理念贯穿于企业经营，倡导绿色消费；组建应急救护团队，增强员工应急救护能力，打造平安商场……

曾有人问及在无数次创新转型过程中推动企业持续发展的内在基因是什么，匡振兴回答是“社会责任”。坚持以服务于消费者、服务于区域经济发展、服务于社会进步为使命，积极主动地将个人努力、公司行为和国家趋势、社会需求有机地结合起来，在推动企业成功转型升级的同时，促进多方互赢、价值共享，这就是匡振兴的成功哲学。

“穿越迷雾到达未来，这本身就是企业经营的乐趣之一，我希望做一个永不缺席的企业管理者，或快或慢，却永远与时代同行。”对于永怀赤子之心的匡振兴来说，他的征程才刚刚开始……

寄　语

2018 年，又是一年风雨兼程。这一年，我们步入中国改革开放第 40 年，也是中关村创新发展第 40 年。春去秋来，岁月用豪情把杖朝对折，蓦然回首，40 年的荏苒光阴已然从我们面前匆匆闪过。40 年，创新变革，转危为安；40 年，转型升级，逆势而上；40 年，聚智聚才，不忘初衷。

在过去 40 年里，中关村所走出的每一步都担负着国家战略的责任和使命，都打上了国家战略的烙印，都标上了民族发展的印记，它是中国改革开放宏大事业的一个缩影。在这 40 年间，中关村从电子一条街，到北京市新技术产业开发试验区，从第一个国家级科技园区，到具有全球影响力的全国科技创新中心核心区，走出了一条砥砺奋进、矢志创新的道路，也练就了融合新时代元素的中国特色社会主义思想文化。今天的中关村取得了骄人的成绩：对北京市的经济增长贡献率达到 34%，聚集 2 万余家高新技术企业，300 多家上市公司，70 余家独角兽企业，中关村独角兽企业家数量占全国的 45% 以上。

中关村发展到今天，得益于党和国家的改革开放和机制体制的改革创新。中关村的每一分子都在努力构建支撑创新发展的新型城市形态，争当创新城区的建设者、改革创新的探索者。互联网科技、教育、百货、酒店、餐饮……中关村各行业领头羊企业，从传统经营迈向新时代、新科技的跨越式发展阵痛中“腾笼换鸟”、破茧而生。在这个群体里，一大批老、中、青、新优秀企业家不断诞生，为积累社会财富、创造就业岗位、促进经济社会发展作出了重要贡献。他们永远方向明确、昂首挺立，正是他们这种心系社会责任、面对困难不屈不挠、具有时代精神的企业家，带领企业在残酷的市场竞争中披荆斩棘、顽强不倒，为中关村科学城建设聚智、聚力、聚人才，构建“高精尖”经济生态结构。凤凰城周明德、中科软左春、东华软件薛向东、HCR 赵龙、翠微匡振兴、社科赛斯李发进、好未来张邦鑫、京仪酒店刘军、嘉和一品刘京京……每一位“中关村人”都见证着中关村的创新发展，留下饱含变革和探索的故事。谨以此书，献给所有在新时代顽强拼搏的企业家们。

回顾中关村的发展历程，不断变革创新、持续破壁是成就今天的中关村的重要前提。产品、技术、服务、战略、市场和产业，随着互联网科技的发展，随着市场导向向终端消费者的倾斜，要求我们企业不断地更新换代、见招拆招，兼具化险为夷和稳扎稳打的能力。《孙子兵法》是中国最早的一部兵书，素有“武学之圣典，兵家之绝唱”的美誉，在今天的企业管理中也具有很强的借鉴意义。被很多企业家赞誉为竞争谋略必读书，帮助他们形成具体的管理方法和企业竞争谋略。本书将 14 位中关村企业家的经营管理之道结合《孙子兵法》的经典理论进行融合和分析。如书中提到的“践墨随敌，以决战事”即是要根据市场情况的变化、顾客的需求变动等一系列现实情境的改变而随时调整自己的经营方略，以此保证企业的生存和长足发展；“是故智者之虑，必杂于利害。杂于利而务可信也；杂于害而患可解也”即是说全面地看问题，在有利的情况下，要看到不利的方面。在不利的情况下，要考虑到有利的因素，这样才能趋利避害，防患于未然，并最终取得胜利；又有“是故胜兵先胜而后求战，败兵先战而后求胜”胜利之师不打无准备之仗的智慧，抑或“故其战胜不复，而应形于无穷”灵活思变的智慧……将今日企业危机之事，古之兵法化解危机之智慧和格局融会贯通，成为许多管理者夺取市场胜利的重要思想武器，让今天的中关村企业能够跟得上时代的脚步，能够不被这个时代所抛弃。

“民营经济是我国经济制度的内在要素，民营企业和民营企业家是我们自己人”，习近平总书记在民营企业座谈会上说：“长期以来，广大民营企业家以敢为人先的创新意识、锲而不舍的奋斗精神，组织带领千百万劳动者奋发努力、艰苦创业、不断创新。我国经济发展能够创造中国奇迹，民营经济功不可没！”中关村40年的发展成果举世瞩目，我们感恩这个伟大时代，感恩伟大的祖国，感恩北京！未来的中关村，将紧跟时代大趋势，向着科技、文化与经济高度融合发展。作为这个大集体中的企业家们，继续追随中关村创新发展新梦想，为把中关村建设成为具有全球影响力的全国科技创新中心贡献力量，为北京、为中国作出我们应有的贡献。

业绩铸就了丰碑，辉煌沉淀为历史。要建立百年中关村，就需要百年的思路和谋划，对于每一位中关村人而言，与有荣焉，与有利焉，与有责焉。中关村的未来，任重而道远，一定更加辉煌灿烂。

中共北京市海淀区委书记　于　军

北京市海淀区人民政府区长　戴彬彬

2018年11月15日